16	3	2	13
5	10	11	8
9	6	7	12
4	15	14	1

coleção TRANS

Georges Didi-Huberman

IMAGENS APESAR DE TUDO

Tradução
Vanessa Brito e João Pedro Cachopo

editora 34

EDITORA 34

Editora 34 Ltda.
Rua Hungria, 592 Jardim Europa CEP 01455-000
São Paulo - SP Brasil Tel/Fax (11) 3811-6777 www.editora34.com.br

Copyright © Editora 34 Ltda. (edição brasileira), 2020
Images malgré tout © 2004 by Les Éditions de Minuit

A FOTOCÓPIA DE QUALQUER FOLHA DESTE LIVRO É ILEGAL E CONFIGURA UMA APROPRIAÇÃO INDEVIDA DOS DIREITOS INTELECTUAIS E PATRIMONIAIS DO AUTOR.

Esta tradução foi publicada originalmente em 2012 pela editora KKYM, de Lisboa, na coleção Imago, dirigida por João Francisco Figueira, Marta Mestre e Vítor Silva, e teve o acompanhamento do Instituto de História da Arte da Faculdade de Ciências Sociais e Humanas da Universidade Nova de Lisboa.

Capa, projeto gráfico e editoração eletrônica:
Bracher & Malta Produção Gráfica

Revisão:
Teresa Godinho, João Francisco Figueira, Marlene Freitas, Filomena Martins, Mariana Pinto dos Santos, Vítor Silva, Alberto Martins, Beatriz de Freitas Moreira

1ª Edição - 2020

CIP - Brasil. Catalogação-na-Fonte
(Sindicato Nacional dos Editores de Livros, RJ, Brasil)

D390i
Didi-Huberman, Georges, 1953-
Imagens apesar de tudo / Georges Didi-Huberman; tradução de Vanessa Brito e João Pedro Cachopo. — São Paulo: Editora 34, 2020 (1ª Edição).
272 p. (Coleção TRANS)

ISBN 978-65-5525-031-2

Tradução de: Images malgré tout

1. Filosofia. 2. Estética. 3. Fotografia e cinema. 4. Holocausto judeu - Auschwitz-Birkenau.
I. Brito, Vanessa. II. Cachopo, João Pedro.
III. Título. IV. Série.

CDD - 194

IMAGENS APESAR DE TUDO

I. Imagens apesar de tudo
Quatro pedaços de película arrancados ao inferno............ 11
Contra todo e qualquer inimaginável................ 33
No próprio olho da história................ 51
Semelhante, dissemelhante, sobrevivente.................. 65

II. Apesar da imagem toda
Imagem-fato ou imagem-fetiche................ 79
Imagem-arquivo ou imagem-aparência............. 131
Imagem-montagem ou imagem-mentira............ 173
Imagem parecida ou imagem que quer parecer......... 215

Nota bibliográfica............ 261
Índice das figuras............. 262
Índice das matérias............ 265

Diz aos teus amigos e conhecidos que, se não voltares, é porque o teu sangue parou e se imobilizou ao ver estas cenas atrozes e bárbaras, ao ver como pereceram as crianças inocentes e sem proteção do meu povo só e abandonado. Diz-lhes que, se o teu coração se transformar em [pedra], o teu cérebro em frio mecanismo de pensamento e o teu olho em simples máquina fotográfica, também não voltarás ao seu encontro. [...] Aperta-me bem a mão, não tremas [*lacuna*] porque deverás ver coisas ainda piores.

Z. Gradowski,
Rolos de Auschwitz, I, 1944

I

IMAGENS
APESAR DE TUDO

[...] mesmo deteriorado
um simples retângulo
de trinta e cinco
milímetros
salva a honra
de todo o real.

J.-L. Godard, *Histoire(s) du cinéma*, I,
Paris, Gallimard/Gaumont,
1998, p. 86

QUATRO PEDAÇOS DE PELÍCULA ARRANCADOS AO INFERNO

Para saber é preciso imaginar-se. Devemos tentar imaginar o que foi o inferno de Auschwitz no verão de 1944. Não invoquemos o inimaginável. Não nos protejamos dizendo que de qualquer forma não o podemos imaginar — o que é verdade —, já que não poderemos imaginá-lo inteiramente. Mas *devemos* imaginá-lo, esse imaginável tão pesado. Como uma resposta que se oferece, como uma dívida contraída para com as palavras e as imagens que alguns deportados arrancaram, para nós, ao pavoroso real da sua experiência. Não invoquemos, portanto, o inimaginável. Era tão mais difícil, para os prisioneiros, arrancar aos campos de concentração estes escassos pedaços de que somos agora depositários, com o peso de os sustentarmos apenas com um olhar. Estes pedaços nos são mais preciosos e menos apaziguadores do que todas as obras de arte possíveis, pois foram arrancados a um mundo que os tinha por impossíveis. Imagens *apesar de tudo*, portanto: apesar do inferno de Auschwitz, apesar dos riscos corridos. Em retribuição, devemos contemplá-las, assumi-las, tentar dar conta delas. Imagens *apesar de tudo*: apesar da nossa própria incapacidade de sabermos olhar para elas como elas mereceriam, apesar do nosso próprio mundo repleto, quase sufocado, de mercadoria imaginária.

* * *

Entre os prisioneiros de Auschwitz, aqueles a quem os SS quiseram erradicar a qualquer preço a possibilidade de testemunhar foram, evidentemente, os membros do *Sonderkommando*, o "comando especial" de detidos que geriam com as suas próprias mãos o extermínio em massa. Os SS sabiam de antemão que uma só palavra de um sobrevivente do *Sonderkommando* tornaria caducas todas as denegações, todas as argúcias ulteriores sobre o grande massacre dos judeus da Europa.¹ "Ter concebido e organizado as equipes especiais foi o crime mais demoníaco do nacional-socialismo", escreve Primo Levi. "Fica-se atônito perante este paroxismo de perfídia e de ódio: deviam ser os judeus a meter nos fornos os judeus, devia-se demonstrar que os judeus [...] se vergavam a todas as humilhações, inclusivamente a destruírem-se a si próprios".²

O primeiro *Sonderkommando* de Auschwitz foi criado a 4 de julho de 1942, quando da "seleção" de uma remessa de judeus eslovacos destinados à câmara de gás. Doze equipes sucederam-se a partir dessa data: eram suprimidas ao fim de alguns meses, "e a iniciação da equipe seguinte consistia em queimar os cadáveres dos seus predecessores".³ Para estes homens, uma parte do horror consistia no fato de toda a sua existência ser mantida, até o inelutável gaseamento da equipe, em segredo absoluto: os membros do *Sonderkommando* não deviam ter qualquer contato com os outros prisioneiros, ainda menos com qualquer "mundo exterior", e nem sequer com os SS "não iniciados", ou seja, com os que ignoravam o funcionamento exato das câmaras de gás e dos crematórios.⁴ Doentes, estes prisioneiros em segredo não eram admitidos no hos-

---

[1] E, com elas, todos os sofismas com os quais, tanto quanto me parece, não nos podemos extasiar filosoficamente. Cf. J.-F. Lyotard, *Le Différend*, Paris, Minuit, 1983, pp. 16-7 (que analisa desta forma o argumento negacionista: "[...] para identificar um local como sendo uma câmara de gás, só aceito como testemunha uma vítima dessa câmara de gás; ora, segundo o meu adversário, todas essas vítimas estão mortas, caso contrário esta câmara de gás não seria aquilo que ele pretende; não há, portanto, câmaras de gás").

[2] P. Levi, *Les Naufragés et les rescapés* [1986], Paris, Gallimard, 1989, pp. 51 e 53 [ed. bras.: *Os afogados e os sobreviventes*, Rio de Janeiro, Paz & Terra, 1990].

[3] *Ibid.*, p. 50.

[4] F. Müller, *Trois ans dans une chambre à gaz d'Auschwitz* [1979], Paris, Pygmalion, 1980, p. 61. Filip Müller reconstitui o caso raríssimo de um membro do *Sonderkommando* que escapou a cinco liquidações sucessivas. Acerca deste funcionamento e do seu caráter secreto, cf. G. Wellers, *Les Chambres à gaz ont existé*, Paris, Gallimard, 1981. E. Kogon, H. Langbein e

pital do campo de concentração. Eram mantidos numa subserviência total e no embrutecimento — o álcool não lhes era recusado — provocado pelo seu trabalho nos crematórios. O seu trabalho? É necessário repeti-lo: manipular a morte de milhares de semelhantes. Ser testemunha de todos os últimos momentos. Ser obrigado a mentir até o fim (um membro do *Sonderkommando* que quis informar as vítimas acerca do seu destino foi queimado vivo no fogo do crematório e os seus camaradas tiveram de assistir à execução).[5] Reconhecer os seus e nada dizer. Ver entrar homens, mulheres e crianças na câmara de gás. Ouvir os gritos, os movimentos bruscos, as agonias. Esperar. Receber de uma assentada o "indescritível empilhamento humano" — uma "coluna de basalto" feita de carne, da sua carne, da nossa própria carne — que se desmorona à abertura das portas. Tirar os corpos um a um, despi-los (pelo menos antes dos nazis terem imaginado a solução do vestiário). Lavar à mangueira todo o sangue, todos os líquidos, todo o pus acumulado. Extrair os dentes de ouro para o espólio do *Reich*. Introduzir os corpos na fornalha dos crematórios. Manter a inumana cadência. Alimentar o coque. Retirar as cinzas humanas debaixo dessa espécie de "matéria informe, incandescente e esbranquiçada que se escoava em regatos [e que] ao arrefecer ganhava um tom acinzentado"... Triturar os ossos, essa última resistência dos pobres corpos à sua industrial destruição. Fa-

A. Rückerl, *Les Chambres à gaz secret d'État* [1983], Paris, Minuit, 1984. J.--C. Pressac, *Auschwitz: Technique and Operation of the Gas Chambers*, Nova York, Beate Klarfeld Foundation, 1989. J.-C. Pressac, *Les Crématoires d'Auschwitz*, Paris, CNRS Éditions, 1993 (que anota na p. 35: "[...] não havia precedentes de matar de uma só vez, com uma dose de gás, num espaço fechado, centenas de homens, e o segredo que envolvia a operação atingia ainda mais a imaginação dos não participantes, SS ou prisioneiros, que tinham recebido a proibição formal de observarem o seu desenrolar"). U. D. Adam, "Les chambres à gaz", in *L'Allemagne nazie et le génocide juif*, Paris, Gallimard/Seuil, 1985, pp. 236-61. F. Piper, "Gas Chambers and Crematoria", in Y. Gutman e M. Berenbaum (orgs.), *Anatomy of the Auschwitz Death Camp*, Bloomington/Indianápolis, Indiana University Press, 1994, pp. 157-82.

[5] H. Langbein, *Hommes et femmes à Auschwitz* [1975], Paris, UGE, 1994, p. 202.

zer pilhas com tudo isso, deitar esses restos ao rio mais próximo ou utilizá-los como material para a terraplenagem da estrada em construção perto do campo de concentração. Caminhar sobre cento e cinquenta metros quadrados de cabeleiras humanas que quinze detidos tentam cardar em cima de grandes mesas. Pintar por vezes o vestiário, construir as sebes de vegetação — camuflagem —, escavar fossas de incineração suplementares para os gaseamentos excepcionais. Limpar, reparar os fornos gigantes dos crematórios. Recomeçar todos os dias sob a ameaça dos SS. Sobreviver assim por um tempo indeterminado, inebriados, trabalhando dia e noite, "correndo como possuídos para terminar o mais depressa possível".[6]

"Eles não tinham figura humana. Eram rostos destroçados, enlouquecidos", disseram os detidos que os conseguiram ver.[7] Eles sobreviviam, contudo, durante o tempo que os deixavam sobreviver, na ignomínia da tarefa que cumpriam. Um membro da equipe respondeu da seguinte forma a uma prisioneira que lhe perguntou como podia suportar semelhante trabalho: "É claro que podia me jogar em cima dos fios elétricos, como fizeram muitos dos meus camaradas, mas eu quero viver [...]. Neste trabalho, quando não enlouquecemos no primeiro dia, habituamo-nos a ele".[8] Maneira de falar. Alguns dos que se julgavam "habituados" simplesmente jogaram-se nas chamas.

Se tal sobrevivência ultrapassa qualquer juízo moral (como escreveu Primo Levi)[9] e qualquer conflito trágico (como comentou Giorgio Agamben),[10] qual poderá ser o significado, nestas circuns-

---

[6] F. Müller, *Trois ans dans une chambre à gaz d'Auschwitz*, op. cit., pp. 104, 136, 158-9, 169-73 e 167-80. H. Langbein, *Hommes et femmes à Auschwitz*, op. cit., pp. 191-202.

[7] H. Langbein, *Hommes et femmes à Auschwitz*, op. cit., p. 193.

[8] *Ibid.*, pp. 194-5.

[9] P. Levi, *Les Naufragés et les rescapés*, op. cit., p. 58: "[...] creio que ninguém está autorizado a julgá-los, ninguém que tenha conhecido a experiência dos Lager, e muito menos os outros".

[10] G. Agamben, *Ce qui reste d'Auschwitz*, Paris, Rivages, 1999, p. 125 [ed. bras.: *O que resta de Auschwitz*, São Paulo, Boitempo, 2008].

tâncias, do verbo *resistir*? Revoltar-se? Era uma forma digna de se suicidar, de antecipar a eliminação prometida. No final de 1942, um primeiro projeto de rebelião falhou. Mais tarde, não sobreviveu nenhum dos quatrocentos e cinquenta homens envolvidos no grande motim de outubro de 1944 — pelo menos o crematório IV foi incendiado e destruído —, dos quais "apenas" trezentos iam ser em breve gaseados.[11] Neste desespero fundamental, o "ímpeto para resistir" provavelmente apartou-se dos próprios seres, votados ao desaparecimento, para se fixar em *sinais a emitir* para além das fronteiras do campo de concentração: "Como informar o mundo acerca das atrocidades que aqui se cometiam era a nossa maior preocupação".[12] Assim, em abril de 1944, Filip Müller reuniu pacientemente alguns documentos — um plano dos crematórios IV e V, uma nota sobre o seu funcionamento, uma lista dos nazistas em funções, bem como uma etiqueta de Zyklon B — e entregou-os a dois prisioneiros que tentavam fugir.[13] Tentativa que todos os membros do *Sonderkommando* sabiam, por si próprios, ser desesperada. É por isso que, por vezes, eles confiavam os seus testemunhos ao segredo da terra: as escavações efetuadas nos arredores dos crematórios de Auschwitz trouxeram à luz do dia — frequentemente muito depois da Libertação — os escritos comoventes, quase ilegíveis, destes escravos da morte.[14] Eram uma espécie de *garrafas*

[11] F. Müller, *Trois ans dans une chambre à gaz d'Auschwitz*, op. cit., pp. 209-22. A documentação sobre os efeitos da revolta foi reunida por J.-C. Pressac, *Les Crématoires d'Auschwitz*, op. cit., p. 93. Sobre a execução pública dos últimos motins, cf. P. Levi, *Si c'est un homme* [1947], Paris, Julliard, 1987 (ed. 1993), pp. 159-61 [ed. bras.: *É isto um homem?*, Rio de Janeiro, Rocco, 1988].

[12] F. Müller, *Trois ans dans une chambre à gaz d'Auschwitz*, op. cit., p. 118.

[13] *Ibid.*, pp. 163-6.

[14] Cf. L. Poliakov, *Auschwitz*, Paris, Julliard, 1964, pp. 62-5 e 159-71. B. Mark, *Des voix dans la nuit* [1965], Paris, Plon, 1982. N. Cohen, "Diaries of the *Sonderkommando*" [1994], in Y. Gutman e M. Berenbaum (orgs.), *Anatomy of the Auschwitz Death Camp*, op. cit., pp. 522-34.

lançadas à terra, exceto que eles nem sempre tinham garrafas para preservar as suas mensagens. Na melhor das hipóteses, uma marmita de ferro esmaltado.[15]

Estes escritos são atravessados por duas condicionantes complementares. Por um lado, pelo inelutável desaparecimento da própria testemunha: "Os SS repetem-nos frequentemente que não deixarão sobreviver uma só testemunha". Mas também pelo receio de que o próprio testemunho desapareça, ainda que transmitido ao exterior: não corria ele o risco de ser incompreensível, tido por insensato, inimaginável? "O que se passava exatamente" — confidenciava Zalmen Lewental ao pedaço de papel prestes a ser enterrado — "nenhum ser humano é capaz de o representar."[16]

* * *

Foi na dobra destas duas impossibilidades — desaparecimento próximo da testemunha, irrepresentabilidade garantida do testemunho — que surgiu a imagem fotográfica. Um dia, no verão de 1944, os membros do *Sonderkommando* sentiram a imperiosa necessidade, tão perigosa para eles, de arrancarem ao seu trabalho infernal algumas fotografias capazes de testemunhar a especificidade do horror e da amplitude do massacre. Arrancar algumas imagens *àquele real*. Mas também — uma vez que uma imagem é feita para ser vista por outrem — para arrancar ao pensamento humano em geral, ao pensamento do "fora", um *imaginável* para aquilo de que ninguém, até então (mas isso já é dizer muito, pois tudo foi projetado antes de ser posto em prática), entrevia a possibilidade.

Não deixa de ser perturbante que um tal desejo de *arrancar uma imagem* se tenha concretizado no momento mais indescritível — como o qualificamos frequentemente — do massacre dos ju-

---

[15] Acerca da descrição física dos *Rolos de Auschwitz* corroídos pela umidade e, portanto, parcialmente ilegíveis, cf. B. Mark, *Des voix dans la nuit*, op. cit., pp. 179-90.

[16] Citado por H. Langbein, *Hommes et femmes à Auschwitz*, op. cit., p. 3.

deus: o momento em que já não havia lugar — naqueles que assistiram, estupefatos, a esse massacre — para o pensamento e para a imaginação. Tempo, espaço, olhar, pensamento, *pathos* — tudo era ofuscado pela enormidade maquinal da violência produzida. No verão de 1944 houve uma razia dos judeus húngaros: quatrocentos e trinta e cinco mil foram deportados para Auschwitz entre 15 de maio e 8 de julho.[17] Jean-Claude Pressac (cujo escrúpulo verificador exclui em geral todos os adjetivos, *a fortiori* todas as fórmulas empáticas) escreve que esse foi "o episódio mais demente de Birkenau", levado a cabo, sobretudo, nos crematórios II, III e V.[18] Num só dia, vinte e quatro mil judeus húngaros foram exterminados. No fim do verão, já não havia mais Zyklon B. Então "os inaptos [i.e., as vítimas destinadas à morte imediata] foram diretamente precipitados para as fossas ardentes do crematório V do Bunker 2",[19] isto é, queimados vivos. Quanto aos ciganos, foram gaseados em massa a partir do dia 1º de agosto.

Como de costume, os membros do *Sonderkommando* encarregados dos crematórios tiveram de preparar toda a infraestrutura deste pesadelo. Filip Müller recorda que se procedeu "ao preenchimento das fissuras nas paredes dos fornos com terra refratária, ao revestimento das portas de ferro fundido com um indumento preto e à lubrificação das dobradiças [...]. Substituíamos as grelhas usadas e verificávamos de alto a baixo o estado das seis chaminés, procedendo às reparações necessárias. Controlávamos cuidadosamente o funcionamento dos ventiladores com a ajuda dos eletricistas. Por fim, voltamos a pintar as paredes dos quatro vestiários e das oito câmaras de gás. Todas estas tarefas tinham manifestamente como objetivo pôr as instalações de extermínio em perfeito estado de funcionamento".[20]

---

[17] A. Wieviorka, *Déportation et génocide*, Paris, Plon, 1992 (ed. 1995), pp. 255-9.

[18] J.-C. Pressac, *Les Crématoires d'Auschwitz, op. cit.*, p. 90.

[19] *Ibid.*, p. 91.

[20] F. Müller, *Trois ans dans une chambre à gaz d'Auschwitz, op. cit.*, p. 169.

1. Anônimo (alemão), *Sebe de camuflagem do crematório V de Auschwitz*, 1943-1944. Oswiecim, Museu Estatal de Auschwitz-Birkenau (negativo n° 860).

Mas também foi preciso, sob ordens do *Hauptscharführer* Otto Moll — um SS particularmente temido e detestado que se ocupava pessoalmente da liquidação do *Sonderkommando* desde 1942[21] —, escavar cinco fossas de incineração ao ar livre, por detrás do crematório V. Filip Müller descreveu com pormenor a experimentação técnica e a gestão da obra levadas a cabo por Moll:

[21] *Ibid.*, p. 170.

2. Anônimo (alemão), *Crematório V de Auschwitz*, 1943-1944.
Oswiecim, Museu Estatal de Auschwitz-Birkenau
(negativo nº 20995/508).

não esquecendo a concepção de condutas destinadas a recolher a gordura, a laje de concreto sobre a qual os "operários" deviam triturar os ossos misturados às cinzas humanas,[22] e até a vegetação plantada para formar uma vedação e tornar tudo aquilo invisível do exterior (fig. 1). É significativo que não haja *nenhuma imagem* (à exceção das longínquas vistas aéreas) do crematório V, situado num pequeno bosque de bétulas — que dá o nome a Birkenau —, que não seja ofuscada por uma barreira vegetal (fig. 2).[23]

[22] *Ibid.*, pp. 169-83.

[23] A documentação sobre o crematório V pode ser consultada em J.-C. Pressac, "Étude et réalisation des *Krematorien* IV et V d'Auschwitz-Birkenau", in *L'Allemagne nazie et le génocide juif, op. cit.*, pp. 539-84, e em J.-C.

Arrancar uma imagem a este inferno? Parecia duplamente impossível. Impossível por déficit, porque os detalhes das instalações estavam camuflados e, por vezes, eram subterrâneos. E também porque os membros do *Sonderkommando*, quando não estavam trabalhando sob o controle estrito dos SS, eram cuidadosamente mantidos em segredo numa "célula subterrânea [e] isolada".[24] Impossível por excesso, porque a visão desta cadeia monstruosa, complexa, parecia ultrapassar qualquer tentativa de registro. Filip Müller escreve que "em comparação com o que [Otto Moll] tinha imaginado e com o que ele começava a perceber, o Inferno de Dante não era senão uma brincadeira de crianças":[25]

> Aos primeiros raios da alvorada ateamos fogo às duas fossas nas quais tínhamos empilhado cerca de mil e quinhentos corpos; duas horas depois, eles tinham-se tornado irreconhecíveis. As chamas incandescentes envolviam inúmeros troncos carbonizados e ressequidos. [...] Contrariamente ao que se passava nos crematórios, onde o calor podia ser mantido com a ajuda de ventiladores, nas fossas, depois do material humano se ter inflamado, a combustão só podia ser mantida quando o

Pressac, *Auschwitz: Technique and Operation of the Gas Chambers*, op. cit., pp. 379-428. Léon Poliakov (*Auschwitz*, op. cit., pp. 51-2) já tinha citado uma carta datada de 6 de novembro de 1943, na qual os SS de Auschwitz encomendam plantas verdes para camuflar os crematórios I e II. A 16 de junho de 1944, Oswald Pohl concedia ainda um crédito para "a construção de uma segunda vedação interna, a fim de dissimular as construções à vista dos detidos". J.-C. Pressac, *Les Crématoires d'Auschwitz*, op. cit., p. 91. Sobre a camuflagem das "tripas" de Treblinka, cf. o testemunho muito preciso do SS Franz Suchomel, recolhido por C. Lanzmann, *Shoah*, Paris, Fayard, 1985, pp. 123-4.

[24] Testemunho de Filip Müller em F. Müller, *Trois ans dans une chambre à gaz d'Auschwitz*, op. cit., p. 81. Continua assim: "Doravante, éramos 'guardiões de segredos', mortos em lista de espera. Não devíamos falar com ninguém, nem entrar em contato com nenhum prisioneiro. Nem sequer com os SS. Exceto com aqueles que estavam encarregados da *Aktion*".

[25] *Ibid.*, p. 181.

ar circulava entre os corpos. Como os corpos empilhados tinham tendência para encarquilhar com o tempo, dada a ausência de qualquer entrada de ar do exterior, a equipe encarregada do aquecimento, da qual eu fazia parte, devia derramar ininterruptamente sobre a massa dos corpos, óleo, metanol ou gordura humana em ebulição, recolhida nas cisternas que existiam no fundo da fossa, nas duas faces laterais. Com a ajuda de longas espátulas de ferro curvadas na extremidade, íamos buscar nos recipientes gordura a ferver, tomando o cuidado de protegermos as mãos com luvas. Depois de termos derramado a gordura na fossa, em todos os lugares possíveis, levantavam-se logo grandes labaredas, soprando e crepitando. Grossas espirais de fumaça obscureciam o ar espalhando o cheiro do óleo, da gordura, do combustível e da carne queimada. A equipe de dia, composta por cerca de cento e quarenta detidos, trabalhava no setor dos crematórios IV e V. Cerca de vinte e cinco transportadores de cadáveres estavam ocupados a evacuar os corpos das três câmaras de gás do crematório V e a arrastá-los até as fossas. [...]

As sentinelas SS que ficavam nos mirantes do outro lado da cerca de arame farpado, no setor das fossas, [...] pareciam bastante perturbadas com o espetáculo dantesco de que eram testemunhas, e muitas tinham dificuldade em suportar a visão das cenas horríveis que se desenrolavam diante delas. [...] Alguns mortos pareciam ganhar vida. Contorciam-se sob o efeito do calor intenso, dando a impressão de sofrerem de males intoleráveis. Os seus braços e as suas pernas mexiam-se como num filme em câmera lenta, os troncos reerguiam-se [...]. A intensidade do fogo era tal que os cadáveres eram devorados pelas chamas por todos os lados. Na sua pele formavam-se bolhas que rebentavam umas após as outras. Quase todos os corpos revestidos com gordura ficavam repletos de cicatrizes negras provocadas pelas queimaduras. Sob o efeito do calor ardente, o abdô-

men da maior parte dos mortos estalava. A sua carne consumia-se ao som do barulho intenso de silvos e de crepitações.
[...] A incineração tinha durado cinco a seis horas. O resíduo da combustão ainda mal enchia um terço da fossa. A superfície, de cor branca-acinzentada fosforescente, estava repleta de inúmeros crânios humanos. Assim que a superfície da massa das cinzas arrefecia o suficiente, jogávamos na fossa tábuas revestidas com uma chapa metálica. Prisioneiros desciam até o fundo e, com pás, lançavam a cinza ainda quente para o exterior. Estavam equipados com luvas e capacetes de proteção em forma de pires; ainda assim, eram frequentemente atingidos por partículas de cinza em brasa que caíam incessantemente, arrastadas pelo vento, provocando queimaduras graves no rosto e nos olhos. Era por isso que também estavam munidos de óculos de proteção.
Depois de retirados os resíduos das fossas, num passo acelerado transportávamos os restos em carrinhos de mão, até o depósito de cinzas, amontoando-os em pilhas da altura de um homem.[26]

* * *

Arrancar uma imagem a isto, apesar disto? Sim, era preciso dar uma forma a este inimaginável, custasse o que custasse. Em Auschwitz, as possibilidades de evasão ou de revolta eram tão di-

---

[26] *Ibid.*, pp. 183-9. Veja-se também, entre outros, o testemunho de G. Wellers, *L'Étoile jaune à l'heure de Vichy*, Paris, Fayard, 1973, pp. 286-7. E. Kogon, H. Langbein e A. Rückerl, *Les Chambres à gaz secret d'État, op. cit.*, pp. 214-5, precisam que as fossas tinham 12 m de comprimento, 6 de largura e 1,50 de profundidade. Mil pessoas eram aí queimadas numa hora. Cf. J.-C. Pressac, "Étude et réalisation des *Krematorien* IV et V", *op. cit.*, pp. 539-84. Subsistem algumas divergências entre certos testemunhos de membros do *Sonderkommando* e as análises de Pressac quando se trata de saber se as fossas foram construídas porque os fornos do crematório V estavam defeituosos ou sobrecarregados.

minutas que a simples *emissão de uma imagem* ou de uma informação — um plano, números, nomes — tornava-se a própria urgência, um entre os últimos gestos de humanidade. Alguns detidos tinham conseguido ouvir a BBC nos escritórios que limpavam. Outros conseguiram emitir apelos de socorro. "O isolamento do mundo exterior fazia parte das pressões psicológicas exercidas sobre os prisioneiros", escreve Hermann Langbein. "Entre os esforços para se defender contra o terrorismo psíquico, contavam-se, evidentemente, os que tentavam romper o isolamento. De um ano para o outro, à medida que a situação militar evoluía, este último fator era cada vez mais importante para a moral dos detidos".[27] Em 1944, os chefes da Resistência polonesa também pediam fotografias. Foi assim que, segundo um testemunho recolhido por Langbein, um trabalhador civil conseguiu introduzir dissimuladamente uma máquina fotográfica e fazê-la chegar aos membros do *Sonderkommando*. Provavelmente, na máquina só havia um resto de película virgem.

    A captação das imagens exigiu todo um dispositivo coletivo de vigilância. O telhado do crematório V foi propositadamente danificado para que alguns membros da equipe fossem enviados pelos SS para o reparar. Lá em cima, David Szmulewski pôde montar a vigia: ele observava aqueles — sobretudo os vigias dos mirantes mais próximos — cuja tarefa consistia precisamente em vigiar o trabalho dos *Sonderkommando*.[28] Escondida no fundo de um balde, a máquina chegou às mãos de um judeu grego chamado

[27] H. Langbein, *La Résistance dans les camps de concentration nationaux-socialistes, 1938-1945* [1980], Paris, Fayard, 1981, p. 297 (e, em geral, pp. 297-315).

[28] H. Langbein, *Hommes et femmes à Auschwitz, op. cit.*, p. 253: "Stanislaw Klodzinski atestou que um civil polonês, Mordarski, que trabalhava numa obra perto do campo de concentração, introduziu aí uma máquina fotográfica às escondidas. Esta chegou ao *Sonderkommando* dissimulada no duplo fundo de um recipiente de sopa". Como a reconstituição de Langbein não está isenta de inexatidões, também se pode conjecturar que a máquina tivesse sido obtida no "Canadá" de Auschwitz, o gigantesco depósito dos pertences roubados às vítimas.

Alex — ainda hoje não identificado: ignora-se o seu sobrenome —, de turno num nível inferior, diante das fossas de incineração, onde estava posto a trabalhar com os outros membros da equipe. Terrível paradoxo o desta *câmara escura*: para conseguir tirar a máquina do balde, estabilizar o visor, aproximá-lo do seu rosto e tirar uma primeira sequência de imagens (figs. 3, 4), o fotógrafo teve de se esconder na câmara de gás, talvez ainda não completamente esvaziada de suas vítimas. Ele está recolhido no espaço sombrio. O ângulo, a obscuridade onde se encontra, protegem-no. Atreve-se, muda de ângulo e avança: a segunda imagem é um pouco mais frontal e ligeiramente mais próxima. Mais arriscada, portanto. Mas, paradoxalmente, também mais estável: mais nítida. Como se o medo tivesse por um instante desaparecido diante da necessidade deste trabalho, arrancar uma imagem. Aí vemos, justamente, o trabalho cotidiano dos outros membros da equipe: arrancar aos cadáveres, que ainda jazem no solo, a sua última semelhança humana. Os gestos dos vivos dizem o peso dos corpos e das tarefas a cumprir no imediatismo das decisões a tomar: tirar, arrastar, atirar. A fumaça, por detrás, vem das fossas de incineração: corpos dispostos em quincunce a 1,50 m de profundidade, o crepitar da gordura, os cheiros, o encarquilhamento da matéria humana, tudo aquilo de que fala Filip Müller encontra-se sob este ecrã de fumaça que a fotografia captou para nós. Atrás está o bosque de bétulas. O vento sopra vindo do norte, talvez do noroeste.[29] (Primo Levi recorda que "em agosto de 1944, em Auschwitz, fazia muito calor. Um vento tórrido levantava nuvens de pó dos edifícios desconjuntados pelos bombardeios aéreos, secava-nos o suor no corpo e engrossava-nos o sangue nas veias".)[30]

Tendo dissimulado a máquina — na mão? no balde? na roupa? —, o "fotógrafo desconhecido" arrisca-se a sair do cremató-

---

[29] Cf. J.-C. Pressac, *Auschwitz: Technique and Operation of the Gas Chambers, op. cit.*, pp. 422-4, que fez uma minuciosa reconstituição destas imagens. Ele salienta que, entre as personagens fotografadas, se encontra um SS voltado de costas (o que nos permite compreender melhor o risco corrido).

[30] P. Levi, *Les Naufragés et les rescapés, op. cit.*, p. 77.

rio. Anda rente à parede. Vira duas vezes à direita. Está agora do outro lado do edifício, ao sul, depois dirige-se para o bosque de bétulas, ao ar livre. Também aí, o inferno continua: uma "remessa" de mulheres, já despidas, está prestes a entrar na câmara de gás. Os SS estão por perto. Não é francamente possível tirar a máquina, ainda menos olhar através do visor. O "fotógrafo desconhecido" dispara duas vezes às pressas, sem olhar, talvez enquanto caminhava (figs. 5, 6). Numa das duas imagens — evidentemente privada de ortogonalidade, de orientação "correta" —, podemos entrever, no canto inferior direito, um grupo de mulheres que parecem caminhar ou esperar pela sua vez. Três mulheres, mais próximas, dirigem-se em sentido contrário. A imagem está muito desfocada. No entanto, conseguimos ver, de perfil, um membro do *Sonderkommando* reconhecível pelo seu boné. Na margem, à direita, podemos adivinhar a chaminé do crematório IV. A outra imagem é praticamente abstrata: adivinhamos apenas a ponta das bétulas. Virado para o sul, o fotógrafo tem a luz nos olhos. A imagem é ofuscada pelo sol que passa através dos ramos.

Em seguida, Alex regressa em direção ao crematório, provavelmente pelo lado norte. Rapidamente, restitui a máquina a David Szmulewski, que tinha ficado no telhado para controlar eventuais movimentos dos SS. Toda a operação não terá durado mais de quinze, vinte minutos. Szmulewski volta a pôr a máquina no balde.[31] O filme é retirado, passa novamente pelo campo central e sai enfim de Auschwitz num tubo de pasta de dentes, onde fora escondido por Helena Dantón, empregada na cantina SS.[32] Um pouco mais tarde, no dia 4 de setembro de 1944, chega à Resistência polonesa de Cracóvia, acompanhado por uma nota escrita por dois presos políticos, Józef Cyrankiewicz e Stanislaw Klodzinski (fig. 7):

---

[31] Cf. J.-C. Pressac, *Auschwitz: Technique and Operation of the Gas Chambers*, op. cit., p. 424, onde é citado o testemunho do próprio Szmulewski, sobrevivente da equipe.
[32] Cf. H. Langbein, *Hommes et femmes à Auschwitz*, op. cit., p. 253.

3. Anônimo (membro do *Sonderkommando* de Auschwitz),
*Cremação de corpos gaseados nas fossas de incineração ao ar livre,
diante da câmara de gás do crematório V de Auschwitz,*
agosto de 1944. Oswiecim, Museu Estatal de Auschwitz-Birkenau
(negativo nº 277).

4. Anônimo (membro do *Sonderkommando* de Auschwitz), *Cremação de corpos gaseados nas fossas de incineração ao ar livre, diante da câmara de gás do crematório V de Auschwitz*, agosto de 1944. Oswiecim, Museu Estatal de Auschwitz-Birkenau (negativo n° 278).

5. Anônimo (membro do *Sonderkommando* de Auschwitz), *Mulheres conduzidas para a câmara de gás do crematório V de Auschwitz*, agosto de 1944. Oswiecim, Museu Estatal de Auschwitz-Birkenau (negativo nº 282).

6. Anônimo (membro do *Sonderkommando* de Auschwitz),
*Mulheres conduzidas para a câmara de gás
do crematório V de Auschwitz*, agosto de 1944.
Oswiecim, Museu Estatal de Auschwitz-Birkenau
(negativo nº 283).

7. Józef Cyrankiewicz e Stanislaw Klodzinski,
Mensagem dirigida à Resistência polonesa, 4 de setembro de 1944.
Oswiecim, Museu Estatal de Auschwitz-Birkenau.

Urgente. Enviem o mais rapidamente possível dois rolos em metal de filme para máquina fotográfica 6x9. Podemos tirar fotografias. Mandamos fotografias de Birkenau que mostram prisioneiros enviados para a câmara de gás. Uma fotografia mostra uma das fogueiras ao ar livre onde se queimam cadáveres, já que o crematório não chega para queimar todos. Em frente da fogueira jazem cadáveres à espera de serem atirados para o fogo. Uma outra fotografia mostra um lugar no bosque onde os detidos se despem para supostamente tomarem ducha. Em seguida são enviados para a câmara de gás. Enviem os rolos o mais rapidamente possível. Enviem estas fotografias imediatamente à Tell — pensamos que as fotografias ampliadas podem ser enviadas para mais longe.[33]

[33] Citado (e traduzido) por R. Boguslawska-Swiebocka e T. Ceglowska, *KL Auschwitz. Fotografie dokumentalne*, Varsóvia, Krajowa Agencja Wydawnicza, 1980, p. 18. O nome de código "Tell" designa Teresa Lasocka-Estreicher, membro, em Cracóvia, de um comitê clandestino de auxílio aos prisioneiros dos campos de concentração. Cf. também R. Boguslawska-Swiebocka e T. Swiebocka, "Auschwitz in Documentary Photographs" [1993], in T. Swiebocka (org.), *Auschwitz: A History in Photographs*, Oswiecim, Auschwitz-Birkenau Museum, Varsóvia, Ksiazka I Wiedza, e Bloomington/Indianápolis, Indiana University Press, 1993, pp. 42-3 e 172-6, onde são precisados os nomes dos outros detidos que participaram nesta operação: Szmomo Dragon, o seu irmão Josek, e Alter Szmul Fajnzylberg (conhecido, no campo de concentração, pelo nome de Slanislaw Jankowski). Segundo o testemunho de Alter Fajnzylberg, a máquina poderia ter sido uma Leica (Clément Chéroux me lembra que tal seria impossível porque o formato das imagens é 6x6).

CONTRA TODO E QUALQUER INIMAGINÁVEL

"Enviadas para mais longe..." Onde é que fica isso, mais longe? Pode-se formular a hipótese de que, para além da Resistência polonesa — que estava perfeitamente ao corrente do massacre dos judeus —, tratava-se de enviar estas imagens para uma zona mais ocidental do pensamento, da cultura, da decisão política, onde tais coisas pudessem ainda ser ditas inimagináveis. As quatro fotografias arrancadas pelos membros do *Sonderkommando* ao crematório V de Auschwitz *dirigem-se ao inimaginável, e refutam-no* da maneira mais dilacerante possível. Para refutar o inimaginável, muitos homens correram o risco coletivo de morrer e, pior ainda, de sofrer o destino reservado para esse gênero de tentativa: a tortura, aquela, por exemplo, abominável, que o SS Wilhelm Boger chamava, em tom de zombaria, de sua "máquina de escrever".[1]

"Enviadas para mais longe": as quatro imagens arrancadas ao inferno de Auschwitz dirigem-se, de fato, a dois espaços, a duas épocas distintas do inimaginável. O que elas refutam, antes de tudo, é o inimaginável fomentado pela própria organização da "Solução final". Se um judeu que fazia parte da resistência em Londres — trabalhando em círculos supostamente bem informados — pode admitir que, nessa época, era incapaz de imaginar Auschwitz ou Treblinka,[2] o que dizer então do resto do mundo? Como bem

---

[1] Cf. H. Arendt, "Le procès d'Auschwitz" [1966], in *Auschwitz et Jérusalem*, Paris, Deuxtemps Tierce, 1991 (ed. 1997), p. 235.

[2] Cf. R. Aron, *Mémoires*, Paris, Julliard, 1983, p. 176: "Em Londres, o que é que sabíamos do genocídio? No nível daquilo de que se tinha uma consciência clara, a minha percepção era mais ou menos a seguinte: os campos de concentração eram cruéis, sendo dirigidos por carcereiros recrutados não en-

analisou Hannah Arendt, os nazistas "sentiam-se profundamente persuadidos de que uma das melhores probabilidades de sucesso da sua iniciativa resultava do fato de ninguém, no exterior do seu círculo, ser capaz de acreditar na sua realidade".[3] E é essa terrível verificação de informações, que chegavam por vezes, embora se tendesse "a rejeitá-las devido à sua própria enormidade", que terá perseguido Primo Levi até a intimidade dos seus pesadelos: sofrer, sobreviver, relatar — e depois enfrentar a incredulidade por se tratar de algo inimaginável.[4] Como se uma injustiça fundamental continuasse a perseguir os próprios sobreviventes na sua vocação para o testemunho.

Vários investigadores analisaram em pormenor a maquinaria de *desimaginação* que podia fazer com que um SS dissesse: "Talvez venham a existir suspeitas, discussões, pesquisas conduzidas por historiadores, mas não existirão certezas, pois destruiremos as provas ao destruir-vos. E mesmo que subsistam algumas provas, e que alguns dentre vós sobrevivam, as pessoas dirão que os fatos relatados são demasiado monstruosos para ser possível acreditar neles".[5] A "Solução final", como se sabe, foi coberta por um segredo absoluto: silêncio, abafamento de informação.[6] Mas, como a filtragem dos pormenores sobre o extermínio tinha começado

tre políticos mas entre criminosos de delito comum; havia um alto grau de mortalidade, mas as câmaras de gás, o assassinato industrial de seres humanos, não, confesso-o, não os imaginei, e porque não podia imaginá-los, não os soube" [ed. bras.: *Memórias*, Rio de Janeiro, Nova Fronteira, 1986].

[3] H. Arendt, "As técnicas da ciência social e o estudo dos campos de concentração", in *Auschwitz et Jérusalem, op. cit.*, p. 207.

[4] P. Levi, *Les Naufragés et les rescapés, op. cit.*, pp. 11-2. Cf. igualmente a narrativa de Moché-le-Bedeau, com a qual praticamente se inicia o livro de É. Wiesel, *La Nuit*, Paris, Minuit, 1958, pp. 17-8.

[5] Testemunho de Simon Wiesenthal citado por P. Levi, *Les Naufragés et les rescapés, op. cit.*, p. 11.

[6] Cf. W. Laqueur, *Le Terrifiant secret. La "Solution finale" et l'information étouffée* [1980], Paris, Gallimard, 1981. S. Courtois e A. Rayski (orgs.), *Qui savait quoi? L'extermination des juifs, 1941-1945*, Paris, Découverte, 1987, pp. 7-16 ("Stratégie du secret, stratégie de l'information").

"quase desde o início dos massacres",⁷ o silêncio precisou da reciprocidade de um discurso: retórica, mentira — toda uma estratégia das palavras que Hannah Arendt definia, em 1942, como a "eloquência do diabo".⁸ As quatro fotografias arrancadas a Auschwitz pelos membros do *Sonderkommando* foram portanto, também, quatro *refutações* arrancadas a um mundo que os nazis queriam ofuscar: ou seja, deixar sem palavras nem imagens. Todas as análises do universo concentracionário convergem, desde há muito, neste fato: os campos foram os laboratórios, as máquinas experimentais de um *desaparecimento generalizado*. *Desaparecimento da psique* e desintegração do vínculo social, como o analisou bem cedo — logo em 1943 — Bruno Bettelheim, mal haviam terminado os dezoito meses que passara em Buchenwald e em Dachau: "O campo de concentração era um laboratório onde a Gestapo aprendia a desintegrar a estrutura autônoma dos indivíduos [e a] quebrar a resistência civil".⁹ Em 1950, Hannah Arendt falava dos campos como "laboratórios de uma experiência humana de dominação total", sendo que "semelhante objetivo só podia ser atingido nas circunstâncias extremas de um inferno de fabricação humana".¹⁰

Inferno também fabricado por homens para o *desaparecimento da língua* das suas vítimas. "Onde se faz violência ao homem", escreve Primo Levi, "também se faz à língua."¹¹ Há o silêncio im-

---

⁷ W. Laqueur, *Le Terrifiant secret*, op. cit., p. 238.

⁸ H. Arendt, "L'éloquence du diable" [1942], in *Auschwitz et Jérusalem*, op. cit., pp. 33-4.

⁹ B. Bettelheim, "Comportement individuel et comportement de masse dans les situations extrêmes" [1943], in *Survivre*, Paris, Laffont, 1979 (ed. 1989), pp. 70 e 109.

¹⁰ H. Arendt, "As técnicas da ciência social e o estudo dos campos de concentração", in *Auschwitz et Jérusalem*, op. cit., p. 151. Os próprios sobreviventes classificaram frequentemente os campos como "laboratórios": P. Levi, *Si c'est un homme*, op. cit., p. 93. D. Rousset, *L'Univers concentrationnaire* [1945], Paris, Minuit, 1965, pp. 107-11. Em geral, cf. o estudo de W. Sofsky, *L'Organisation de la terreur* [1993], Paris, Calmann-Lévy, 1995.

¹¹ P. Levi, *Les Naufragés et les rescapés*, op. cit., pp. 11, 96.

posto pelo próprio isolamento. Há o jargão do campo e os seus efeitos de terror.[12] Há o desvio perverso da língua e, portanto, da cultura alemã.[13] Há, por fim, a mentira, a perpétua mentira das palavras pronunciadas pelos nazis: pense-se na inocência da expressão *Schutzstaffel*, que se abrevia *SS*, e que denota a "proteção", o ato de abrigar, a "salvaguarda" (*Schutz*). Pense-se na neutralidade do adjetivo *sonder* — que quer dizer "separado", "singular", "especial", ou mesmo "estranho" ou "bizarro" — em expressões como *Sonderbehandlung*, "tratamento especial" (que, na realidade, significava a morte por gaseamento), *Sonderbau*, "edifício especial" (que era, na realidade, o bordel do campo reservado aos "privilegiados") e, obviamente, *Sonderkommando*. Quando, no meio de toda esta linguagem codificada, um SS designa uma coisa pelo que ela é verdadeiramente — por exemplo, quando a administração de Auschwitz, numa nota de 2 de março de 1943, deixa passar a expressão *Gaskammer*, "câmara de gás" —, é necessário considerar tal circunstância um verdadeiro lapso.[14]

O que as palavras querem ofuscar é obviamente o *desaparecimento dos seres* programado por esse vasto "laboratório". Não bastava assassinar: porque os mortos nunca estavam suficientemente "desaparecidos" aos olhos da "Solução final". Muito para além da privação de sepultura — que era, na Antiguidade, o cúmulo da ofensa ao morto —, os nazis dedicaram-se, racional ou irracionalmente, a não "deixar nenhum vestígio", a *fazer desaparecer todo o resto*... O que explica, por exemplo, a demência da *Aktion 1005*, em que os SS mandaram desenterrar — pelas suas vítimas, claro — as centenas de milhares de cadáveres enterrados em valas

---

[12] Cf. H. Langbein, *Hommes et femmes à Auschwitz*, op. cit., pp. 11-7.

[13] Cf. V. Klemperer, *LTI, la langue du IIIe Reich* [1947], Paris, Albin Michel, 1996 [ed. bras.: *LTI: a linguagem no Terceiro Reich*, Rio de Janeiro, Contraponto, 2009].

[14] Cf. J.-C. Pressac, *Auschwitz: Technique and Operation of the Gas Chambers*, op. cit., p. 446. Trata-se, na verdade, de um duplo lapso, pois o SS escreveu *Gasskammer*, com dois *s*. Cf., do mesmo modo, E. Kogon, H. Langbein e A. Rükerl, *Les Chambres à gaz secret d'État*, op. cit., pp. 13-23 ("Un langage codé").

comuns para os queimar e dispersar (ou reenterrar) as suas cinzas na natureza.[15] O fim da "Solução final" — em todos os sentidos da palavra "fim": o seu objetivo, a sua última etapa, mas também a sua interrupção com a derrota militar dos nazistas — requeria uma nova tarefa, o *desaparecimento dos utensílios do desaparecimento*. É assim que, em janeiro de 1945, o crematório V foi destruído pelos próprios SS: foram necessárias não menos do que nove cargas explosivas, das quais uma, extremamente potente, foi colocada nos fornos refratários.[16] Uma vez mais, um modo de querer tornar Auschwitz inimaginável. Após a Liberação, era possível estar nos próprios lugares aos quais haviam sido arrancadas, alguns meses antes, as quatro imagens — sem ver mais do que ruínas, sítios devastados, espécies de "não-lugares" (fig. 8).[17]

[15] Cf. especialmente L. Poliakov, *Auschwitz*, *op. cit.*, pp. 49-52. Cf. igualmente, entre outros exemplos, Y. Arad, "Treblinka", in F. Bédarida e F. Gervereau (orgs.), *La Déportation. Le système concentrationnaire nazi*, Nanterre, BDIC, 1995, p. 154: "Fim de fevereiro — início de março de 1943, Heinrich Himmler visitou Treblinka. Na sequência dessa visita, em conformidade com as suas ordens, foi lançada uma operação para incinerar os corpos das vítimas. As valas comuns foram reabertas e foram retirados delas os cadáveres a fim de os incinerar em braseiros enormes (as 'fogueiras'). Os ossos foram moídos e enterrados de novo nas mesmas valas, junto com as cinzas. Esta incineração dos cadáveres, para fazer desaparecer os vestígios dos assassinatos, prosseguiu até julho de 1943". Sobre este episódio, cf. o testemunho, técnico e insuportável, do SS Franz Suchomel, recolhido por C. Lanzmann, *Shoah*, *op. cit.*, pp. 64-70. Nele se especifica que o *Sonderkommando* de Treblinka era substituído — ou seja, assassinado — diariamente.

[16] Cf. J.-C. Pressac, *Auschwitz: Technique and Operation of the Gas Chambers*, *op. cit.*, pp. 390-1.

[17] O que torna tanto mais preciosa a abordagem estritamente *arqueológica* dos trabalhos realizados por Jean-Claude Pressac, à qual presta homenagem P. Vidal-Naquet, "Sur une interprétation du grand massacre: Arno Mayer et la 'Solution finale'", in *Les Juifs, la mémoire et le présent*, I-II, Paris, Découverte, 1991, pp. 262-6. Sobre a questão do lugar "arruinado" e do seu uso (igualmente arqueológico) no filme *Shoah*, cf. G. Didi-Huberman, "Le lieu malgré tout", in *Phasmes*, Paris, Minuit, 1998, pp. 228-42.

Aliás, Filip Müller precisou que, até a sua destruição, o crematório V continuava a "incinerar os cadáveres dos prisioneiros mortos no campo principal", embora o gaseamento dos judeus já tivesse sido interrompido. Em seguida, os membros do *Sonderkommando* tiveram de "queimar sob uma estrita vigilância [...] todos os documentos sobre os detidos: fichários, processos verbais de óbito, atos de acusação e outra papelada do mesmo gênero".[18] É que, juntamente com os utensílios do desaparecimento, também era necessário *fazer desaparecer os arquivos, a memória do desaparecimento*. Uma maneira de mantê-la, ainda e sempre, na sua condição inimaginável.

Há uma coerência perfeita entre o discurso de Goebbels analisado em 1942 por Hannah Arendt, seguindo o fio do seu motivo central "Não se pronunciará o *kaddish*"[19] — ou seja: sereis assassinados sem resto nem memória —, e a destruição sistemática dos arquivos da destruição pelos próprios SS no fim da guerra. "O esquecimento do extermínio faz parte do extermínio", efetivamente.[20] Não há dúvida de que os nazistas acreditaram na possibilidade de tornar os judeus invisíveis, de tornar invisível a sua própria destruição. Esforçaram-se tanto nesse sentido que muitos, dentre as suas vítimas, pensaram o mesmo, e muitos ainda hoje pensam assim.[21] Mas a "razão na história" é sempre objeto de refutação

[18] F. Müller, *Trois ans dans une chambre à gaz d'Auschwitz*, op. cit., pp. 225 e 227.

[19] H. Arendt, "On ne prononcera pas le *kaddish*", in *Auschwitz et Jérusalem*, op. cit., pp. 39-41.

[20] J.-L. Godard, *Histoire(s) du cinéma*, I, Paris, Gallimard/Gaumont, 1998, p. 109.

[21] Cf. o testemunho desesperado do historiador judeu Itzhak Schipper, pouco antes da sua deportação para Majdanek: "A história é escrita geralmente pelos vencedores. Tudo o que sabemos acerca dos povos assassinados é o que os seus assassinos consentiram em dizer. Se os nossos inimigos vencerem, se forem eles a escrever a história desta guerra [...] podem também decidir apagar-nos completamente da memória do mundo, como se nunca tivéssemos existido". Citado por R. Ertel, *Dans la langue de personne. Poésie yiddish de l'anéantissement*, Paris, Seuil, 1993, p. 23. Cf. também as teses de

8. Anônimo (russo), *Ruínas do crematório V de Auschwitz*, 1945-1946. Oswiecim, Museu Estatal de Auschwitz-Birkenau (negativo nº 908).

— por mais minoritária, dispersa, inconsciente ou desesperada que esta seja — graças a alguns fatos singulares que afinal são o que há de mais precioso para a memória: o seu possível imaginável. Os arquivos da Shoah definem certamente um território incompleto, resgatado, fragmentário — mas, independentemente de tudo isto, esse território existe.[22]

* * *

Ora, deste ponto de vista, a fotografia manifesta uma aptidão particular — ilustrada por certos exemplos mais ou menos bem

S. Felman, "À l'âge du témoignage", in *Au sujet de Shoah, le film de Claude Lanzmann*, Paris, Belin, 1990, pp. 55-145.

[22] Esse território permitiu nomeadamente a reconstituição precisa do mecanismo de extermínio na obra capital de R. Hilberg, *La Destruction des juifs d'Europe* [1985], Paris, Fayard, 1988 (ed. 1991) [ed. bras.: *A destruição dos judeus europeus*, 2 vols., São Paulo, Amarilys, 2016]. Cf. recentemente J. Fredj (org.), *Les Archives de la Shoah*, Paris, CDJC/Harmattan, 1998.

conhecidos[23] — para pôr um freio às mais vorazes vontades de desaparecimento. Tirar uma fotografia é extremamente fácil em termos técnicos. E é possível fazê-lo por razões tão diferentes, boas ou más, públicas ou privadas, confessadas ou não, prolongando ativamente a violência ou protestando contra ela etc. Um mero pedaço de filme — tão pequeno que se pode esconder num tubo de pasta de dentes — é capaz de engendrar um número ilimitado de tiragens, de reproduções e de ampliações em todos os formatos. A fotografia está em parte ligada à imagem e à memória: possui por isso o seu eminente *poder epidérmico*.[24] Nesse aspecto, foi tão difícil erradicá-la de Auschwitz como a memória dos corpos dos prisioneiros.

A "razão na história"? É o segredo de Estado decretado no lugar do extermínio em massa. É a interdição absoluta de fotografar os abusos — que eram gigantescos — dos *Einsatzgruppen* em 1941.[25] São os cartazes fixados nas imediações dos campos: "*Fotografieren verboten!* Proibido entrar! Far-se-á fogo [*sic*] sem aviso

[23] Cf. a importante bibliografia de U. Wrocklage, *Fotografie und Holocaust*, Frankfurt a.M., Fritz Bauer Institut, 1998. Entre os principais estudos, cf. R. Boguslawska-Swiebocka e T. Ceglowska, *KL Auschwitz. Fotografie dokomentalne*, op. cit. T. Swiebocka (org.), *Auschwitz: A History in Photographs*, op. cit. S. Milton, "Images of the Holocaust", in *Holocaust and Genocide Studies*, I, 1986, n° 1, pp. 27-61, e n° 2, pp. 193-216. D. Hoffmann, "Fotografierte Lager", in *Fotogeschichte*, n° 54, 1994, pp. 3-20. Assinalemos o caso excepcional do *Álbum de Auschwitz*: P. Hellman, *L'Album d'Auschwitz. D'après un album découvert par Lili Meier, survivante du camp de concentration* [1981], Paris, Seuil, 1983.

[24] Cf. G. Didi-Huberman, *Mémorandum de la peste. Le fléau d'imaginer*, Paris, Christian Bourgois, 1983.

[25] Cf. R. Hilberg, *La Destruction des juifs d'Europe*, op. cit., p. 280, em que se citam várias fontes, entre as quais uma carta de 12 de novembro de 1941, na qual Heydrich, pessoalmente, "proíbe os seus próprios homens de tirar fotografias. Relativamente aos negativos 'oficiais', os filmes deviam ser enviados para o RSHA IV-a-1, não revelados, e encaminhados como 'segredo do Reich' [*Geheime Reichssache*]. Heydrich ordenava também aos chefes da Polícia que procurassem todas as fotografias que poderiam ter circulado por suas zonas".

prévio! Proibido fotografar!".[26] É a circular de Rudolf Höss, o comandante de Auschwitz, datada de 2 de fevereiro de 1943: "Venho reiterar que é interdito fotografar nas redondezas do campo. Quem não cumprir esta disposição será severamente punido".[27] Mas interditar era querer travar uma epidemia de imagens que já tinha começado e que já não se podia deter: o seu movimento parece tão soberano quanto o de um desejo inconsciente. A astúcia da imagem contra a razão na história: por todo lado circularam fotografias — essas *imagens apesar de tudo* — pelas melhores e pelas piores razões. A começar pelas terríveis fotografias dos massacres cometidos pelos *Einsatzgruppen*, imagens geralmente captadas pelos próprios assassinos.[28] Rudolf Höss não hesitara, pela sua parte — e apesar da sua própria circular —, em oferecer ao ministro da Justiça, Otto Thierack, um álbum de fotografias tiradas no campo de Auschwitz.[29] Por um lado, este uso da fotografia aproximava-se dos confins (privados) de uma pornografia da carnificina. Por outro lado, a administração nazi estava de tal modo instalada nos seus hábitos de registo — dos quais se orgulhava, numa espécie de narcisismo burocrático — que tendia a registar e a fotografar tudo o que se fazia no campo, ainda que o gaseamento dos judeus tivesse permanecido "segredo de Estado".

Em Auschwitz funcionaram não menos de dois laboratórios fotográficos. Este fato parece espantoso num lugar desses. Mas é preciso esperar tudo de uma capital tão complexa como foi Auschwitz, ainda que capital do assassinato e do desaparecimento de milhões de seres humanos. No primeiro laboratório, associado ao

---

[26] Inscrição de um painel de aviso colocado nas imediações do campo de Natzweiler.

[27] Citado por R. Boguslawska-Swiebocka e T. Ceglowska, *KL Auschwitz. Fotografie dokumentalne, op. cit.*, p. 17.

[28] Cf. a recente exposição *Vernichtungskrieg: Verbrechen der Wehrmacht 1941 bis 1944*, catálogo de exposição, Hamburgo, Hamburger Edition, 1996 (nova edição revista *Verbrechen der Wehrmacht. Dimensionen des Vernichtungskrieges 1941-1944*, 2002).

[29] Cf. R. Hilberg, *La Destruction des juifs d'Europe, op. cit.*, p. 834.

"Serviço de Reconhecimento" (*Erkennungsdienst*), dez a doze prisioneiros trabalhavam permanentemente sob a direção dos SS Bernhardt Walter e Ernst Hofmann, o que sugere uma intensa produção de imagens — antes de tudo, retratos de identificação de prisioneiros políticos — nesse lugar. As fotografias de execuções, de torturas e de corpos calcinados eram tiradas e reveladas pelos próprios SS. O segundo laboratório, menor, era o do "Gabinete das Construções" (*Zentralbauleitung*): aberto no fim de 1941 ou no início de 1942, foi dirigido pelo SS Dietrich Kamann, que organizou todo um arquivo fotográfico sobre as instalações do campo.[30] Importa não esquecer igualmente toda a iconografia "médica" das experiências monstruosas realizadas por Josef Mengele e seus comparsas com as mulheres, os homens e as crianças de Auschwitz.[31]

Quando, já no fim da guerra, os nazistas queimaram todos os seus arquivos em massa, os prisioneiros que lhes serviam de escravos para essa tarefa aproveitaram a confusão geral para salvar — desviar, esconder, dispersar — tantas imagens quanto podiam. Restam hoje cerca de quarenta mil negativos dessa documentação de Auschwitz, apesar da sua destruição sistemática, o que diz muito da provável enormidade da iconografia que enchia os fichários durante o período em que o campo funcionava.[32]

* * *

[30] Cf. R. Boguslawska-Swiebocka e T. Swiebocka, "Auschwitz in Documentary Photographs", *op. cit.*, pp. 35-42. U. Wrocklage, "Architektur zur 'Vernichtung durch Arbeit'. Das Album der 'Bauleitung d. Waffen-SS u. Polizei K. L. Auschwitz'", in *Fotogeschichte*, n° 54, 1994, pp. 31-43. Este arquivo da *Bauleitung* constitui a fonte principal dos trabalhos de J.-C. Pressac, *Auschwitz: Technique and Operation of the Gas Chambers* e *Les Crématoires d'Auschwitz*. Importa precisar que, dentre as quarenta mil provas conservadas, trinta e nove mil são fotografias de sinalização.

[31] Cf. R. J. Lifton, *Les Médecins nazis* [1986], Paris, Laffont, 1989, pp. 320-2 e 397-403.

[32] Cf. R. Boguslawska-Swiebocka e T. Swiebocka, *KL Auschwitz. Fotografie dokumentalne*, *op. cit.*, p. 18, em que se cita o testemunho de Bronislaw Jureczek: "Praticamente no último momento, ordenaram-nos que quei-

Basta ter olhado uma vez para este *resto de imagens*, para este *corpus* errático de *imagens apesar de tudo*, para sentir que já não é possível falar de Auschwitz nos termos absolutos — geralmente bem-intencionados, aparentemente filosóficos, na realidade preguiçosos[33] — do "indizível" e do "inimaginável". As quatro fotografias tiradas em agosto de 1944 pelos membros do *Sonderkommando* dirigem-se ao inimaginável, em cuja conta a Shoah é frequentemente tida hoje — segunda época do inimaginável: ela refuta-o tragicamente. Disse-se que Auschwitz era *impensável*. Mas Hannah Arendt mostrou que o ponto em que o pensamento fracassa é justamente aquele em que devemos persistir nele, ou, mais precisamente, imprimir-lhe uma nova direção. Auschwitz ultrapassa todo o pensamento jurídico existente, toda e qualquer noção de falta e de injustiça? Se assim é, urge repensar a ciência política e o direito por inteiro.[34] Auschwitz ultrapassa todo o pensamento político existente, ou mesmo toda a antropologia? Se assim

mássemos no fogão de cerâmica do ateliê todos os negativos e todas as cópias que se encontravam no *Erkennungsdienst*. Colocamos inicialmente o papel fotográfico e as fotografias mergulhadas na água e depois uma leva de cópias e de negativos. O fato de termos posto uma tal quantidade impedia a fumaça de sair. Quando acendemos, estávamos convencidos de que apenas uma parte das fotografias e dos negativos, ou seja, aqueles que se encontravam perto da portinhola do fogão, arderiam, e de que a seguir, devido à falta de ar, o fogo se extinguiria. [...] Aliás, sob o pretexto da pressa, eu dispersava deliberadamente uma parte das cópias e dos negativos pelas diversas salas do ateliê. Eu sabia que, devido àquela saída precipitada, ninguém teria tempo de levar tudo e que alguma coisa seria preservada".

[33] Cf. A. Wieviorka, *Déportation et génocide, op. cit.*, p. 165: "Em matéria de história, a noção de indizível afigura-se uma noção preguiçosa. Ela libertou o historiador da sua tarefa que consiste precisamente em ler os testemunhos dos deportados, em interrogar esta fonte maior da história da deportação, inclusive nos seus silêncios" — ao que acrescentarei, pela minha parte: nas suas imagens.

[34] Cf. H. Arendt, "A imagem do inferno", in *Auschwitz et Jérusalem, op. cit.*, pp. 120-1. *Id.*, "Le procès d'Auschwitz", *op. cit.*, pp. 233-59. Reflexões retomadas por G. Agamben, "Qu'est-ce qu'un camp?", in *Moyens sans fins*, Paris, Rivages, 1995, pp. 47-56.

é, urge repensar os próprios fundamentos das ciências humanas enquanto tais.³⁵

Nesta tarefa, o papel do historiador é seguramente capital. Ele não pode, nem deve, "permitir que nos desembaracemos do problema representado pelo genocídio dos judeus relegando-o para o impensável. [O genocídio] foi pensado, o que significa que ele era pensável".³⁶ Vão também neste sentido as críticas dirigidas por Primo Levi às especulações sobre a "incomunicabilidade" do testemunho concentracionário.³⁷ A própria existência e a possibilidade de um tal testemunho — a sua *enunciação apesar de tudo* — refutam pois a bela ideia, a ideia refém de um Auschwitz *indizível*. É a trabalhar no próprio vazio da palavra que o testemunho nos convida, nos obriga: trabalho árduo, pois aquilo que ele dá à luz é uma descrição da morte em trabalho, com os gritos inarticulados e os silêncios que isso supõe.³⁸ Falar de Auschwitz nos termos do indizível não é aproximar-se de Auschwitz; pelo contrário, é afastar Auschwitz para uma região que Giorgio Agamben definiu muitíssimo bem em termos de adoração mística, ou mesmo de repetição inconsciente do próprio *arcanum* nazi.³⁹

[35] Cf. H. Arendt, "A imagem do inferno", *op. cit.*, pp. 120-1. *Id.*, "As técnicas da ciência social e o estudo dos campos de concentração", *op. cit.*, pp. 146-65.

[36] P. Vidal-Naquet, "Préface", in G. Decrop, *Des camps au génocide*, Grenoble, Presses Universitaires, 1995, p. 7.

[37] P. Levi, *Les Naufragés et les rescapés*, *op. cit.*, pp. 87-103. Sobre as críticas — exageradas — de Levi a respeito da "obscuridade" de Paul Celan, cf. E. Traverso, *L'Histoire déchirée*, Paris, Cerf, 1997, p. 153. C. Mouchard, "'Ici'? 'Maintenant'? Témoignages et oeuvres", in C. Mouchard e A. Wieviorka (orgs.), *La Shoah: témoignages, savoirs, oeuvres*, Saint-Denis, Presses Universitaires de Vincennes/Cercil, 1999, pp. 225-60. F. Carasso, "Primo Levi, le parti pris de la clarté", *ibid.*, pp. 271-81.

[38] Sobre o testemunho, cf. A. Wieviorka, *Déportation et génocide*, *op. cit.*, pp. 161-6, e *L'Ère du témoin*, Paris, Plon, 1998.

[39] Cf. G. Agamben, *Ce qui reste d'Auschwitz*, *op. cit.*, pp. 38-40 e 206: "Mas por que razão indizível? Por que razão conferir ao extermínio o prestígio da mística? [...] Dizer que Auschwitz é 'indizível' ou 'incompreensível', tal equivale ao *euphèmein*, a adorá-lo em silêncio como se adora um deus [...].

Ora, é preciso fazer com a imagem, com todo o rigor teórico, o que já fazemos, sem dúvida com mais facilidade (Foucault nos ajudou nisso), com a linguagem. Pois em cada produção testemunhal, em cada ato de memória, ambas — linguagem e imagem — são absolutamente solidárias, não cessando de compensar as suas respectivas lacunas: uma imagem surge amiúde no momento em que a palavra parece falhar, uma palavra surge frequentemente quando é a imaginação que parece falhar. A "verdade" de Auschwitz, se esta expressão faz sentido, não é nem mais nem menos *inimaginável* do que indizível.[40] Se o horror dos campos desafia a imaginação, quão necessária será, a partir desse momento, cada imagem arrancada a uma tal experiência! Se o terror dos campos funciona como um empreendimento de desaparecimento generalizado, quão necessária, a partir daí, nos será *cada aparição* — por

É este o motivo pelo qual aqueles que insistem hoje na defesa de que Auschwitz permaneça indizível deveriam mostrar-se mais prudentes nas suas afirmações. Se pretendem dizer que Auschwitz foi um acontecimento único, perante o qual o testemunho deve de algum modo submeter cada uma das suas palavras à prova de uma impossibilidade de dizer, então têm razão. Mas se, equiparando único e indizível, fazem de Auschwitz uma realidade absolutamente separada da linguagem [...], então repetem, sem o saberem, o gesto dos nazistas; são secretamente solidários com o *arcanum imperii*".

[40] A meu ver, deparamo-nos neste ponto com um limite das importantes reflexões de G. Agamben, *ibid.*, pp. 11 e 62: "A verdade [...] é inimaginável. [...] A visão de 'muçulmanos' responde a um cenário inédito, e o olhar humano não consegue mantê-la". Falar assim é, entre outras coisas, ignorar toda a produção fotográfica de Éric Schwab: judeu, capturado pelos alemães, tendo-se evadido depois de seis semanas de internamento, Schwab segue em 1945 o avanço das tropas americanas, descobrindo os campos de Buchenwald e de Dachau (entre outros). Ignorava ainda o que era feito da sua própria mãe, que fora deportada para Theresienstadt. Foi nestas condições que ele captou as imagens — obviamente enfáticas, inesquecíveis em todo caso — de "muçulmanos", esses cadáveres vivos de que ele soube *sustentar o olhar* e em que via indubitavelmente o seu próprio destino, enquanto destino dos seus. Devo estas informações sobre Schwab, assim como outras neste texto, ao notável trabalho preparatório de Clément Chéroux, para a exposição *Mémoire des camps. Photographies des camps de concentration et d'extermination nazis (1933-1999)*, Paris, Marval, 2001. Agradeço-lhe por isso calorosamente.

mais fragmentária ou dificilmente visível e interpretável que ela seja — em que uma única peça na engrenagem de um tal empreendimento nos seja visualmente sugerida!⁴¹ O discurso do inimaginável conhece dois regimes diferentes e rigorosamente simétricos. Um deles procede de um *estetismo* que tende a não conhecer bem a história nas suas singularidades concretas. O outro procede de um *historicismo* que tende a conhecer mal a imagem nas suas especificidades formais. Os exemplos abundam. Assinala-se, nomeadamente, que certas obras de arte importantes suscitaram, entre os seus comentadores, generalizações abusivas sobre a "invisibilidade" do genocídio. É assim que as escolhas formais de *Shoah*, o filme de Claude Lanzmann, serviram de álibi para todo tipo de discurso — tanto moral quanto estético — sobre o irrepresentável, o infigurável, o invisível e o inimaginável...⁴² Estas escolhas formais foram contudo específicas, logo relativas: elas não promulgam nenhuma regra. Pelo fato de não utilizar nenhum

---

[41] É assim que escreve Serge Klarsfeld, a propósito do *Álbum de Auschwitz*: "E disse-lhes [aos responsáveis pelo memorial de Yad Vashem], quando lhes fiz a doação, em 1980, deste álbum reencontrado na casa de uma antiga deportada: 'Um dia, mais tarde, isto valerá tanto quanto os *Manuscritos do Mar Morto*, pois estas são as únicas fotografias autênticas de judeus a chegar a um campo de concentração'". S. Klarsfeld, "À la recherche du témoignage authentique" [1999], in C. Mouchard e A. Wieviorka (orgs.), *La Shoah: témoignages, savoirs, oeuvres, op. cit.*, p. 50.

[42] Cf. especialmente G. Koch, "Transformations esthétiques dans la représentation de l'inimaginable", in *Au sujet de Shoah, op. cit.*, pp. 157-66 ("[...] ele recusa toda representação concreta pela imagem. [...] pela ausência de imagens, ele dá uma representação do inimaginável"). I. Avisar, *Screening the Holocaust*, Bloomington/Indianápolis, Indiana University Press, 1988. S. Felman, "À l'âge du témoignage", *op. cit.*, pp. 55-145. Cf., inversamente, a reação de Anne-Lise Stern, sobrevivente dos campos: "[...] consigo compreender mais ou menos Shoshana Felman quando ela fala de 'estilhaçamento do próprio ato do testemunho ocular' ou ainda a sua tese sobre o Holocausto como 'acontecimento sem testemunho, acontecimento cujo projeto histórico é a obliteração literal dos seus testemunhos'. Ao mesmo tempo, ela me revolta em absoluto, recuso-me a compreendê-la". A.-L. Stern, "Sois déportée... et témoigne! Psychanalyser, témoigner: double-bind?", in C. Mouchard e A. Wieviorka (orgs.), *La Shoah: témoignages, savoirs, oeuvres, op. cit.*, p. 21.

"documento de época", o filme *Shoah* não permite emitir nenhum juízo peremptório sobre o estatuto dos arquivos fotográficos em geral.[43] E, sobretudo, o que ele propunha em troca constitui realmente a trama impressionante — ao longo de uma dezena de horas — de *imagens* visuais e sonoras, de rostos, de palavras e de lugares filmados, tudo isso composto segundo escolhas formais e um comprometimento extremo com a questão do *figurável*.[44]

Por seu lado, o *Dachau-Projekt* de Jochen Gerz e o seu invisível *Monumento contra o racismo*, em Sarrebrück, suscitaram igualmente numerosos comentários sobre a Shoah em geral: "A Shoah foi e continua sem imagens", assim escreve Gérard Wajcman; é mesmo uma coisa "sem rastro visível e inimaginável"; o "objeto invisível e impensável por excelência"; a "produção de um Irrepresentável"; um "desastre absoluto absolutamente sem um olhar"; uma "destruição sem ruína"; "para além da imaginação e aquém da memória"; "coisa sem olhar", portanto; para que se nos imponha a "ausência de toda e qualquer imagem das câmaras de gás".[45] As duas pobres imagens enquadradas pela própria porta de uma câmara de gás, no crematório V de Auschwitz, em agosto de 1944, não bastam para refutar esta bela estética negativa? De resto, como é que um tal *ato de imagem* seria legislado e mesmo interpretado por um pensamento, por mais exato que fosse, sobre o *exercício da arte*? "Há um limite em que o exercício de uma arte, seja ela qual for, se torna um insulto à infelicidade", escreve Maurice Blanchot.[46]

* * *

[43] Parece-me aqui inútil retomar o debate, *mal enquadrado*, que opôs Claude Lanzmann e Jorge Semprún ("Guerre, camps, Shoah, l'art contre l'oubli?", in *Le Monde des Débats*, 2000, pp. 11-5) sobre a existência e a utilidade de um hipotético filme de arquivo sobre as câmaras de gás.
[44] Cf. G. Didi-Huberman, "Le lieu malgré tout", *op. cit.*, pp. 228-42.
[45] G. Wajcman, *L'Objet du siècle*, Paris, Verdier, 1998, pp. 21, 23, 236, 239, 244, 247, 248 etc.
[46] M. Blanchot, *L'Écriture du désastre*, Paris, Gallimard, 1980, p. 132.

É muitíssimo significativo que Blanchot, pensador por excelência da negatividade sem tréguas — sem repouso, sem síntese —, justamente *não* tenha falado de Auschwitz sob a autoridade absoluta do inimaginável ou do invisível. Nos campos de concentração, segundo Blanchot, é ao invés "o invisível [que] foi para sempre tornado *visível*".[47] Como pensar este paradoxo? Georges Bataille pode nos ajudar, ele que não temeu interrogar o silêncio gerido por Sartre, nas suas *Réflexions sur la question juive*, sobre o problema das câmaras de gás.[48] Ora, Bataille — pensador por excelência do informe sem repouso — enuncia Auschwitz primeiramente nos termos... do *semelhante*:

> Geralmente, há no fato de ser homem um elemento pesado, fastidioso, que é necessário superar. Mas este peso e esta repugnância jamais haviam sido tão penosos como desde Auschwitz. Como você e eu, os responsáveis de Auschwitz tinham narinas, uma boca, uma voz, uma razão humana, podiam se unir, ter filhos: como as Pirâmides ou a Acrópole, Auschwitz é o feito, é o signo do homem. A imagem do homem é doravante inseparável de uma câmara de gás...[49]

Envolver aqui a *imagem do homem* é fazer de Auschwitz, doravante, um problema fundamental para a antropologia: Auschwitz é inseparável do que somos, como justamente escreve Bataille. Como é óbvio, está fora de questão confundir as vítimas com os seus carrascos. Mas esta evidência deve contar com o fato antropológico — esse fato da *espécie humana*, como escrevia Robert Antelme no mesmo ano[50] — de que é um *semelhante* que, ao seu

---

[47] *Ibid.*, p. 129.

[48] G. Bataille, "Sartre" [1947], in *Oeuvres complètes*, XI, Paris, Gallimard, 1988, pp. 226-8. Sobre o contexto deste debate, cf. E. Traverso, *L'Histoire déchirée, op. cit.*, pp. 214-5.

[49] G. Bataille, "Sartre", *op. cit.*, p. 226.

[50] R. Antelme, *L'Espèce humaine* [1947], Paris, Gallimard, 1957.

semelhante, inflige a tortura, a desfiguração e a morte: "[...] não somos apenas as possíveis vítimas dos carrascos: os carrascos são semelhantes a nós".[51] E Bataille — pensador por excelência do impossível — terá perfeitamente compreendido que era preciso falar dos campos como do próprio *possível*, o "possível de Auschwitz", como ele escreve com exatidão.[52] Dizê-lo não é banalizar o horror. É, pelo contrário, levar a sério a experiência concentracionária tal como a resumia Hermann Langbein:

> Nenhum critério da vida normal se aplicava a um campo de extermínio. Auschwitz eram as câmaras de gás, as seleções, as procissões de seres humanos entregando-se à morte como marionetes, o muro negro e os rastros de sangue na rua do campo a marcar o caminho dos veículos que transportavam os fuzilados para o crematório, o anonimato da morte que não deixava resplandecer nenhum mártir, as bebedeiras dos prisioneiros com os seus guardas. [...] Em Auschwitz, o espetáculo dos prisioneiros morrendo de inanição era tão habitual quanto a visão dos *kapos* bem alimentados. [...] Nada era inconcebível em Auschwitz. Tudo era possível, literalmente tudo.[53]

Se o pensamento de Bataille se mantém na mais estreita proximidade desta terrível *possibilidade humana* é porque ele soube enunciar, desde o início, o nexo indissolúvel entre a imagem (a produção do semelhante) e a agressividade (a destruição do semelhante).[54] Numa narrativa escrita em plena guerra, Bataille ti-

---

[51] G. Bataille, "Réflexions sur le bourreau et la victime", in *Oeuvres complètes*, XI, *op. cit.*, p. 266.

[52] *Ibid.*, p. 267.

[53] H. Langbein, *Hommes et femmes à Auschwitz*, *op. cit.*, pp. 87-8.

[54] Cf. G. Didi-Huberman, *La Ressemblance informe, ou le gai savoir visuel selon Georges Bataille* [1985], Paris, Macula, 1995 [ed. bras.: *A semelhança informe*, Rio de Janeiro, Contraponto, 2015]. O nexo entre o imaginário e a agressividade foi teorizado — de um modo bastante próximo do de

nha imaginado um mundo cruel, no qual, dizia ele, "a própria morte era uma festa".[55] Através dos relatos dos sobreviventes de Auschwitz se tem acesso ao real de uma crueldade infinitamente pior: aquela, diria eu, em que era possível *que a própria festa fosse a morte*:

> No fim do mês de fevereiro (1944), ao ir trabalhar num fim de tarde com a equipe da noite, avistei no vestiário do crematório V centenas de cadáveres à espera de serem carbonizados. Na sala do chefe do comando, que comunicava por uma porta com o local da incineração, dava-se uma festa por ocasião da promoção de Johann Gorges ao posto de *Unterscharführer*. [...] O serviço de mesa estava posto sobre a mesa comprida da sala do chefe do comando, guarnecida por uma profusão de provisões provenientes dos países ocupados pelos vencedores: conservas, embutidos, queijos, azeitonas, sardinhas. Vodca polonesa e uns quantos cigarros completavam o festim. Uma dúzia de chefes SS tinham chegado ao crematório para fazer a festa com Gorges. Dado que a bebida e o petisco não tardaram a surtir os seus efeitos, um deles, que trouxera o seu acordeão, pôs-se a acompanhar os convivas que trauteavam uma cançoneta. [...] Risos, cantoria e berros cobriam a barulheira da câmara de incineração, mas, da sala onde estávamos, ouvíamos as vibrações e o resfolegar dos ventiladores, os gritos dos *kapos* e a raspagem dos atiçadores ao pé dos fornos.[56]

Bataille — por J. Lacan, "L'agressivité en psychanalyse" [1948], in *Écrits*, 1, nova edição, Paris, Seuil, 1996, pp. 100-23 [ed. bras.: "A agressividade em psicanálise", in *Escritos*, Rio de Janeiro, Zahar, 1998].

[55] G. Bataille, *Madame Edwarda* [1941], in *Oeuvres complètes*, III, Paris, Gallimard, 1971, p. 22.

[56] F. Müller, *Trois ans dans une chambre à gaz d'Auschwitz*, *op. cit.*, pp. 133-4.

NO PRÓPRIO OLHO DA HISTÓRIA

Para recordar é preciso imaginar. Nas suas "memórias", Filip Müller deixa a imagem surgir e confronta-nos com a sua perturbante imposição. Esta imposição é dupla: simplicidade e complexidade. Simplicidade de uma *mônada*, de tal forma que a imagem surge no seu texto — e se impõe na nossa leitura — imediatamente, como um todo, ao qual não poderíamos retirar nenhum elemento, por mais ínfimo que fosse. Complexidade de uma *montagem*: o contraste dilacerante, numa mesma e única experiência, de dois planos em tudo opostos. Os corpos refestelados que enchem a barriga *versus* os corpos queimados reduzidos a cinzas; a pândega dos carrascos *versus* o trabalho infernal dos escravos "remexendo", como se dizia, os seus semelhantes executados; os cantos e as sonoridades do acordeão *versus* o zumbido lúgubre dos ventiladores do crematório... Isso constitui de tal modo uma *imagem* que David Olère, outro sobrevivente do *Sonderkommando* de Auschwitz, terá desenhado exatamente esta mesma cena, em 1947, para melhor se recordar dela e para nos dar a possibilidade — a nós que não a vimos — de a representarmos.[1]

---

[1] O desenho de David Olère é reproduzido por J.-C. Pressac, *Auschwitz: Technique and Operation of the Gas Chambers, op. cit.*, p. 259. Os cadáveres (em segundo plano) são os de judeus franceses; sobre a mesa dos SS (em primeiro plano) vê-se o que foi pilhado: maços de Gauloises e vinhos Bordeaux. Sobre David Olère, cf. S. Klarsfeld, *David Olère, 1902-1985: Un peintre au Sonderkommando à Auschwitz*, Nova York, Beate Klarsfeld Foundation, 1989. Sobre os desenhos dos campos de concentração, cf. especialmente J. P. Czarnecki, *Last Traces. The Lost Art of Auschwitz*, Nova York, Atheneum, 1989. D. Schulmann, "D'écrire l'indicible à désiner l'irreprésentable", in J.-P. Ameline (org.), *Face à l'histoire, 1933-1996. L'artiste moderne devant*

Não há dúvida de que se pode falar desta imagem em termos de "posterioridade" [*après-coup*]. Mas na condição de se precisar que a "posterioridade" se pode formar no imediato, podendo integrar o próprio aparecimento da imagem. Ela transforma instantaneamente a *mônada temporal* do acontecimento numa complexa *montagem de tempos*. Como se, aqui, a "posterioridade" [*après-coup*] fosse contemporânea do acontecimento [*coup*]. É por essa razão que, na urgência de testemunhar um presente ao qual a testemunha sabe perfeitamente que não vai sobreviver, no seio do próprio acontecimento, surgem — apesar de tudo — as imagens. Estou pensando nos *Rolos de Auschwitz* enterrados pelos membros do *Sonderkommando* pouco antes da sua liquidação: estou pensando em Zalmen Gradowski e no seu lirismo tenaz ("Vê esta visão simbólica: uma terra branca e uma cobertura negra feita da massa humana que se alastra sobre o solo imaculado").[2] Estou pensando em Leib Langfus que rabisca o seu testemunho como uma série de planos visuais e sonoros brevemente descritos e dados como tais, sem comentários, sem "pensamento": o velho rabino que se despe e penetra na câmara a gás sem nunca deixar de cantar; os judeus húngaros que querem brindar "à vida!" com os membros do *Sonderkommando* em lágrimas; o SS Forst parado diante da porta da câmara de gás para apalpar o sexo de cada jovem mulher que entrava...[3]

Perante estas histórias, perante as quatro fotografias de agosto de 1944, ficamos com a convicção de que a imagem surge onde o pensamento — a "reflexão", como dizemos tão acertadamente — parece impossível, ou pelo menos suspenso: estupefato, aturdido. Precisamente no momento em que uma memória é, contudo, necessária. Como escreveu Walter Benjamin, pouco antes de se suicidar, em 1940:

---

l'événement historique, Paris, Centre Georges Pompidou/Flammarion, 1996, pp. 154-7.

[2] Citado em B. Mark, *Des voix dans la nuit*, *op. cit.*, p. 204.

[3] *Ibid.*, pp. 245-51.

Suponhamos que o movimento do pensamento se encontra subitamente bloqueado — produzir-se-á então, numa constelação sobrecarregada de tensões, uma espécie de choque, em retorno; um abalo que levará a imagem a organizar-se de improviso, a constituir-se como uma mônada.[4]

Hannah Arendt iria repeti-lo à sua maneira, precisamente na altura em que decorria o processo de Auschwitz:

Se a verdade faltar, encontraremos, contudo, *instantes de verdade*, e esses instantes são, de fato, tudo aquilo de que dispomos para ordenar este caos do horror. Estes instantes surgem de improviso, como um oásis no deserto. São anedotas que, na sua brevidade, revelam aquilo que está em causa.[5]

* * *

Eis exatamente o que são as quatro imagens captadas pelos membros do *Sonderkommando*: "instantes de verdade". Coisa pouca, portanto: apenas quatro instantes de agosto de 1944. Inestimável, contudo, porque é quase "tudo aquilo de que dispomos [visualmente] neste caos do horror". E nós, perante isso? Zalmen Gradowski escreve que, para sustentar "a visão" das coisas que ele descreve, o seu hipotético leitor deverá fazer aquilo que ele mesmo teve de fazer: distanciar-se de tudo. Dos seus pais, das suas referências, do seu mundo, do seu pensamento. "Depois de teres visto estas imagens cruéis", escreve, "não vais querer viver num mun-

---

[4] W. Benjamin, "Sur le concept d'histoire" [1940], *Écrits français*, J.-M. Monnoyer (org.), Paris, Gallimard, 1991, p. 346 [versão francesa do próprio Walter Benjamin de seu ensaio "Über den Begriff der Geschichte"].

[5] H. Arendt, "Le procès d'Auschwitz", *op. cit.*, pp. 257-8. Segue-se a enumeração de algumas situações concretas marcadas pelo horror e pela absurdidade. A conclusão do texto é a seguinte: "Eis o que acontece quando os homens decidem deixar o mundo de cabeça para baixo".

do onde se podem perpetuar ações tão ignóbeis. Distancia-te dos teus antepassados e dos teus conhecimentos. Depois de veres as ações abomináveis de um povo supostamente cultivado vais certamente querer apagar o teu nome da família humana." Ora, para poder sustentar a imaginação destas imagens, diz ele por fim, é preciso que o "teu coração se transforme em pedra [...] e o teu olho em máquina fotográfica".[6]

As quatro imagens arrancadas ao real de Auschwitz manifestam bem esta condição paradoxal: *imediatismo* da mônada (são instantâneos, no sentido em que poderíamos falar de "dados imediatos" e impessoais de um certo estado de horror captado pela luz) e *complexidade* da montagem intrínseca (a captação das imagens requereu provavelmente um plano coletivo, uma "pré-visão",[7] e cada sequência constrói uma resposta específica às condicionantes da visibilidade: arrancar a imagem escondendo-se na câmara de gás, arrancar a imagem escondendo a máquina na mão ou na roupa). *Verdade* (nós estamos, irrefutavelmente, diante disto, como que no próprio olho do furacão) e *obscuridade* (a fumaça esconde a estrutura das fossas, o movimento do fotógrafo torna enevoado e quase incompreensível tudo o que se passa no bosque de bétulas).

Ora, é justamente isto — este *duplo regime* de qualquer imagem — que frequentemente incomoda o historiador, afastando-o deste tipo de "material". Annette Wieviorka evocou com acuidade a desconfiança que os testemunhos dos sobreviventes, escritos ou orais, suscitam nos historiadores: os testemunhos são por natureza subjetivos e votados à inexatidão.[8] Eles têm uma relação frag-

---

[6] Citado em B. Mark, *Des voix dans la nuit*, op. cit., p. 194.

[7] Cf. M. Frizot, "Faire face, faire signe. La photographie, sa part d'histoire", in J.-P. Ameline (org.), *Face à l'histoire, 1933-1996*, op. cit., p. 50: "A noção de fotografia de acontecimento ou de fotografia de história deve ser constantemente reinventada em face da história, imprevisível. [...] [Mas esta mesma] imagem fotográfica é, de algum modo, uma imagem pré-vista".

[8] Cf. A. Wieviorka, *L'Ère du témoin*, op. cit., p. 14. Cf. também M. Pollak e N. Heinich, "Le témoignage", *Actes de la Recherche en Sciences Sociales*, vol. 62-63, 1986, pp. 3-29; e M. Pollak, "La gestion de l'indicible", *ibid.*, pp. 30-53.

mentária e lacunar com a verdade de que são testemunho, mas são efetivamente "tudo aquilo de que dispomos" para conhecer e para imaginar a vida concentracionária do interior.[9] Ora, nós devemos às quatro fotografias de agosto de 1944 um reconhecimento equivalente, ainda que o historiador tenha por vezes alguma dificuldade em o admitir.[10]

Por que esta dificuldade? Porque frequentemente pedimos muito ou muito pouco à imagem. Se lhe pedirmos muito — isto é, "toda a verdade" — rapidamente ficamos decepcionados: as imagens não são senão fragmentos arrancados, pedaços de película. Portanto, elas são *inadequadas*: o que vemos (quatro imagens fixas e silenciosas, um número restrito de cadáveres, de membros do *Sonderkommando*, de mulheres votadas à morte) é ainda pouca coisa quando comparado com aquilo que sabemos (milhões de mortes, o tumulto dos fornos, o calor dos braseiros, as vítimas "no cúmulo da infelicidade").[11] De certo modo, estas imagens até são *inexatas*: pelo menos, falta-lhes essa exatidão que nos permitiria identificar alguém, compreender a disposição dos cadáveres nas fossas, ou ainda ver como as mulheres eram impelidas pelos SS a entrar na câmara de gás.

Outras vezes pedimos muito pouco às imagens: quando as relegamos imediatamente à esfera do *simulacro* — o que é algo difícil, verdade seja dita, neste caso —, nós as excluímos do campo histórico. Quando as relegamos imediatamente à esfera do *documento* — o que é mais fácil e mais usual —, nós as separamos da sua fenomenologia, da sua especificidade, da sua própria substância. Em qualquer dos casos o resultado será idêntico: o historiador fica com o sentimento de que "o sistema concentracionário não se *ilustra*"; que "as imagens, qualquer que seja a sua natureza, não

---

[9] P. Levi, *Les Naufragés et les rescapés*, op. cit., p. 17.

[10] Cf. A. Wieviorka, *Déportation et génocide*, op. cit., pp. 161-6. A. Wieviorka, *L'Ère du témoin*, op. cit., pp. 112 e 127, que não inclui a fotografia nas suas reflexões sobre o testemunho.

[11] A expressão é de Filip Müller, citado em C. Lanzmann, *Shoah*, op. cit., p. 179.

podem contar aquilo que se passou".[12] E, por fim, que o universo concentracionário não pode simplesmente ser "mostrado", porque "não existe nenhuma 'verdade' da imagem, nem da imagem pintada ou esculpida, tampouco da imagem fotográfica ou fílmica".[13] Eis como o historicismo fabrica o seu próprio inimaginável.

Eis também o que explica — pelo menos em parte — a *desatenção* de que foram objeto as quatro imagens de agosto de 1944, muito embora fossem conhecidas e frequentemente reproduzidas. Elas só apareceram com a Libertação, tendo sido apresentadas como as "únicas" fotografias existentes que provavam o extermínio dos judeus. O juiz Jan Sehn, que conduziu na Polônia a instrução do processo de Nuremberg, atribuiu-as a David Szmulewski. Ora, para começar, estas duas asserções estão erradas: existiam outras fotografias (que talvez reaparecerão); o próprio Szmulewski reconheceu ter ficado no telhado da câmara de gás enquanto Alex agia.[14] Já Hermann Langbein parece ter reunido dois testemunhos num só para concluir que as fotografias foram tiradas "do telhado do crematório",[15] o que significa que pura e simplesmente não olhou para elas.

* * *

Há duas formas de "dar desatenção", se assim se pode dizer, a tais imagens: a primeira consiste em hipertrofiá-las, em querer

---

[12] F. Bédarida e L. Gervereau, "Avant-propos", in *La Déportation*, op. cit., p. 8.

[13] L. Gervereau, "Représenter l'univers concentrationnaire", *ibid.*, p. 244. L. Gervereau, "De l'irreprésentable. La déportation", *Les Images qui mentent. Histoire du visuel au XXe siècle*, Paris, Seuil, 2000, pp. 203-19. Cf. também A. Liss, *Trespassing Through Shadows. Memory, Photography, and the Holocaust*, Minneapolis/Londres, University of Minnesota Press, 1998. A questão foi amplamente explorada por S. Friedlander (org.), *Probing the Limits of Representation. Nazism and the "Final Solution"*, Cambridge/Londres, Harvard University Press, 1992.

[14] J.-C. Pressac, *Auschwitz: Technique and Operation of the Gas Chambers*, op. cit., pp. 422-4.

[15] H. Langbein, *Hommes et femmes à Auschwitz*, op. cit., p. 253.

9. Detalhe reenquadrado da fig. 5.
In T. Swiebocka, *Auschwitz. A History in Photographs*, p. 173.

ver tudo nelas. Em suma, em transformá-las em *ícones* do horror. Para isso, era preciso tornar *apresentáveis* as fotografias originais. Pelo que não houve qualquer hesitação em transformá-las completamente. Foi assim que a primeira fotografia da sequência exterior (fig. 5) sofreu toda uma série de operações: o canto inferior direito foi ampliado; em seguida ortogonalizado, de forma a restituir condições mais normais a uma captação de imagem que delas não tinha se beneficiado; e, por último, reenquadrado, isolado (transformando todo o resto da imagem num refugo) (fig. 9). Pior ainda,

10-11. Detalhe e retoque da fig. 5.
In C. Chéroux (org.), *Mémoire des camps*, p. 91.

os corpos e os rostos das duas mulheres em primeiro plano foram retocados, um rosto foi inventado e até os seios foram levantados (figs. 10, 11)...[16] Este tráfico aberrante — não sei quem foi o autor e quais foram as suas boas intenções — revela uma vontade louca de *dar rosto* àquilo que, na própria imagem, não é mais do que movimento, turvação, acontecimento. Assim sendo, não é surpreendente que, confrontado com tal ícone, um sobrevivente tenha acreditado reconhecer a mulher dos seus pensamentos.[17]

A outra forma consiste em reduzir, em insensibilizar a imagem. A não ver nela mais do que um *documento* do horror. Por mais estranho que possa parecer, num contexto — a disciplina histórica — que habitualmente respeita o seu objeto de estudo, as quatro fotografias do *Sonderkommando* foram frequentemente transformadas com o objetivo de torná-las mais *informativas* do

[16] Cf. *Mémoire des camps*, op. cit., pp. 86-91.

[17] A. Brycht, *Excursion: Auschwitz-Birkenau*, Paris, Gallimard, 1980, pp. 37, 54 e 79, citado e comentado em J.-C. Pressac, *Auschwitz: Technique and Operation of the Gas Chambers*, op. cit., pp. 423-4.

12. Detalhe reenquadrado da fig. 4.
In T. Swiebocka, *Auschwitz. A History in Photographs*, p. 174.

que eram originalmente. O que é uma outra forma de as tornar "apresentáveis" e de as fazer "dar a cara"... Podemos constatar, em particular, que as imagens da primeira sequência (figs. 3, 4) são frequentemente reenquadradas (fig. 12).[18] Há sem dúvida, por detrás desta operação, uma — boa e inconsciente — vontade de se *aproximar*, isolando "o que há a ver", purificando a substância imageante* do seu peso não documental. Mas, ao reenquadrar estas fotografias, comete-se uma manipulação simultaneamente formal, histórica, ética e ontológica. A *massa negra* que envolve a visão dos cadáveres e das fossas, essa massa onde *nada é visível*, dá, na realidade, uma *marca visual* tão preciosa quanto o resto da superfície impressionada. Esta massa onde nada é visível é o espaço da câmara de gás: a *câmara obscura* onde alguém teve de se retirar para trazer à luz o trabalho do *Sonderkommando*, lá fora, nas fossas de incineração. Esta massa negra dá-nos a ver a própria situação, o espaço de possibilidade, a condição de existência destas fotografias. Suprimir uma "zona de sombra" (a massa visual) em proveito de uma luminosa "informação" (a confirmação visível) é fazer como se Alex tivesse podido tirar tranquilamente estas fotografias ao ar livre. É quase insultar o risco que ele corria e a sua manha de resistente. Ao reenquadrar estas imagens, quis-se sem dúvida preservar o *documento* (o resultado visível, a informação distinta).[19] Mas suprimiu-se a sua feno-

---

[18] Cf. especialmente R. Boguslawska-Swiebocka e T. Ceglowska, *KL Auschwitz. Fotografie dokumentalne*, op. cit., pp. 184-5 (todas as fotografias reenquadradas). T. Swiebocka (org.), *Auschwitz: A History in Photographs*, op. cit., pp. 172-5 (todas as fotografias reenquadradas). M. Berenbaum, *The World Must Know. The History of the Holocaust as Told in the United States Holocaust Memorial Museum*, Boston/Toronto/Londres, Little, Brown and Company, 1993, pp. 137 (fotografia reenquadrada) e 150 (fotografia não reenquadrada). F. Bédarida e L. Gervereau (orgs.), *La Déportation*, op. cit., pp. 59 e 61 (fotografias reenquadradas). Y. Arad (org.), *The Pictorial History of the Holocaust*, Jerusalém, Yad Vashem, 1990, pp. 290-1 (duas fotografias reenquadradas).

* No original, *substance imageante*; a edição portuguesa optou por "imaginal". (Nota da ed. bras.)

[19] Se até mesmo J.-C. Pressac (*Auschwitz: Technique and Operation of the Gas Chambers*, op. cit., p. 422) reenquadra as fotografias num formato retangular que desrespeita o formato original 6x6, isso deve-se ao fato de o próprio negativo ter desaparecido: o museu de Auschwitz só dispõe de uma

menologia, tudo aquilo que fazia destas imagens um *acontecimento* (um processo, um trabalho, um corpo a corpo).

Esta massa negra é a própria marca do estatuto último a partir do qual estas imagens devem ser compreendidas: o seu estatuto de acontecimento visual. Falar aqui do jogo de sombra e de luz não é uma fantasia do historiador de arte "formalista": é nomear *aquilo mesmo que sustenta* estas imagens e que se manifesta como o limiar paradoxal entre um interior (a câmara de morte que preserva, até então, a vida do fotógrafo) e um exterior (a ignóbil incineração das vítimas que acabaram de ser gaseadas). Esse limiar oferece o equivalente da enunciação na palavra de uma testemunha: as suas hesitações, os seus silêncios, o tom pesado. Quando se diz que a última fotografia (fig. 6) não tem "qualquer utilidade"[20] — histórica, entenda-se —, esquece-se tudo aquilo que ela, fenomenologicamente, testemunha, no que diz respeito ao fotógrafo: a impossibilidade de ver através do visor, o risco que correu, a urgência, talvez a corrida, a atrapalhação, o ofuscamento provocado pelo sol, talvez a falta de fôlego. Esta imagem, formalmente, não tem fôlego: pura "enunciação", puro *gesto*, puro ato fotográfico sem fito (logo, sem orientação, sem alto nem baixo), ela nos permite aceder à condição de urgência na qual quatro fragmentos foram arrancados ao inferno de Auschwitz. Ora, esta urgência também faz parte da história.

* * *

É pouco, é muito. É claro que as quatro fotografias de agosto de 1944 *não dizem* "toda a verdade" (é preciso ser muito ingênuo para esperar isso do que quer que seja, coisas, palavras ou imagens): são minúsculas amostras de uma realidade complexa, breves instantes de um contínuo que durou não menos do que cinco anos. Mas elas *são* para nós — para o nosso olhar de hoje — a própria

---

tiragem positiva por contato cujas margens foram reduzidas, ou até rasgadas (figs. 3, 4).

[20] J.-C. Pressac, *Auschwitz: Technique and Operation of the Gas Chambers*, op. cit., p. 422.

verdade, isto é, um vestígio, um fragmento dessa verdade: o que resta, visualmente, de Auschwitz. As reflexões de Giorgio Agamben sobre o testemunho podem, a este nível, esclarecer o estatuto dessas fotografias: elas também têm lugar "no não-lugar da articulação"; a sua potência também coincide com a "impotência de dizer" e com um processo de "desubjetivação"; elas também manifestam uma cisão fundamental onde a "parte essencial" não é senão *lacuna*.[21] Agamben escreve que "o que resta de Auschwitz" deve ser pensado como um *limite*: "[...] nem os mortos, nem os sobreviventes, nem os que sucumbem, nem os que se salvam, mas o que resta entre eles".[22]

O pequeno resto de película, com os seus quatro fotogramas, é um limite deste gênero. Limiar extrafino entre o *impossível* por direito — "ninguém pode imaginar o que se passou aqui"[23] — e o possível, ou melhor, o *necessário* de fato: graças a estas imagens, nós dispomos *apesar de tudo* de uma representação que, doravante, se impõe como a representação *por excelência*, a representação necessária do que foi um momento de agosto de 1944 no crematório V de Auschwitz. Limiar visual votado ao duplo regime do testemunho, como podemos ler na obra de Zalmen Lewental, por exemplo, quando este diz "narrar a verdade [embora sabendo que] ainda não é toda a verdade. A verdade é bem mais trágica, ainda mais atroz".[24]

Impossível, mas necessário, logo, possível apesar de tudo (isto é, lacunarmente). Para os judeus do gueto de Varsóvia à beira do extermínio, dar a pensar e a imaginar aquilo por que passa-

---

[21] G. Agamben, *Ce qui reste d'Auschwitz, op. cit.*, pp. 12, 40-8 e 179-218.

[22] *Ibid.*, p. 216.

[23] Simon Crebnik (sobrevivente de Chelmno), citado em C. Lanzmann, *Shoah, op. cit.*, p. 18. Cf. também, entre as inúmeras expressões desta impossibilidade, R. Antelme, *L'Espèce humaine, op. cit.*, p. 9. J. Améry, *Par-delà le crime et le châtiment* [1977], Arles, Actes Sud, 1995, pp. 68-79. M. Blanchot, *L'Écriture du désastre, op. cit.*, p. 131. É. Wiesel, "Prefácio" a B. Mark, *Des voix dans la nuit, op. cit.*, p. iv.

[24] Citado em B. Mark, *Des voix dans la nuit, op. cit.*, p. 309.

vam, ter-lhes-ia parecido impossível: "Estamos para além das palavras, agora", escreve Abraham Lewin. E contudo — apesar de tudo — ele escreve. Escreve até que, à sua volta, "toda a gente escreve" porque, "despojados de tudo, só restam [aos judeus condenados] as palavras".[25] De modo semelhante, Filip Müller também confidencia:

> A morte por gás levava
> de dez a quinze minutos.
> O momento mais atroz era
> a abertura da câmara de gás,
> essa visão insustentável:
> as pessoas, comprimidas como basalto,
> blocos compactos de pedra.
> Como desabavam fora das câmaras de gás!
> Várias vezes assisti a isso.
> Era o mais difícil de tudo.
> A isso nunca nos habituávamos.
> Era impossível.
> Sim. É preciso imaginar [...].[26]

Insustentável e impossível, sim. Mas "é preciso imaginar", pede, contudo, Filip Müller. *Imaginar apesar de tudo*, o que exige de nós uma difícil ética da imagem: nem o invisível por excelência (preguiça do esteta), nem o ícone do horror (preguiça do crente), nem o simples documento (preguiça do sábio). Uma simples imagem: inadequada mas necessária, inexata mas verdadeira. Verdadeira de uma verdade paradoxal, evidentemente. Diria que a imagem é aqui *o olho da história*: a sua tenaz vocação para tornar visível. Mas também que ela está *no olho da história*: numa zona muito local, num momento de suspensão visual, no sentido em que falamos do olho de um furacão (essa zona central da tempestade,

---

[25] Citado em A. Wieviorka, *Déportation et génocide*, *op. cit.*, pp. 163-5.

[26] Citado em C. Lanzmann, *Shoah*, *op. cit.*, p. 139.

onde por vezes há uma calma absoluta, "não deixa de ter nuvens que tornam difícil a sua interpretação").[27]

Da penumbra da câmara de gás, Alex trouxe à luz o centro nevrálgico de Auschwitz: a destruição, que se queria completa, das populações judias da Europa. Ao mesmo tempo, a imagem formou-se graças a um retiro: durante alguns minutos, o membro do *Sonderkommando* não efetuou o ignóbil trabalho que os SS o obrigavam a fazer. Ao esconder-se para ver, o homem suspendeu o trabalho, preparando-se — ocasião única — para constituir a sua iconografia. A imagem foi possível porque uma zona de calma, ainda que relativa, fora criada para esse ato do olhar.

---

[27] *La Grande Encyclopédie*, VI, Paris, Larousse, 1973, p. 3592.

SEMELHANTE, DISSEMELHANTE, SOBREVIVENTE

Observar hoje estas imagens segundo a sua fenomenologia — ainda que ela só possa ser restituída lacunarmente — significa exigir do historiador um trabalho de crítica visual, ao qual, creio, ele está pouco habituado.[1] Este trabalho exige um ritmo duplo, uma dupla dimensão. É necessário, sobre as imagens, *cerrar o ponto de vista*, nada omitir da substância imageante, mesmo que seja para se interrogar sobre a função *formal* de uma zona em que "não se vê nada", como se costuma dizer, erroneamente, diante de algo que parece destituído de valor informativo, um quadro de sombra, por exemplo. Simetricamente, é necessário *abrir o ponto de vista* até restituir às imagens o elemento *antropológico* que as põe em jogo.

Permanecendo atento à lição de Georges Bataille, com efeito — Auschwitz como questionamento do *inseparável*, do *semelhante*, da "imagem do homem" em geral —, descobre-se que, aquém e além do seu sentido político óbvio, as quatro fotografias de Alex nos situam perante uma vertigem, perante um drama da *imagem humana* enquanto tal. Olhemos de novo: nestas fotografias, o dissemelhante está no mesmo nível do semelhante como a morte está no mesmo nível da vida.[2] Impressiona-nos sempre, na primeira se-

---

[1] É a este gênero de trabalho que convida toda a exposição *Mémoire des camps*. Cf., também, a pesquisa inédita de I. About, *Les Photographies du camp de concentration de Mauthausen. Approches pour une étude iconographique des camps de concentration*, tese sob a orientação de P. Vidal-Naquet, Paris, Université Paris VII-Denis Diderot, 1997.

[2] Segundo a expressão de R. Antelme, *L'Espèce humaine*, op. cit., p. 22:

quência (figs. 3, 4), a coexistência de gestos tão "humanos", tão cotidianos, tão "nossos", dos membros do *Sonderkommando* — as mãos na cintura de quem reflete um pouco, esforço e torção dos que já lançaram mãos ao "trabalho" — com o tapete quase informe que constitui o conjunto dos corpos jazentes, como se a sua redução, a sua destruição, já tivesse começado (ao passo que, provavelmente, eles estão mortos há escassos minutos apenas). Da visão fugidia das mulheres à espera de serem gaseadas (fig. 5), retira-se, retrospectivamente, um sentimento análogo: toda a fumaça que se acaba de entrever — e que as próprias mulheres, com toda a certeza, viram por cima do teto do edifício em que iam penetrar — parece já invadir, já dar um *destino* a sua semelhança humana. Este destino que elas sabiam ou que não queriam saber, que elas entreviam, que elas *pressentiam* em todo caso.[3] Este destino que o próprio fotógrafo conhece com exatidão. Para ele, mesmo antes de tirar a fotografia — como hoje, retrospectivamente, para o nosso olhar — o acinzentado vaporoso desta imagem é como a cinza em que em breve se transformarão aqueles seres em movimento.

Neste ponto, tocamos no cerne do sentido antropológico de Auschwitz. Negar o humano na vítima era votar o humano ao dissemelhante: "muçulmanos" descarnados, montes de cadáveres de-

---

"A morte estava aqui no mesmo nível da vida, mas constantemente. A chaminé do crematório fumegava ao lado da da cozinha. Antes de nós estarmos lá, tinha havido ossos de mortos na sopa dos vivos, e trocava-se há muito o ouro da boca dos mortos pelo pão dos vivos".

[3] Cf. P. Levi, *Si c'est un homme, op. cit.*, p. 29: "[...] daqui não se sai a não ser pela chaminé. O sentido dessas palavras, nós iríamos aprendê-lo bem mais tarde)". É. Wiesel, *La Nuit, op. cit.*, p. 65: "A palavra 'chaminé' não era uma palavra vazia de sentido: ela flutuava no ar, misturada com a fumaça. Era talvez a única palavra que aqui tinha um significado real". M. Pollak, "La gestion de l'indicible", *op. cit.*, pp. 39-40, citando o seguinte testemunho de uma sobrevivente: "E ouvíamos desde a chegada: 'Estás vendo aquela nuvem, são os teus pais a arder!'. Apenas ouvi aquilo, mais nada. E realmente, a cem metros dali, podia-se ver uma grande nuvem negra, como uma grande nuvem carregada... Uma imagem curiosa, inquietante. 'São os teus pais a arder!' Vi-a, ouvi-a, mas compreender, não, não a compreendi".

sarticulados, "colunas de basalto" de gaseados, tapetes de cabelos, amontoados de cinzas humanas utilizadas como material de aterro. Sofrer Auschwitz, em todos os níveis desta experiência sem fim, equivalia a sofrer a sorte que Primo Levi chamou, simplesmente, de a "demolição de um homem".[4] Ora, neste processo o olhar desempenhava um papel fundamental: o homem "demolido" era antes de mais nada o homem tornado apático em relação ao mundo e a si mesmo, ou seja, incapaz de empatia ("quando chove, queríamos poder chorar"), ou mesmo de desespero ("já não estou suficientemente vivo para ser capaz de pôr termo à minha vida"):[5]

> O sentimento da nossa existência depende em boa parte do olhar que os outros lançam sobre nós; eis por que é não-humana a experiência de quem viveu dias em que o homem foi um objeto aos olhos do homem. [...] Se soubesse explicar a fundo a natureza daquele olhar [o mero olhar do SS lançado sobre o prisioneiro], também saberia explicar a essência da grande loucura do Terceiro Reich.[6]

Esta experiência está para além do medo.[7] Para além da morte enquanto representação acessível.[8] Ela atinge no homem o próprio ente: destrói-lhe até o tempo.[9] Ela destina toda a existência humana ao estatuto de "manequim" que a morte transformará eventualmente num "tumulto ignóbil de membros enrijecidos":

---

[4] P. Levi, *Si c'est un homme*, *op. cit.*, p. 26. Cf. ainda pp. 27, 131-2 etc.

[5] *Ibid.*, pp. 140 e 153.

[6] *Ibid.*, pp. 113 e 185.

[7] *Ibid.*, p. 136: "[...] não só não temos tempo para ter medo, mas também não temos lugar".

[8] Cf. J. Améry, *Par-delà le crime et le châtiment*, *op. cit.*, pp. 43-4: "Por todo lado morriam homens, mas a figura da morte desaparecera".

[9] É. Wiesel, *La Nuit*, *op. cit.*, pp. 61, 63 e 65. B. Bettelheim, "La schizophrénie en tant que réaction à des situations extrêmes" [1956], in *Survivre*, *op. cit.*, pp. 143-57.

uma "coisa", tal como escreve mais uma vez Primo Levi.[10] Uma coisa *dissemelhante*. Nesta experiência, os homens — os semelhantes, os amigos mais próximos — já não conseguem sequer reconhecer-se.[11] E isto, escreve Maurice Blanchot, pelo poder aterrorizador desses outros *semelhantes* que são os inimigos:

> [...] quando o homem, pela opressão e pelo terror, cai como fora de si, a ponto de perder toda a perspectiva, toda a referência e toda a diferença, entregue assim a um tempo sem demora que ele suporta como a perpetuidade de um presente indiferente, então o seu último recurso, no momento em que se torna o desconhecido e o estrangeiro, ou seja, destino para si mesmo, é o de se saber atingido, não pelos elementos, mas pelos homens e o de dar o nome de homem a tudo o que o atinge. — O "antropomorfismo" seria portanto o derradeiro eco da verdade, quando tudo cessa de ser verdadeiro.[12]

No olho do furacão jaz também, portanto, a questão do antropomorfismo. O que os SS quiseram destruir em Auschwitz não era apenas a vida, mas também — independentemente de tal acontecer a montante ou a jusante, antes ou depois dos assassinatos — a própria forma do humano e, com ela, a sua imagem. Num tal contexto, o ato de resistir identificava-se consequentemente com o de *manter esta imagem apesar de tudo*, mesmo reduzida à sua mais simples expressão "paleontológica", por exemplo, diria eu, ao fato de estar de pé: "É um dever nosso para conosco [...] de mantermo-nos eretos e de não arrastar os tamancos, certamente

---

[10] P. Levi, *Si c'est un homme, op. cit.*, pp. 184-6. Sobre os "manequins", cf. C. Delbo, *Auschwitz et après, I. Aucun de nous ne reviendra*, Paris, Minuit, 1970, pp. 28-33 e 142.

[11] Cf. R. Antelme, *L'Espèce humaine, op. cit.*, pp. 178-80: "Vi aquele que era K. [...] Nada nele era reconhecível".

[12] M. Blanchot, *L'Entretien infini*, Paris, Gallimard, 1969, pp. 193-4 [ed. bras.: *A conversa infinita*, 3 vols., São Paulo, Escuta, 2007-10].

não em homenagem à disciplina prussiana, mas para permanecermos vivos, para não começarmos a morrer".[13]

* * *

Manter a imagem apesar de tudo: manter a *imagem do mundo* exterior e, para tal, arrancar ao inferno uma atividade de conhecimento, uma espécie, ainda assim, de curiosidade. Exercer a sua observação, tomar notas em segredo ou tentar memorizar o máximo de coisas. "Saber e fazer saber é uma maneira de permanecer humano", escreve Tzvetan Todorov a propósito dos *Rolos de Auschwitz*.[14] Manter, também, a *imagem de si*, quer dizer, "salvaguardar o seu eu" no sentido psíquico e social do termo.[15] Manter, enfim, a *imagem do sonho*: ainda que o campo seja uma autêntica máquina de "triturar almas"[16] — ou precisamente por essa razão —, o seu ofício de terror pode ser suspenso a partir do momento em que os SS aceitam esse mínimo vital que constitui o tempo de sono dos prisioneiros. Nesse momento, escreve Primo Levi, "por detrás das pálpebras mal fechadas, irrompem os sonhos com violência".[17]

Os prisioneiros terão querido preservar apesar de tudo até a *imagem da arte*, como que para arrancar ao inferno alguns resquícios de espírito, de cultura, de sobrevivência. A palavra "inferno",

[13] P. Levi, *Si c'est un homme*, op. cit., pp. 42-3.

[14] T. Todorov, *Face à l'extrême*, Paris, Seuil, 1991, p. 108 [ed. bras.: *Diante do extremo*, São Paulo, Unesp, 2017].

[15] Cf. B. Bettelheim, "Comportement individuel et comportement de masse dans les situations extrêmes", op. cit., p. 84. M. Pollak, *L'Expérience concentrationnaire. Essai sur le maintien de l'identité sociale*, Paris, Métailié, 1990.

[16] E. Kogon, *L'État SS. Le système des camps de concentration allemands* [1946], Paris, Jeune Parque, 1947 (ed. 1993), pp. 399-400.

[17] P. Levi, *Si c'est un homme*, op. cit., p. 74. Cf. J. Cayrol, "Les rêves concentrationnaires", *Les Temps Modernes*, III, n° 36, 1948, pp. 520-35. Cf. ainda p. 520: "[...] os sonhos tornavam-se um meio de salvaguarda, uma espécie de 'refúgio' do mundo real".

diga-se de passagem, faz ela própria parte desta esfera: empregamo-la espontaneamente para falar de Auschwitz, ainda que ela se revele totalmente inadequada, deslocada, inexata. Auschwitz não foi um "inferno" no sentido de que os seres que aí penetraram não tinham como experimentar nenhuma "ressurreição" — mesmo que terrível —, mas sim a mais sórdida das mortes. E, sobretudo, estes seres não estavam ali para sofrer o "julgamento" final dos seus erros: entravam inocentes, e inocentes eram torturados e massacrados. O inferno é uma ficção jurídica inventada pela crença religiosa, ao passo que Auschwitz é uma realidade antijurídica inventada por um delírio político-racial.

Ora, a imagem do inferno, por mais inexata que seja, faz todavia parte da *verdade* de Auschwitz. Além de ter sido empregada pelos pensadores mais atentos ao fenômeno concentracionário,[18] ela investe transversalmente os testemunhos das vítimas. Quase todos os que se salvaram falaram de algo que se lhes afigurava um inferno.[19] E até "os que sucumbiram" fizeram apelo a esta imagem, em todas as suas dimensões culturais, inclusive nas evocações ou nas citações de Dante que despontam nos *Rolos de Auschwitz*: Lewental falou deste "inferno" como de um "quadro [...] insuportável à vista".[20] Gradowski não deixou de utilizar, ao longo de todo o seu manuscrito, as formas provenientes mais ou menos dire-

---

[18] Entre outros, cf. F. Neumann, *Behemot. The Structure and Practice of National Socialism*, Oxford/Nova York, Oxford University Press, 1942. H. Arendt, "L'image de l'enfer", *op. cit.*, pp. 151-60. *Id.*, "Les techniques de la science sociale et l'étude des camps de concentration", *op. cit.*, p. 213. E. Traverso, *L'Histoire déchirée*, *op. cit.*, pp. 71-99 e 219-23.

[19] Especialmente, cf. E. Kogon, *L'État SS*, *op. cit.*, pp. 49-50. P. Levi, *Si c'est un homme*, *op. cit.*, p. 21. É. Wiesel, *La Nuit*, *op. cit.*, p. 59. C. Delbo, *Auschwitz et après, II. Une connaissance inutile*, Paris, Minuit, 1970, pp. 33-4. F. Müller, *Trois ans dans une chambre à gaz d'Auschwitz*, *op. cit.*, pp. 25 e 163-243. M. Buber-Neumann, *Déportée à Ravensbrück* [1985], Paris, Seuil, 1988 (ed. 1995), pp. 7-19. V. Pozner, *Descente aux enfers*, Paris, Julliard, 1980.

[20] Citado em B. Mark, *Des voix dans la nuit*, *op. cit.*, pp. 266-7 e 302-4.

tamente da *Divina Comédia*.[21] Num muro do Bloco 11 de Auschwitz, na célula 8, um prisioneiro polonês à espera de ser fuzilado regravou — com as próprias mãos, na sua própria língua — a célebre inscrição da porta dantesca: *Lasciate ogni speranza voi ch'entrate*.[22]

Neste sentido, o *Inferno* de Dante, essa joia do imaginário ocidental, pertence também ao real de Auschwitz: rabiscado até nas paredes, incrustado no espírito de muitos. Ele impõe-se por todo lado no testemunho de Primo Levi até significar a própria urgência e a vida que se mantém, como um anacronismo "tão humano, necessário e porém inesperado".[23] Ele impõe-se mesmo, simetricamente, sob a pena dos carrascos: quando, insones ou cansados pelo horror que organizavam, alguns responsáveis nazistas se deixaram também eles levar pela metáfora dantesca.[24]

O que significa esta unanimidade perturbadora? Que o recurso à imagem é inadequado, lacunar, sempre imperfeito? Certamente. Cabe então redizer que *Auschwitz* é *inimaginável*? Certamente que não. Cabe até dizer o contrário: que Auschwitz *não é senão imaginável*, que somos constrangidos à imagem e que, para tal, devemos tentar criticá-la internamente, precisamente com o objetivo de nos desenvencilharmos desse constrangimento, dessa *necessidade lacunar*. Se se quer saber alguma coisa sobre o interior do campo, importa, num momento ou noutro, pagar o seu tributo ao poder das imagens. E tentar compreender a sua necessida-

---

[21] Citado em *ibid*., pp. 191-240.

[22] Uma reprodução deste *graffiti* encontra-se em J. P. Czarnecki, *Last Traces*, *op. cit*., p. 95.

[23] P. Levi, *Si c'est un homme*, *op. cit*., p. 123 (e, genericamente, pp. 29, 93-107, 116-23). P. Levi, *Les Naufragés et les rescapés*, *op. cit*., pp. 136-7.

[24] "O inferno de Dante tinha-se tornado aqui realidade" (o comandante Irmfried Eberl referindo-se a Treblinka). "Em comparação, o inferno de Dante parece-me uma comédia [...]. O Dr. Thile tinha razão esta manhã, ao dizer-me que nos encontramos no *anus mundi*" (o doutor Johann Paul Kremer). Citados em L. Poliakov, *Auschwitz*, *op. cit*., pp. 40-1, e H. Langbein, *Hommes et femmes à Auschwitz*, *op. cit*., p. 330.

de precisamente através dessa sua vocação para permanecerem imperfeitas.[25]

* * *

Observemos de novo as quatro fotografias arrancadas ao inferno de agosto de 1944. Não será que a primeira sequência é invadida por um *déficit* de informação (figs. 3, 4)? Sombra em todo o entorno, cortina de árvores, fumaça: a amplitude do massacre, o pormenor das instalações e o próprio trabalho do *Sonderkommando* revelam-se, portanto, muito pouco "documentados". Ao mesmo tempo, estamos diante destas imagens como diante da *necessidade* perturbadora de um gesto de sobrevivente (sobrevivente muito provisório, visto que será massacrado pelos SS algumas semanas mais tarde): é o *autorretrato* trágico do "comando especial" que aí se nos oferece ao olhar. Observemos a segunda sequência (figs. 5, 6): não é ela invadida, mais ainda do que a primeira, pelo *déficit* de visibilidade? Ao mesmo tempo, estamos diante dela como diante da *necessidade* perturbadora de um gesto de *empatia*, quer dizer, de um certo agir da semelhança: movimento do fotógrafo — e "estremecimento" da imagem — ao acompanhar o movimento das mulheres, urgência da fotografia ao acompanhar a urgência dos últimos instantes da vida.[26]

Arrancar quatro imagens ao inferno do presente significava finalmente, nesse dia de agosto de 1944, arrancar à destruição quatro resquícios de sobrevivência. De sobrevivência, digo eu, embo-

---

[25] Cf. P. Levi, *Si c'est un homme*, *op. cit.*, pp. 83, 138-9 e 169, em que se desenvolve uma reflexão deste gênero sobre o caráter vão e necessário dos "signos" em Auschwitz: "Hoje eu penso que o simples fato de que Auschwitz tenha existido deveria proibir qualquer um, em nossos dias, de falar em Providência; mas é claro que, naquela hora, a recordação das intervenções bíblicas nos momentos mais extremos de adversidade passava como um sopro por todos os espíritos".

[26] Sobre a urgência e a rapidez na redação de testemunhos, cf. especialmente C. Mouchard, "'Ici'? 'Maintenant'?", *op. cit.*, pp. 245-9. Com efeito, vários relatos concentracionários têm início com o motivo da urgência. Cf. P. Levi, *Si c'est un homme*, *op. cit.*, p. 8. R. Antelme, *L'Espèce humaine*, *op. cit.*, p. 9.

ra não de uma sobrevivência bem-sucedida. Pois ninguém, defronte ou atrás daquela máquina fotográfica — salvo, talvez, David Szmulewski e o SS — sobreviveu ao que as imagens testemunham. São portanto elas, as imagens, o que nos resta: são elas as *sobreviventes*. Mas de que tempo nos chegam elas? Do tempo de um *lampejo*: elas captaram alguns instantes, alguns gestos humanos. Ora, verifica-se que, nas duas sequências, quase todos os rostos estão inclinados para baixo, como que concentrados, para além de qualquer expressão dramática, no trabalho da morte. Para baixo: porque a terra é o seu destino. Por um lado, os humanos desaparecerão em fumaça — *Todesfuge*[27] —, por outro lado, as suas cinzas serão trituradas, enterradas, engolidas. Ora, em todo o entorno dos crematórios, é no meio dessas mesmas cinzas que os membros do *Sonderkommando* terão misturado, na medida do possível, todas as suas *coisas sobreviventes*: coisas do corpo (cabelos, dentes), coisas sagradas (filactérios), coisas-imagens (fotografias), coisas escritas (os *Rolos de Auschwitz*):

> Escrevi isto durante o período em que estive no *Sonderkommando*. [...] Quis deixá-lo, com muitas outras notas, como uma recordação para o futuro mundo de paz, para que se saiba o que aqui se passou. Enterrei-o no meio das cinzas, pensando que era o lugar mais seguro, pois nele se escavará certamente em busca dos vestígios de milhões de homens desaparecidos. Mas, ultimamente, começaram a suprimir um pouco por todo lado os vestígios das cinzas. Deram ordens para que fossem moídas finamente e transportadas para o Vístula, de modo a serem levadas pela corrente. [...] O meu caderno de notas e outros manuscritos encontravam-se nas valas saturadas de sangue, que continham ossos e res-

---

[27] P. Celan, "Fugue de mort" [1945], *Choix de poèmes réunis par l'auteur* [1968], trad. J.-P. Lefebvre, Paris, Gallimard, 1998, pp. 52-7 [ed. bras.: "Fuga da morte", trad. Modesto Carone, in Jacó Guinsburg e Zulmira Ribeiro Tavares (orgs.), *Quatro mil anos de poesia*, São Paulo, Perspectiva, 1960, pp. 270-1].

quícios de carne nem sempre totalmente queimados. Era possível percebê-lo pelo cheiro. Investigador, vasculha por todo lado, em cada parcela de terreno! Documentos — que lançam uma luz crua sobre tudo o que aqui se passou —, os meus e os de outras pessoas, estão lá enterrados. Fomos nós, os operários do *Sonderkommando*, que os espalhamos, na medida do possível, por todo o terreno, para que o mundo encontre neles os vestígios palpáveis de milhões de assassinados. Quanto a nós, já perdemos a esperança de viver até a libertação.[28]

Tempo do lampejo, tempo da terra. Instante e sedimentação. Arrancadas ao presente, enterradas durante muito tempo: tal é de fato o ritmo — anadiômeno — das imagens. As quatro fotografias de agosto de 1944 foram arrancadas a um inferno imenso, depois escondidas num simples tubo de pasta de dentes. Arrancadas ao perímetro do campo, depois enterradas em algum lugar entre os papéis da Resistência polonesa. Desenterradas apenas com a Libertação. Re-desaparecidas sob os reenquadramentos e os retoques de historiadores bem-intencionados. O seu ofício de refutação — contra o empreendimento nazista de desimaginação do massacre — permanece trágico pelo fato de que tais imagens chegaram demasiado tarde.[29] Desde agosto de 1944 até o fim das hostilidades, os bombardeiros americanos não pararam de bombardear as fá-

---

[28] Z. Gradowski, citado em B. Mark, *Des voix dans la nuit*, *op. cit.*, pp. 241-2. Na sua introdução, Ber Mark assinala outro fato desesperante, a saber, que, depois da guerra, "bandos inteiros de saqueadores se esfalfaram no campo abandonado, vasculhando por todo lado à procura de ouro, de objetos de valor, a tal ponto acreditavam na lenda segundo a qual os judeus tinham trazido consigo tesouros. Ao escavar à volta dos crematórios, toparam com os manuscritos, objetos sem valor para eles, que destruíram ou jogaram fora" (p. 180).

[29] Muitas outras nunca chegaram: "Infelizmente, a maioria das fotografias expedidas para o outro lado do arame farpado extraviaram-se, sendo que apenas algumas foram entregues". R. Boguslawska-Swiebocka e T. Ceglowska, *KL Auschwitz. Fotografie dokomentalne*, *op. cit.*, sem numeração de páginas.

bricas de Auschwitz III-Monowitz, mas pouparam os crematórios no seu intenso funcionamento de assassinato "não militar".[30]

* * *

Imagens inúteis, portanto? Longe disso. Hoje elas nos são infinitamente preciosas. E também exigentes, pois exigem de nós o esforço de uma *arqueologia*. Devemos continuar a remexer na sua tão frágil temporalidade. "A imagem autêntica do passado", escreve Benjamin, "aparece somente num lampejo. Imagem que não surge senão para se eclipsar para sempre no instante seguinte. A verdade imóvel que não faz mais do que ficar à espera do investigador não corresponde de modo algum a esse conceito da verdade em matéria de história. Ele se apoia, em vez disso, no verso de Dante que diz: é uma outra imagem única, insubstituível, do passado aquela que se dissipa com cada presente que não soube reconhecer-se visado por ela."[31]

Em nenhum lugar vestígio de vida, dizem vocês,
bah, que grande coisa, a imaginação não está morta,
sim, bom, imaginação morta imaginem.[32]

(2000-2001)

---

[30] Cf. D. S. Wyman, *L'Abandon des juifs* [1984], Paris, Flammarion, 1987, pp. 373-97.

[31] W. Benjamin, "Sur le concept d'histoire", *Écrits français, op. cit.*, p. 341.

[32] S. Beckett, *Têtes-mortes*, Paris, Minuit, 1972, p. 51.

II

APESAR DA IMAGEM TODA

> Todo o mal decorre de termos *chegado à imagem com a ideia de síntese* [...]. A imagem é um ato e não uma coisa.
>
> J.-P. Sartre, *L'Imagination*, Paris, PUF, 1936, p. 162

IMAGEM-FATO OU IMAGEM-FETICHE

O texto que se acaba de ler dava, evidentemente, matéria para discussão, pois, com base no caso estudado, põe em causa o duplo regime — histórico e estético — do "inimaginável". Se os historiadores não tiveram de se defender da *arqueologia visual* que lhes era proposta, isso deve-se simplesmente ao fato de que a própria disciplina histórica reconhece hoje o seu atraso crítico no domínio das imagens, e procura, tão honestamente quanto possível, ultrapassá-lo.[1] Todavia, pôr em causa o *inimaginável estético* — negatividade sublime e absoluta, prolongada numa contestação radical da imagem, supostamente capaz de dar conta, para alguns, da própria radicalidade da Shoah — suscitou uma violenta reação polêmica, em dois longos artigos publicados pela revista *Les Temps Modernes* de março-maio de 2001, assinados respectivamente por Gérard Wajcman e por Élisabeth Pagnoux.[2]

O que é que se debate ao certo? Para dar uma ideia dos argumentos apresentados e do tom adotado pelos meus objetores, terei de percorrer os seus dois textos e a escalada de acusações que constroem. Segundo Gérard Wajcman, o "risco de superinterpretação" constitui apenas o defeito menos relevante da análise pro-

---

[1] Como exemplo recente, cf. o n° especial "Image et histoire" da revista *Vingtième Siècle*, n° 72, 2001, dirigido por L. Bertrand-Dorléac, C. Delage e A. Gunthert. Sobre as dificuldades teóricas no tratamento histórico das imagens, mesmo por parte da escola oriunda dos *Annales*, cf. G. Didi-Huberman, *Devant le temps*, Paris, Minuit, 2000, pp. 9-55 [ed. bras.: *Diante do tempo*, Belo Horizonte, Editora UFMG, 2015].

[2] G. Wajcman, "De la croyance photographique", *op. cit.*, pp. 47-83. É. Pagnoux, "Reporter photographe à Auschwitz", *op. cit.*, pp. 84-108.

posta. Nela encontramos, sobretudo, "erros de pensamento", "raciocínio fatal" e "lógica funesta", que confinam com a "estupidez" ou até com a "mentira reconfortante", o que, evidentemente, é mais grave.[3] Ao lançar tal "slogan" contra o inimaginável da Shoah, eu não teria feito mais do que "negar tudo em bloco, as teses e o fato": não teria feito mais do que o trabalho de um "aventureiro do pensamento". Toda esta "promoção da imaginação" não seria mais do que um "apelo à alucinação", uma "máquina de fantasmas" que "conduz a uma identificação forçosamente enganadora".[4] Qual psicólogo, Wajcman pretende sublinhar "a exaltação quase infantil" de um argumento que "acredita ser a destruição de um tabu":

> Didi-Huberman parece deixar-se levar, absorver, engolir por uma espécie de esquecimento de tudo, e até do essencial [...]. Tudo se passa como se ele estivesse preso numa espécie de captação hipnótica das imagens que não lhe permitisse refletir senão em termos de imagem, de semelhante. Ficamos estupefatos com esse valor, com esse poder conferido à imagem quase divina do homem.[5]

É enquanto profissional — isto é, enquanto psicanalista clínico — que Gérard Wajcman caracteriza em seguida este "esquecimento de tudo": a "regressão de um tal discurso", afirma, só pode ter algo de *perverso*. É uma "fetichização religiosa" da imagem, "uma espécie de denegação a céu aberto, quase oferecida, se não inconscientemente, pelo menos de forma irrefletida"... De forma que a atenção dada às quatro fotografias de agosto de 1944 se assemelha, segundo ele, à típica "denegação fetichista" que leva

---

[3] G. Wajcman, "De la croyance photographique", *op. cit.*, pp. 51-3, 70 e 80.

[4] *Ibid.*, pp. 49-51 e 70.

[5] *Ibid.*, p. 75.

um indivíduo perverso "a expor e a adorar, como relíquias do falo em falta, sapatos, meias ou cuecas".[6]

Mas o que se assemelha a uma *perversão* sexual — uma doença da alma — revela-se, neste caso, mais grave ainda. O "encantamento mágico" do fetichismo desdobra-se aqui em *perversidade*, ou seja, em um verdadeiro charlatanismo do pensamento, em um golpe de "prestidigitação" intelectual. Por detrás do "exercício sofístico de alto risco" sobre Auschwitz, estaria um "engano acerca da mercadoria", uma "publicidade enganosa" das imagens dos campos de extermínio nazistas.[7] Ora, essa perversidade fundamental, Wajcman nomeia-a "pensamento infiltrado de cristianismo", "pendor para a cristianização". A "paixão da imagem" é "intimamente cristã", defende: ela "infiltra-se e suja tudo o que diz respeito às imagens". Estas "litanias", estes "prantos virtuosos" diante de quatro fotografias tiradas pelos membros do *Sonderkommando*, o "tom profético" da sua descrição, tudo isso, a seus olhos, não manifesta mais do que uma "elevação da imagem a relíquia", típica da religião cristã.[8] O que explica por que razão, a um dado momento, ele pretende impor-me todo um *patchwork* de andrajos hagiográficos:

> Georges Didi-Huberman vestiria, por cima da armadura de São Jorge, a pele de ovelha de um São João de dedo estendido, mais o andrajo de São Paulo anunciando ao mundo a vinda da Imagem.[9]

Sem dúvida que tudo isso não é pouco, mas há mais. Impõe-se ainda denunciar o perigo social, ético e *político* desta "fé nas imagens", deste "Anúncio da Imagem". Gérard Wajcman diagnostica na minha análise das quatro fotografias de 1944 — e na sua suposta "recusa, agressiva, diga-se de passagem, da ideia de que

---

[6] *Ibid.*, pp. 50, 81 e 83.

[7] *Ibid.*, pp. 54 e 65-6.

[8] *Ibid.*, pp. 51, 55, 57, 63-4, 70, 72 e 83.

[9] *Ibid.*, pp. 60-1.

alguma coisa seria irrepresentável" — um "coroamento do pensamento do consenso", uma "justificação quase inesperada do amor generalizado pela representação" no nosso mundo moderno. Eis, pois, a atenção visual reduzida a um "ideal televisivo": depois de "redescobrir as virtudes das recordações dos álbuns de fotografias, [...] Georges Didi-Huberman gosta de elogiar os nossos pendores mais simples, [...] o que é uma forma de satisfazer a vontade de não ver nada, de fechar os olhos".[10] Por um lado, culto *generalizado* da imagem, por outro, capacidade *aniquilada* de abrir os olhos a outrem.

O resultado, para além de uma "funesta confusão", é um perigo político e moral altamente nocivo: "uma leveza verdadeiramente culpada, funesta", "um pensamento extremamente inquietante", "um contrassenso de uma ponta à outra, verdadeiramente perigoso" porque encerra "um fundo inquietante de cegueira [de uma] gravidade evidente".[11] Um pensamento da imagem é um pensamento do semelhante: Wajcman deduzirá que é um pensamento que *assimila tudo*. Perante a situação analisada — a do *Sonderkommando* de Auschwitz —, existiria uma "ideia abjeta" que, em nome da imagem, assimilaria o carrasco e a vítima, reduzindo tudo à cristianização generalizada, ou até mesmo ao antissemitismo e à inversão perversa dos papéis no atual conflito israelense-palestino:

> Nesta valsa dos possíveis onde cada um é o semelhante do outro, era fatal chegarmos a esta ideia abjeta da troca infinita e recíproca dos lugares do carrasco e da vítima. [...] Há algo de insuportável naquilo que, no fundo, não é senão um apelo ao erro, à mentira e à ilusão, ao erro do pensamento, à mentira fácil e à ilusão alienante. [...] Não vejo necessariamente em tudo isso a manifestação de um antissemitismo discreto, mas simplesmente o efeito de um pendor praticamente irresistível,

---

[10] *Ibid.*, pp. 58, 60, 64, 72 e 75-6.

[11] *Ibid.*, pp. 50, 53, 67, 72 e 81.

que se verifica igualmente nos judeus declarados, para "cristianizar" o debate sobre as imagens em geral. [...] É sem dúvida a mesma pulsão que leva a denunciar [...] um Estado de Israel "pior do que os nazistas" em face dos palestinos, os verdadeiros judeus do nosso tempo.[12]

Élisabeth Pagnoux soma a estas condenações vinte e cinco páginas do mesmo calibre. Acrescenta algo acerca da ilusão — que será, doravante, uma "dupla ilusão" — e fustiga a "obstinação em construir o nada" correndo o risco de "confundir tudo [...] para consolidar um vazio". Volta a insistir na "pirueta intelectual", na "prestidigitação" e na "imprecisão narrativa que confunde tempos, impõe sentidos, inventa um conteúdo [e] se obstina em preencher o nada, em vez de o afrontar".[13]

Preencher o nada: a tentativa de reconstituição histórica das quatro fotografias de agosto de 1944 não representa, aos olhos de Élisabeth Pagnoux, mais do que uma "aparente cientificidade", inspirada no trabalho documental de Jean-Claude Pressac, com os seus "cumes de vacuidade tecnicizante". O seu caráter hipotético é "incessante", limita-se a "fechar-se incessantemente na vanidade da conjectura [e a] recusar entrar na [...] interpretação". Ao mesmo tempo, a análise visual pode ser qualificada de hiperinterpretação (aquilo a que Wajcman chamava "superinterpretação" [*surinterprétation*]), uma vez que ela é "reconstituição, ficção, criação". Ela torna-se assim — nova reviravolta — uma verdadeira "obstinação em destruir o olhar". Já a atenção dada à história transforma-se em "anulação da memória" e em "entrave [ao] advento do passado".[14]

Anular a memória: a infâmia política e moral sobrepor-se-á, novamente, à vacuidade interpretativa. A análise das fotografias

---

[12] *Ibid.*, pp. 62-3 e 70. A última proposição é repetida na p. 74: "Esta ausência de pensamento [...] é a mesma que faz hoje dos Palestinos os judeus da nossa época e dos Israelitas os novos nazistas".

[13] É. Pagnoux, "Reporter photographe à Auschwitz", *op. cit.*, pp. 87, 90, 103 e 106.

[14] *Ibid.*, pp. 93-4, 98 e 102-5.

de Auschwitz seria "totalmente despropositada", "nefasta e propícia ao acréscimo de palavras deletérias" — antissemitismo ou negacionismo. Mais precisamente, o seu "método, uma mecânica falaciosa, descredita a palavra das testemunhas para finalmente a negar": "autonomia de um presente que procura suplantar os testemunhos":[15]

> Georges Didi-Huberman ocupa o lugar da testemunha [...], usurpa o estatuto da testemunha. Perdida a fonte, a palavra é negada. [...] Olhar para a fotografia e acreditar estar lá. A distância, uma vez mais, é negada. Transformar-nos em testemunhas desta cena, para além de ser uma invenção (porque não podemos reanimar o passado), é distorcer a realidade de Auschwitz, que foi um acontecimento sem testemunha. É preencher o silêncio. Imerso na confusão, Georges Didi-Huberman, algumas linhas antes do fim do seu artigo, dá o golpe de misericórdia nas testemunhas e na própria palavra, declarando: "são elas as sobreviventes".[16]

A denegação das testemunhas, tida por perversidade moral, completa, portanto, a denegação da realidade, tida por perversão fetichista. Também para Élisabeth Pagnoux, a atenção visual de que são objeto as quatro fotografias do *Sonderkommando* não é senão "voyeurismo" e "gozo do horror", "discurso despropositado" e fantasma perverso "obcecado pelo interior", "ficção" do passado misturada — perguntamo-nos por que — com "presente humanitário".[17] Expandindo o anátema ao catálogo da exposição onde o meu ensaio fora publicado, Élisabeth Pagnoux repetirá até a exaustão que condena moralmente uma certa atenção dada à história da fotografia dos campos de concentração:

---

[15] *Ibid.*, pp. 91, 93 e 103.
[16] *Ibid.*, pp. 105-8.
[17] *Ibid.*, pp. 94, 102 e 106-7.

[...] Estamos à beira do *scoop*,* mas também à beira da repugnância. Estamos escandalizados. De que novidade digna de ser proferida se poderia tratar? O que acrescentaria mais uma fotografia? Sabemos muito mais do que dizem as fotografias uma a uma... Aliás, o que é saber? Estamos escandalizados porque é imediatamente manifesto que, com a pretensa novidade do conteúdo e do olhar, se mistura a arrogância do que não é mais do que pretensão ou até manipulação. [...] Auschwitz, um objeto fotogênico? [...]. Estamos escandalizados. Mulheres caminhando em direção à câmara de gás. Se não formos daqueles que se regozijam com o horror, é uma razão mais do que suficiente para não irmos ver a exposição. Para quem conserva a memória do crime, a ideia de olhar para mais uma imagem — a ideia de voltar a olhar para estas imagens que já eram conhecidas — é insuportável, e uma fotografia não nos ensina nada mais para além daquilo que já sabemos. [...] Sobre a negação da distância que separa o hoje do ontem constrói-se uma mentira tão mais ignominiosa quanto ela contraria qualquer projeto de transmissão. Uma dupla mentira, uma confusão que promove toda a perversidade da empresa: podemos entrar para o interior de uma câmara de gás [...]. Não se resume, não se fetichiza, não se museifica Auschwitz para o entender e para lhe pôr fim.[18]

*   *   *

Será preciso responder a isto? Discute-se com uma tal recusa em ler? Deve-se contradizer um ataque que desfigura os argumentos de uma assentada e que se transforma num ataque pessoal (repare-se, por exemplo, no modo como Wajcman me atribui, com autoridade, um quadro clínico de fetichista e um estatuto moral

---

* Em inglês no original; designa em linguagem jornalística o "furo" ou o "vazamento" de uma notícia, sobretudo de caráter sensacionalista. (Nota da ed. bras.)

[18] *Ibid.*, pp. 84-5, 89-90 e 95.

de renegado, de judeu "cristianizado"; ou ainda no modo como Pagnoux exige um inquérito, que ela própria não fornece, sobre as "origens" do meu discurso, que lhe parece "vindo de lugar nenhum")?[19] Por definição, posso sempre discutir com aquele que declara a minha análise "discutível", mas será que posso discutir com um contraditor que vê na minha pessoa a encarnação do erro e, pior ainda, da infâmia moral?

Por exemplo, será que basta retorquir a Gérard Wajcman que simplesmente não defendo a "ideia abjeta" que ele pensa que defendo — "a troca infinita e recíproca dos lugares do carrasco e da vítima" —, mas antes a ideia contrária? Será que basta responder a Élisabeth Pagnoux que a sua acusação de "arrogância teórica" talvez fosse menos justificada se, armada com a sua dirimente questão — "Aliás, o que é saber?" —, ela se dignasse a entreabrir os livros que consagrei a esta questão no campo visual, quando, que eu saiba, ela própria nem sequer começou a respondê-la? Ao confrontar-me com as quatro fotografias de Auschwitz, apenas *tentei ver* para *melhor saber*. Que posso responder aos que se indignam com o princípio subjacente a tal iniciativa?

Há, no entanto, muito a dizer, para além da mera réplica simétrica e do risco concomitante de se limitar a devolver argumentos. Pense-se na imagem de Goya onde dois lutadores hirsutos se desancam *um ao outro* a pauladas sem se darem conta de que se enterram *juntos* na mesma areia movediça. É necessário interrogarmo-nos antes acerca dos lugares comuns e dos objetivos subterrâneos de uma tal controvérsia, por mais movediça, enviesada que seja, ou, justamente, por ser enviesada — e sedimentada — de uma ponta à outra. Note-se que a sua violência foi do foro da retórica das querelas políticas, no que esta tem de mais descomedido e, por vezes, de indigno, muito embora se trate de história e de imagens que datam de cerca de sessenta anos: indício seguro de que o *pensamento das imagens*, hoje, deriva em grande parte do próprio *campo político*.[20]

---

[19] *Ibid.*, pp. 91 e 105.

[20] Verifiquei-o há dez anos a propósito de uma outra polêmica sobre o estatuto da arte contemporânea: cf. G. Didi-Huberman, "D'un ressentiment

Mas esta violência polêmica vem antes de mais nada do seu próprio objeto: como se às imagens fotográficas do terror nazista só pudessem responder olhares arrepiados — por empatia ou por rejeição —, interpretações inquietas que provocassem a violência, a crise do próprio discurso. Se escolhi as quatro fotografias de agosto de 1944 é precisamente porque elas constituíam, no *corpus* conhecido dos documentos visuais desse tempo, um caso extremo, uma perturbante singularidade: um *sintoma histórico* capaz de perturbar, e, portanto, de reconfigurar, a relação que o historiador das imagens mantém habitualmente com os seus objetos de estudo. Há, portanto, neste caso extremo, qualquer coisa que questiona o nosso próprio ver e o nosso próprio saber: um *sintoma teórico* que, ao ser discutido, nos toca *conjuntamente* — com base na nossa história comum.[21]

Gérard Wajcman pensa que esta singularidade — visual, fotográfica — não nos ensina nada que já não soubéssemos e, pior ainda, que ela induz o espectador à captação visual, ao erro, ao fantasma, à ilusão, à crença, ao voyeurismo, ao fetichismo... ou até à "ideia abjeta". É por isso que, tendo sob os olhos estas quatro fotografias de Auschwitz, ele precisa repetir alto e bom som aquilo que, na esteira de muitos outros, já tinha afirmado: "Não há imagens da Shoah". Assim começa literalmente, ou recomeça, o seu texto polêmico.[22] Mas analisemos. Wajcman não diz uma coisa, mas várias — algumas delas escapam-lhe — a partir desta úni-

---

en mal d'esthétique", *Cahiers du Musée National d'Art Moderne*, n° 43, 1993, pp. 102-18 (ed. aumentada com "Post-scriptum: du ressentiment à la *Kunstpolitik*", *Lignes*, n° 22, 1994, pp. 21-62); cf. igualmente, no que diz respeito à elaboração filosófica deste problema, J. Rancière, *Le Partage du sensible*, Paris, La Fabrique, 2000 [ed. bras.: *A partilha do sensível*, São Paulo, Editora 34, 2005].

[21] Esta querela já foi, aliás, objeto de uma análise sociológica: cf. J. Walter, "*Mémoire des camps*: une exposition photographique exposée", in I. Dragan (org.), *Redéfinitions des territoires de la communication*, Bucareste, Tritonic, 2002, pp. 367-83. J. Walter, "Un témoignage photographique sur la Shoah", in P. Lardellier (org.), *Violences médiatiques*, Paris, Harmattan, 2003, pp. 133-55.

[22] G. Wajcman, "De la croyance photographique", *op. cit.*, p. 47.

ca frase-chave. Note-se que ele escreve, sucessivamente, no espaço de algumas páginas: "Não há imagens da Shoah". Depois, no singular: "Não há imagem da Shoah". E, em seguida, elipticamente: "Não há imagem". E, por fim, metafisicamente: "Não há".[23]

A primeira ocorrência supostamente denota um *fato exato* que depende do saber histórico (a este respeito passível de revisão, admite): "Não conhecemos até hoje nenhuma fotografia nem nenhum filme que mostre a destruição dos judeus nas câmaras de gás".[24] Esta seria a versão factual do inimaginável, da qual o próprio Wajcman, noutras formulações da sua tese, parece duvidar.[25] Se a controvérsia se limitasse a esta única factualidade, poderíamos encerrá-la serenamente: simplesmente, não nos entendemos acerca do *imageado* da imagem*, isto é, acerca da extensão da palavra "Shoah". Wajcman entende por "Shoah" a operação e o momento absolutamente específicos do gaseamento dos judeus, do qual nós não temos, efetivamente, nenhuma imagem fotográfica. Quanto a mim, a "destruição dos judeus da Europa", segundo a concepção de Raul Hilberg, é um fenômeno histórico infinitamente amplo, complexo, ramificado, multiforme. Houve, na história do nazismo, cem técnicas diferentes para levar a cabo a sinistra "Solução final", entre *mal* radical e desconcertante *banalidade*. Neste sentido, estamos autorizados a dizer que efetivamente existem — e até em número bastante considerável — imagens da Shoah. Como é evidente, nunca quis dar a entender que as quatro fotografias de agosto de 1944 mostravam o próprio momento do gaseamento. Mas elas mostram dois momentos constitutivos do "tratamento especial" (*Sonderbehandlung*): as vítimas levadas nuas para a câma-

---

[23] *Ibid.*, pp. 47-9 e 54 ("o fato declarado, o fato real, inteiramente para além de qualquer vontade, de qualquer consciência e de qualquer inconsciente, de que não há imagem [...], fato real de que não há").

[24] *Ibid.*, p. 47.

[25] G. Wajcman, "'Saint Paul' Godard contre 'Moïse' Lanzmann, le match", *L'Infini*, n° 65, 1999, p. 122: "Como é evidente, não discuto se há ou não imagens das câmaras de gás. Não sei".

* No original, *imagé*; a edição portuguesa optou por "imaginal". (Nota da ed. bras.)

ra de gás, enquanto outras vítimas, já gaseadas, ardem nas fossas de incineração exteriores ao crematório V de Birkenau (figs. 3, 6).

Gérard Wajcman teve de cometer alguns erros históricos para transformar a sua primeira ocorrência (factual, histórica) em *verdade universal*. "Não há imagem da Shoah", diz ele, porque "os nazistas se preocuparam em não deixar qualquer vestígio e em proibir qualquer imagem"; mas nós sabemos a que ponto esta interdição foi contornada pelos próprios nazistas e, excepcionalmente — no caso que mereceu a minha atenção —, pelos membros da resistência judia do *Sonderkommando*. Wajcman dá uma segunda razão: "porque não havia luz nas câmaras de gás", o que é falso.[26] Por fim, escreve: "porque, cinquenta anos depois, já teríamos descoberto um resquício de qualquer coisa",[27] ao que os quatro "fragmentos" fotográficos, conhecidos desde 1945, trazem precisamente uma primeira resposta.

Mas Wajcman já abandonou a ordem dos fatos: uma ordem "passível de revisão" não é suficientemente forte a seus olhos. Ele já não precisa de "um fato, mas de uma tese. Esta não visa a exatidão, mas a verdade. É absoluta e não pode ser revista".[28] Que significa exatamente essa tese, sob o enunciado geral "Não há imagem da Shoah"? Duas coisas, na realidade. Por um lado, uma trivialidade de bom senso, uma evidência filosófica formulada desde a aurora dos tempos, a saber, que "*todo o real* não é solúvel no visível", ou que há uma "impotência da imagem quando se trata de transmitir *todo o real*".[29] Ora, quem alguma vez pretendeu tal

---

[26] *Ibid.*, p. 122. Cf., *a contrario*, os testemunhos recolhidos, por exemplo, em E. Klee, W. Dressen e V. Riess, *Pour eux "c'était le bon temps"*. *La vie ordinaire des bourreaux nazis* [1988], Paris, Plon, 1990, p. 216. Cf. também os desenhos de David Olère em D. e A. Oler, *Witness. Images of Auschwitz*, Richland Hills, West Wind, 1998, pp. 25-7, onde a luz do candeeiro do teto se vê claramente tanto na cena da entrada na câmara de gás quanto na do próprio gaseamento.

[27] G. Wajcman, "'Saint Paul' Godard contre 'Moïse' Lanzmann, le match", *op. cit.*, p. 122.

[28] G. Wajcman, "De la croyance photographique", *op. cit.*, p. 47.

[29] *Ibid.*, pp. 47 e 63. Itálicos meus.

coisa? Se a controvérsia dependesse desta única verdade, poderíamos encerrá-la serenamente: simplesmente, não nos entendemos acerca do *imageante da imagem*, quer dizer, acerca da extensão das palavras "imagem" e "real".

Dupla operação intelectual: Wajcman absolutiza o real, "todo o real", para melhor o reivindicar; depois absolutiza a imagem, transformando-a numa "imagem-toda", para melhor a revogar. Por um lado, esquece a lição de Bataille ou de Lacan, para quem o real, por ser "impossível", não existe senão manifestando-se sob a forma de pedaços, resquícios, *objetos parciais*. Por outro lado, finge ignorar o que tentei elaborar acerca da natureza essencialmente *lacunar* das imagens. Ao mesmo tempo que Wajcman não hesita em utilizar a minha crítica do visível nos seus recentes comentários de Duchamp ou de Maliévitch,[30] imputa-me uma confiança — uma "crença" — alucinatória nesse mesmo visível, quando se trata da Shoah. Uma brisa de desonestidade parece ter passado sobre a operação intelectual em questão.

Uma grande ingenuidade também. Wajcman crê que um ato filosófico se reconhece pelo seu coeficiente de "absoluto" ou de "radicalidade". Por conseguinte, absolutiza e radicaliza tudo, fazendo acompanhar as suas proposições de marcas tão retóricas, tão repisadas que se tornam inconsistentes: "necessário", "integral", "só", "único", "tudo", "absolutamente", "não passível de revisão", "sei-o", "é tudo" etc. A *algumas* imagens específicas da Shoah, Wajcman pretende opor o *todo* indiferenciado de um "só objeto [...], verdadeiro objeto, objeto real [...], único objeto. Irredutível. O único objeto que não se pode nem destruir nem esque-

---

[30] Cf. G. Wajcman, *L'Objet du siècle*, op. cit., pp. 92-133 ("Rien à voir"), que podemos comparar com G. Didi-Huberman, *Ce que nous voyons, ce qui nous regarde*, Paris, Minuit,1992, pp. 53-85 ("La dialectique du visuel, ou le jeu de l'évidement"), ou então pp. 171-87 ("La ressemblance moderne" comme "déchirement de la ressemblance") [ed. bras.: *O que vemos, o que nos olha*, São Paulo, Editora 34, 1998; respectivamente, "A dialética do visual, ou o jogo do esvaziamento", pp. 79-116, e "A semelhança moderna" como "o rasgar [dilacerar] da semelhança", pp. 196-217], que podemos comparar com G. Didi-Huberman, *La Ressemblance informe*, op. cit., pp. 7-30 ("Comment déchire-t-on la ressemblance?").

cer. O objeto absoluto [...], impensável [...], sem nome e sem imagem"... que ele batiza, com um jogo de palavras no mínimo estranho, "O.A.S.", ou seja, "Objeto-Arte-Shoah".[31] Ora, é justamente perante este tipo de entidade que o inimaginável se torna necessário. É por causa dela que ele se absolutiza, que deixa de conhecer qualquer exceção, acabando por estender a sua tirania ao "irrepresentável", ao "infigurável", ao "invisível" ou ao "impossível".[32] No que diz respeito à Shoah, será que não existem senão juízos de inexistência ou de totalidade?

Aproximamo-nos do cerne desta controvérsia. Ele tem a ver com a expressão *apesar de tudo* que caracterizava, no meu título, a palavra *imagens*: não imagens de tudo (da Shoah como absoluto), mas imagens *apesar de tudo*. O que, em primeiro lugar, quer dizer: arrancadas, correndo riscos extraordinários, a um real que elas não tinham tempo de explorar — o que nos leva à inanidade do título escolhido por Élisabeth Pagnoux: "Repórter fotográfico em Auschwitz" —, mas do qual elas conseguiram, em alguns minutos, captar lacunarmente, fugitivamente, alguns aspectos. Ora, por princípio, Wajcman recusa-se a situar este *apesar de tudo* na historicidade própria à resistência judia de Auschwitz, que estava decidida a emitir sinais visuais da máquina mortífera a que se sabia condenada. Ao passo que a expressão *apesar de tudo* tentava descrever o ato produtor destas imagens — o ato de resistência que ocorreu em Auschwitz, em 1944 —, Wajcman preferiu compreendê-lo como uma simples opinião acerca da imagem em geral — um gesto de arrogância teórica, que ocorreu em Paris, em 2001: "Apesar de tudo o quê? Apesar de a Shoah ser inimaginável, apesar de tudo e de toda a gente".[33] Este *apesar de tudo* passa assim a ser encarado tão somente como a fórmula estilística de um "slogan", de "um encantamento mágico" ou de uma "solução miraculosa"

---

[31] G. Wajcman, *L'Objet du siècle*, op. cit., pp. 25 e 237-8.
[32] G. Wajcman, "De la croyance photographique", op. cit., pp. 47-8.
[33] *Ibid.*, p. 48.

para as aporias da Shoah, entendida como conceito filosófico na idade do pós-modernismo.[34]

Esta recusa em compreender o ponto de partida explica-se, evidentemente, pela recusa em admitir o ponto de chegada. Ao invocar as duas "épocas do inimaginável", pretendi analisar, um após outro, dois contraexemplos destes regimes comuns: primeiro, o *apesar de tudo* da própria história, que denota a *resistência política*, heroica, daqueles que conseguiram tirar quatro fotografias de Birkenau então em pleno funcionamento; em seguida, o *apesar de tudo* do pensamento que questiona essa memória, o que vê, no fato histórico singular, uma *exceção teórica* capaz de modificar a opinião preexistente sobre o "inimaginável". Se Gérard Wajcman faz da sua *verdade* uma "tese que não pode ser revista", reivindicando, simultaneamente, uma franca indiferença quanto à *exatidão* dos fatos — admitindo que, no que diz respeito ao plano histórico, "nada sabe", mas declarando, ao mesmo tempo, que isso, de qualquer forma, não muda nada[35] — é porque pretende dissociar a qualquer preço a *história* do *conceito*, prestando-se, assim, a deixar de lado todas as singularidades da primeira a favor da generalidade do segundo. Wajcman não vê nenhuma solução de continuidade, nenhuma transmissão possível, entre a tentativa, por parte dos prisioneiros de Auschwitz, de *extrair imagens* para dar a ver qualquer coisa da máquina de extermínio, e a tentativa, que surge alguns anos mais tarde, de fazer história ao *extrair dessas imagens* qualquer coisa que faça sentido na nossa compreensão, sempre inconclusa, da Shoah.

O cerne desta controvérsia reside, portanto, numa avaliação diferente das relações entre *história* e *teoria* (onde, com efeito, se desenrolam frequentemente os debates sobre o estatuto epistêmico das imagens). Ele reside, correlativamente, numa avaliação diferente das relações entre *singular* e *universal*. Mesmo no que diz respeito às suas consequências éticas e estéticas, esta querela, no fundo, declina incessantemente a própria questão das relações en-

---

[34] *Ibid.*, pp. 49 e 54.

[35] G. Wajcman, "'Saint Paul' Godard contre 'Moïse' Lanzmann, le match", *op. cit.*, p. 122.

tre o *fato* singular e a *tese* universal. Para Wajcman, as quatro fotografias de agosto de 1944 são talvez um fato histórico, mas jamais privariam a verdade geral de sua *imagem já pensada*: ora, a imagem, segundo ele, não é senão engano, desconhecimento, captação, alienação, mentira. É significativo que Wajcman não tenha querido criticar internamente a minha análise das quatro imagens de Auschwitz: se fosse esse o caso, ele teria proposto uma interpretação diferente ou divergente, uma análise alternativa, visual ou baseada em acontecimentos. Na realidade, ele contenta-se em revogar o princípio desta análise e, para além disso, com revogar qualquer olhar sobre estas imagens. O que equivale a anulá-las enquanto fatos históricos: segundo ele, no que diz respeito à Shoah, "nada havia para ver".[36]

Parti de um pressuposto diferente e, sem dúvida, ainda mais pessimista: havia algo para ver, de várias formas. Havia algo para ver, para ouvir, para sentir, e para deduzir daquilo que víamos ou daquilo que não víamos (os comboios que ininterruptamente chegavam cheios e voltavam a partir vazios). No entanto, para muitos, isso ficou curiosamente fora da esfera do saber. Víamos, apesar de toda a censura, indubitáveis segmentos da "Solução final": mas não queríamos saber. Tal como a radicalidade do crime nazi nos obriga a repensar o direito e a antropologia (como o mostrou Hannah Arendt); tal como a enormidade desta história nos obriga a repensar a narrativa, a memória e a escrita em geral (como o mostraram, cada um de sua forma, Primo Levi ou Paul Celan); também o "inimaginável" de Auschwitz nos obriga, não a eliminar, mas antes a *repensar a imagem*, de cada vez que uma imagem de Auschwitz, ainda que lacunar, surge, de repente, concretamente, sob os nossos olhos. As quatro fotografias tiradas em agosto de 1944 pelo *Sonderkommando* do crematório V são a exceção que exige que se repense a regra, o fato que exige que se repense a teoria.

A *imagem resolvida* pela sua regra ou pela sua "tese que não pode ser revista" deveria dar lugar, parece-me, a uma nova questão não resolvida: questão essa que revela tudo o que está em jo-

---

[36] G. Wajcman, *L'Objet du siècle, op. cit.*, p. 239.

go, no nível teórico, numa *imagem repensada* interminavelmente. Não será injusto ou até mesmo cruel revogar de antemão, em nome de um conceito autoritário, o projeto — ainda que utópico — dos membros do *Sonderkommando* de Auschwitz? Se o risco que eles corriam equivale à esperança que depositavam na transmissão dessas imagens, será que não devemos levar a sério essa mesma transmissão e debruçarmo-nos atentamente sobre as imagens em questão, não como se estas fossem um engano decretado por princípio, mas alguns desses "instantes de verdade" cuja importância foi sublinhada por Arendt e Benjamin?

Parece que os meus dois contraditores se irritaram com a minha objeção à "tese do inimaginável" a ponto de se recusarem a compreendê-la por aquilo que ela é. Não revoguei o inimaginável tão absolutamente quanto eles pretendem revogar o meu próprio argumento. Eles confundem *criticar* e *rejeitar*, ficam-se pela pseudorradicalidade do *tudo ou nada*. O meu intento — saber algo de específico a partir de algumas imagens — partia explicitamente da seguinte constatação: "imaginar isso, de qualquer forma [...], não é possível, não seria possível imaginá-lo até o fim". Nunca rejeitei, portanto, o *inimaginável como experiência*. "Inimaginável" foi uma palavra necessária para as testemunhas que se esforçaram por narrar o sucedido, como para os que se esforçaram por ouvi-los. Quando Zalmen Lewental inicia a sua narrativa do pior, ele previne o seu leitor, dizendo que ninguém pode imaginar tal experiência: *é por isso que ele a conta apesar de tudo*, até que a nossa alma esteja definitivamente habitada pelas imagens — precisas mas parciais, soberanas mas lacunares — que ele nos quis transmitir.[37]

"Inimaginável" é uma palavra trágica: ela designa a dor intrínseca ao acontecimento e a dificuldade concomitante em ser

[37] Z. Lewental, citado in H. Langbein, *Hommes et femmes à Auschwitz*, *op. cit.*, p. 3. Após a edição de B. Mark, *Des voix dans la nuit*, *op. cit.*, passamos a dispor de uma nova tradução, mais completa, dos *Rolos de Auschwitz*, num número especial da *Revue d'Histoire de la Shoah. Le Monde Juif*, nº 171, 2001, intitulado "Des voix sous les cendres. Manuscrits des *Sonderkommandos* d'Auschwitz". É esta edição, com a organização de P. Mesnard e C. Saletti, que cito doravante, como *RHS*, nº 171, 2001.

transmitido. Wajcman, na esteira de outros, fez disso uma "tese que não pode ser revista": a palavra, doravante, designa o estatuto ontológico, a "pureza" do acontecimento. Acontecimento "puro de imagens", uma vez que "não havia nada para ver". Era efetivamente a esse inimaginável, ao *inimaginável como dogma*, que se dirigia a minha objeção. Precisemo-la um pouco, uma vez que não foi bem compreendida: a minha crítica tem a ver com o pretexto encontrado por Wajcman para falar sempre em termos de *regra absoluta*, quer se trate de imagens em geral, da história em geral, da Shoah em geral, ou até da arte em geral... Perante esta enfatuação teórica e esta certeza tão grande que não se dá ao trabalho de argumentar — "é uma tese [...], ela é absoluta e não pode ser revista" —, recordei alguns fatos históricos sobre os quais Wajcman simplesmente nunca se debruçou: algumas *exceções apesar de tudo*, com valor crítico em relação ao inimaginável tido por regra absoluta. Doravante, é preciso entendermos este *apesar de tudo* como uma objeção ao *tudo*, como um conjunto de argumentos e de fatos apresentados *apesar do todo* que é o inimaginável erigido em dogma.

Neste particular, Gérard Wajcman tem razão em sentir-se firmemente questionado. Para ele, o inimaginável da Shoah significa: *não imaginar nada*. Não apenas, diz ele, "não havia nada para ver" — o que é falso (releiam-se, uma vez mais, as descrições dos membros do *Sonderkommando*), e o que, de qualquer forma, não teria excluído o movimento da imaginação, bem pelo contrário —, como imaginar seria "impossível", estaria "inteiramente para além de qualquer vontade, de qualquer consciência e de qualquer inconsciente"[38] — o que é bastante estranho, vindo de um psicanalista. Não seria mais acertado analisar o quanto a Shoah investiu, de uma ponta à outra, o nosso mundo imaginário e simbólico, os nossos sonhos e as nossas angústias, o nosso inconsciente em geral? E quantas vezes não nos é possível *senão* imaginar, o que não quer dizer, evidentemente, esgotar a verdade daquilo que imaginamos? Wajcman nunca terá sentido *erguerem-se imagens do terrível* ao ouvir as testemunhas, os pais, ao confrontar-se com livros de

---

[38] G. Wajcman, "De la croyance photographique", *op. cit.*, p. 54.

história, com listas onde aparecem os nossos nomes, com os primeiros pesadelos, com as primeiras descobertas de imagens animadas, como as de *Noite e Nevoeiro*, com as reconstituições arqueológicas de Raul Hilberg, com os álbuns de Yad Vashem, com os testemunhos vividos nas imagens, nos rostos e nas palavras do filme *Shoah*?

A própria existência e a forma dos testemunhos contradizem poderosamente o dogma do inimaginável. É precisamente enquanto experiência trágica que o dogma do inimaginável apela à sua contradição, ao ato de imaginar *apesar de tudo*. É justamente porque os nazis pretendiam que o seu crime fosse inimaginável que os membros do *Sonderkommando* de Auschwitz decidiram arrancar *apesar de tudo* estas quatro fotografias do extermínio. É porque a palavra das testemunhas desafia a nossa capacidade de imaginar o que elas nos contam que, *apesar de tudo*, devemos tentar fazê-lo, precisamente a fim de melhor ouvirmos essa palavra do testemunho. Produzir uma imagem foi um poder afirmativo, um ato de *resistência política* por parte dos fotógrafos clandestinos de Birkenau, ao passo que rejeitar hoje qualquer imagem transforma-se na impotência do puro esvaziamento, num sintoma de *resistência psíquica* em face do terrível que nos olha a partir destas fotografias.

Um traço característico desta "resistência à imagem" é que ela retoma espontaneamente as formas tradicionais do iconoclasmo político: rejeições em bloco, retóricas da censura moral, vontade de destruir "ídolos", repetição colérica das mesmas impossibilidades de direito. Ora, nós sabemos que o iconoclasta só odeia as imagens porque lhes concede um poder bem maior do que aquele que lhes confere o mais ferrenho iconófilo: isso se verifica desde as querelas bizantinas e desde os Pais da Igreja ocidental até as mais recentes "guerras de imagens" que acompanham atentados, massacres ou conflitos armados.[39] Assim, quando Gérard Wajc-

---

[39] Sobre o uso e a querela das imagens no mundo bizantino, cf. especialmente H. Belting, *Image et culte* [1990], Paris, Cerf, 1998. Sobre Tertuliano e o seu ódio contraditório do visível, cf. G. Didi-Huberman, "La couleur de chair, ou le paradoxe de Tertullien", *Nouvelle Revue de Psychanalyse*, nº 35, 1987, pp. 9-49. Sobre a sobrevivência destes problemas teológico-po-

man resume a sua tese do inimaginável declarando que "todo o real não é solúvel no visível",[40] ele supõe implicitamente que a tese inversa — supostamente a minha — diria que "todo o real é solúvel no visível". Wajcman acredita, portanto, que, para o adversário que ele fantasia, a imagem *resolve o real* e constitui a partir dele qualquer coisa como a *integral*. Se o inimaginável equivale, para ele, a *não imaginar nada*, a imagem fatalmente equivaleria a *imaginar tudo*. Para que criar uma quimera conceitual para depois a revogar tão fortemente? Aquele que conjura os fantasmas com demasiada violência não dá indícios de ser perseguido por eles?

Nesta perspectiva conjuratória que ignora qualquer matiz teórico — que despreza até qualquer observação sensível —, a imagem só se sustentaria, conceitualmente, se fosse uma *imagem toda*. O que só a permite banir mais facilmente em nome de "todo o real". Ora, é contra tal pressuposição que levantei a objeção teórica da *imagem-lacuna* e que considerei legítimo o inquérito arqueológico, de que as quatro fotografias de 1944 oferecem um exemplo particularmente persuasivo, sobre o papel dos vestígios visuais na história. A imagem é feita de *tudo*: tem uma natureza de amálgama, de impureza, de coisas visíveis misturadas com coisas confusas, de coisas enganadoras misturadas com coisas reveladoras, de formas visuais misturadas com pensamento em ato. Por conseguinte, ela não é *nem tudo* (como secretamente receia Wajcman), *nem nada* (como ele afirma peremptoriamente). Se a imagem fosse "toda", seria, sem dúvida, necessário dizer que não há imagens da Shoah. Mas é precisamente porque *a imagem não é toda* que continua a ser legítimo constatar o seguinte: há imagens da Shoah que, se não dizem tudo — e muito menos "o todo" — da Shoah, são, todavia, dignas de serem vistas e interrogadas como fatos característicos e como testemunhos desta trágica história que valem por si mesmos.

* * *

líticos nos debates atuais, cf. especialmente M.-J. Mondzain, *L'Image peut--elle tuer?*, Paris, Bayard, 2002.

[40] G. Wajcman, "De la croyance photographique", *op. cit.*, p. 47.

O projeto de exposição que se realizou em janeiro de 2001, com o título *Mémoire des camps*,[41] sob a direção científica de um historiador da fotografia, Clément Chéroux, interrogou este valor histórico da imagem: tanto quanto a minha própria análise — que fechava o catálogo publicado —, foi o próprio princípio subjacente à exposição que "escandalizou" Élisabeth Pagnoux. De forma que ir vê-la, segundo ela, era já um ato, não apenas de voyeurismo despropositado, mas também de sadismo abjeto: "Se não formos daqueles que se regozijam com o horror, é uma razão mais do que suficiente para não irmos ver a exposição".[42] No entanto, não faltaram exposições de fotografias sobre os campos de concentração nazis durante os últimos cinquenta anos: na França, basta recordar o esforço pedagógico constante por parte do Centro de Documentação Judia Contemporânea, cujos cartazes fotográficos circularam por toda parte sem suscitar, que eu saiba, este tipo de protestos morais.

Paradoxalmente, portanto, a controvérsia terá surgido, não por causa de se exporem tais imagens — o que tinha sido feito frequentemente, a grande maioria das imagens já era conhecida —, mas a partir do momento em que o *meio fotográfico enquanto tal* foi interrogado por esta iconografia tão incômoda. Foi essa a "novidade" que chocou os nossos dois censores, como se devêssemos ficar escandalizados caso um linguista ou um estilista ousassem um dia eleger como objeto de estudo os testemunhos escritos da Shoah. Contudo, este gênero de iniciativa corresponde exatamente a uma evolução atual da historiografia dos campos de concentração e de extermínio nazis.[43] No seu livro recente sobre a questão das "fontes", Raul Hilberg insistiu no problema crucial dos materiais documentais, em particular, no problema dos "materiais visuais", evocando tanto a dificuldade frequente em "decifrar aquilo que vemos" numa fotografia, quanto a necessidade de nos con-

---

[41] C. Chéroux (org.), *Mémoire des camps, op. cit.*

[42] É. Pagnoux, "Reporter photographe à Auschwitz", *op. cit.*, p. 89.

[43] Cf. J. Fredj (org.), *Les Archives de la Shoah, op. cit.* D. Michman, *Pour une historiographie de la Shoah* [1998], Paris, In Press, 2001.

frontarmos com um tipo de documentos cuja riqueza de conteúdo "as palavras resumiriam mal".[44]

Assim, fazia todo o sentido que, para elaborar este projeto de exposição, historiadores do período nazi procurassem historiadores do meio fotográfico,[45] refletindo em conjunto sobre o estatuto peculiar da documentação visual relativa aos campos de concentração. Ambos partiram de duas constatações fundamentais: por um lado, as imagens existentes — cerca de um milhão e meio de fotografias disseminadas por vários arquivos — são *imagens sobreviventes* que constituem, apesar do seu número considerável, uma ínfima parcela de um trabalho de arquivo que foi em grande parte realizado e também sistematicamente destruído pelos próprios nazis à medida que os Aliados se aproximavam; por outro lado, estas imagens sobreviventes são geralmente imagens *mal vistas*, e mal vistas porque *mal ditas*: mal descritas, mal legendadas, mal classificadas, mal reproduzidas, mal utilizadas pela historiografia da Shoah. Que a fotografia de Rovno na Ucrânia — mulheres e crianças do gueto de Mizocz conduzidos à execução — *ainda* seja utilizada como um documento sobre a entrada nas câmaras de gás de Treblinka; que os fotogramas do *bulldozer* empurrando os corpos para uma fossa em Bergen-Belsen *ainda* sejam associados ao extermínio dos judeus com o Zyklon B, eis o que torna necessária "uma verdadeira arqueologia dos documentos fotográficos", como o sugere Clément Chéroux. Ela só poderá ser feita "interrogando as condições da sua realização, estudando o seu conteúdo documental e questionando a sua utilização".[46]

É um programa pesado. É necessário, por exemplo, ter acesso ao reverso das imagens — o que as recentes campanhas de di-

---

[44] R. Hilberg, *Holocauste: Les sources de l'histoire*, Paris, Gallimard, 2001, pp. 18-9. Mais à frente, Hilberg evoca com pertinência — mas sem se aventurar — as questões do enquadramento e da "composição" (pp. 55-6). Consagra mesmo um capítulo à questão do "estilo" (pp. 77-141).

[45] Ilsen About, Christian Delage e Arno Gisinger, por um lado; Pierre Bonhomme, Clément Chéroux e Katharina Menzel, por outro.

[46] P. Bonhomme e C. Chéroux, "Introduction", *Mémoire des camps*, *op. cit.*, p. 10. C. Chéroux, "Du bon usage des images", *ibid.*, p. 16.

gitalização se esquecem frequentemente de fazer — para colher o menor indício, a menor inscrição suscetível de contribuir para melhor situar a imagem e para identificar, na medida do possível, o autor da fotografia: a questão do ponto de vista (majoritariamente nazi, como se pode supor) é capital nesta questão. A exposição *Mémoire des camps* e o seu catálogo, mais preciso, davam um enquadramento tipológico a este trabalho evidentemente inacabado. Por aqui se compreende melhor de que modo a fotografia dos campos de concentração foi, ao mesmo tempo, rigorosamente interdita e sistematicamente instrumentalizada pela administração concentracionária;[47] de que modo os próprios nazistas contornaram a censura e produziram "imagens amadoras" à margem de qualquer quadro oficial;[48] de que modo, enfim, certos prisioneiros conseguiram realizar — do seu próprio ponto de vista, mas por sua conta e risco — estas *imagens apesar de tudo*, de que as quatro fotografias de agosto de 1944 são, sem qualquer dúvida, o exemplo-limite.[49]

Se a parte consagrada ao período da Libertação parecia mais completa do que as outras, isso se deve, em primeiro lugar, ao fato de a produção de imagens ter conhecido, com a abertura dos campos de concentração, um auge sem precedentes e, em segundo lugar, ao fato de a historiografia sobre este momento já ter refletido sobre o papel essencial das imagens. Em 1945 começa verdadeiramente uma nova época da *prova* [*preuve*] *visual*, quando os estados-maiores aliados acumulam testemunhos fotográficos dos crimes de guerra a fim de confundirem os responsáveis no processo de Nuremberg.[50] Mas também foi uma nova época de *provação*

---

[47] I. About, "La photographie au service du système concentrationnaire national-socialiste (1933-1945)" [2001], *ibid.*, pp. 29-53.

[48] C. Chéroux, "Pratiques amateurs", *ibid.*, pp. 74-7.

[49] C. Chéroux, "Photographies clandestines de Rudolf Cisar à Dachau" e "Photographies de la résistance polonaise à Auschwitz", *ibid.*, pp. 84-91. Veja-se ainda a entrevista a Georges Angéli, *ibid.*, pp. 78-83.

[50] C. Delange, "L'image photographique dans le procès de Nuremberg", *ibid.*, pp. 172-3. Cf. C. Brink, *Ikonen der Vernichtung. Öffentlicher Gebrauch von Fotografien aus nationalsozialistischen Konzentrationslagern nach*

[*épreuve*] *visual* que então começou: a época da "pedagogia do horror" que os governos aliados tinham decidido pôr em prática e que as revistas do mundo inteiro, tal como as imagens filmadas, reproduziram intensamente.[51] A partir desse momento, as imagens fotográficas tornaram-se, para o melhor e para o pior, parte integrante da memória dos campos de concentração.[52]

Ora, de toda esta memória fotográfica — e cinematográfica, já aqui voltaremos —, Élisabeth Pagnoux e Gérad Wajcman não quiseram ver senão o pior. Até certo ponto, podemos compreendê--los: o pior domina, o *mainstream* consagra o pior. Um rapaz do gueto de Varsóvia, com os braços levantados, habitava os nossos

---

1945, Berlim, Akademie, 1998, pp. 101-42. S. Lindeperg, *Clio de 5 à 7. Les actualités filmées de la Libération: archives du futur*, Paris, CNRS, 2000, pp. 211-66, onde também está traduzido o artigo de L. Douglas, "Le film comme témoin", pp. 238-55.

[51] C. Chéroux, "L'épiphanie négative': production, diffusion et réception des photographies de la libération des camps", in *Mémoire des camps*, *op. cit.*, pp. 103-27. C. Chéroux, "1945: les seuils de l'horreur", *Art Press*, maio 2001, pp. 34-9. S. Callegari, M. Guittard e C. Richiez, "Le document photographique: une histoire à reconstruire", in M.-A. Matard-Bonucci e E. Lynch (orgs.), *La Libération des camps et le retour des déportés*, Bruxelas, Complexe, 1995, pp. 101-5. M.-A. Matard-Bonucci, "La pédagogie de l'horreur", *ibid.*, pp. 61-73. C. Brink, *Ikonen der Vernichtung*, *op. cit.*, pp. 23-99. S. Lindeperg, *Clio de 5 à 7*, *op. cit.*, pp. 67-111 e 155-209.

[52] Curiosamente, a terceira parte da exposição, intitulada "O tempo da memória (1945-1999)", manifestava o impasse sobre os prolongamentos sociais da fotografia dos campos de concentração, consagrando-se a uma exploração estética mais contestável. Esta parte foi criticada, nomeadamente por M. B. Servin, "Au sujet de l'exposition *Mémoire des camps*", *Revue d'Histoire de la Shoah. Le Monde Juif*, nº 172, 2001, pp. 340-2, e por C. Baron, "À propos d'une exposition (suite)", *ibid.*, p. 342. Talvez tivesse sido suficiente expor as colagens de Wladyslaw Strzeminski ou o *Atlas* de Gerhard Richter, brevemente referidos no artigo de A. Gisinger, "La photographie: de la mémoire communicative à la mémoire culturelle", in *Mémoire des camps*, *op. cit.*, pp. 179-200. Para um estudo completo do papel da imagem fotográfica na memória alemã da Shoah, cf. H. Knoch, *Die Tat als Bild. Fotografien des Holocaust in der deutschen Erinnerungskultur*, Hamburgo, Hamburger Edition, 2001.

pesadelos de crianças;[53] hoje essa imagem é utilizada para fazer propaganda de um grupo de rock.[54] Mas Élisabeth Pagnoux e Gérard Wajcman confundem tudo: primeiro, quando se revoltam contra a mentira do "scoop" ou a inconveniência de uma "revelação [...] sobre a Shoah", atribuindo aos organizadores da exposição *Mémoire des camps* uma manobra publicitária para atrair o público que não existiu senão no tratamento jornalístico deste evento.[55]

A outra confusão é mais fundamental, pois atravessa toda a concepção que Wajcman e Pagnoux têm da imagem enquanto tal: nenhuma das fotografias expostas em *Mémoire des camps* é adequada ao seu objeto, a Shoah. É isso uma prova de que "não há imagem da Shoah"? Este raciocínio foi retomado por Jacques Mandelbaum num artigo com um título eloquente: "A Shoah e essas imagens que nos fazem falta". Àquele que lhe oporia as numerosas — e perturbantes — imagens reunidas em *Mémoire des camps*, ele responde de antemão: "Todas as imagens conhecidas, tratando-se desse crime, se não são falsas, são pelo menos inapropriadas".[56] Mais radicais, Wajcman e Pagnoux dão a entender que, já que todas as imagens da Shoah são inapropriadas ao seu objeto, elas são necessariamente falsas e até mesmo falsificadoras. É justamente por essa razão que "não há imagem da Shoah". *Faltam* imagens porque as imagens *mentem*.[57]

---

[53] Cf. especialmente A. Bergala, *Nul mieux que Godard*, Paris, Cahiers du Cinéma, 1999, pp. 202-3. G. Walter, *La Réparation*, Paris, Flohics, 2003.

[54] Cf. P. Mesnard, *Consciences de la Shoah. Critique des discours et des représentations*, Paris, Kimé, 2000, p. 35. Refiro-me a uma campanha publicitária que aconteceu no metrô parisiense em janeiro de 1997, destinada a promover uma excursão do grupo de rock francês Trust.

[55] G. Wajcman, "De la croyance photographique", *op. cit.*, pp. 64-5. É. Pagnoux, "Reporter photographe à Auschwitz", *op. cit.*, pp. 84-5 (onde as fórmulas citadas são extraídas, não do próprio catálogo, mas da revista *Télérama*).

[56] J. Mandelbaum, "La Shoah et ces images qui nous manquent", *Le Monde*, 25 de janeiro de 2001, p. 17.

[57] Estes dois argumentos, em conjunto, fazem a felicidade dos negacio-

Confusão teórica: rebate-se um valor de existência e um *estatuto ontológico* sobre um *valor de uso*. Estatuto ontológico? Sim, as imagens são "inapropriadas". As imagens não são "toda a verdade" — a *adaequatio rei et intellectus* da fórmula tradicional —, elas são, portanto, "inadequadas" ao seu objeto. Eis o que é incontestável, mas cuja generalidade é tão grande que não autoriza nada mais do que um princípio de incerteza gnoseológica. Não será que a inadequação caracteriza tudo aquilo que utilizamos para ver e descrever o mundo? Os signos da linguagem não são tão "inadequados", ainda que de forma diferente, quanto as imagens? Não sabemos nós que a "rosa", enquanto palavra, será sempre "a ausência de qualquer ramo de flores"? Podemos então conceber a aberração de um argumento prestes a deitar para o lixo todas as palavras e todas as imagens com o pretexto de que elas *não são todas*, de que elas não dizem "toda a verdade". A este propósito, Wajcman deveria ter relido Lacan — o famoso "meio-dizer"[58] — antes de se crer autorizado a maldizer uma classe inteira de objetos com o pretexto de que eles *não dizem tudo*.

Quanto ao valor de uso, os nossos dois polemistas colocam-se na posição absurda de quem quer sacrificar a linguagem no seu todo assim que uma única mentira seja pronunciada. Ora, as miríades de mentiras proferidas em permanência nunca impediram que a palavra fosse aquilo que nos é mais precioso. Passa-se o mesmo com as imagens: sim, as imagens mentem. Mas *nem todas*, nem acerca de tudo e nem o tempo todo. Quando Gérard Wajcman observa que "há hoje uma bulimia de imagens" e de mentiras,[59] ele enuncia apenas uma triste banalidade com a qual todos nós nos confrontamos (e que eu próprio evocava ao falar de um "mundo repleto, quase sufocado, de mercadoria imaginária"). É verdade

---

nistas: Robert Faurisson fez um comentário muito satisfeito do artigo de Jacques Mandelbaum no site *Aaargh*, publicado a 25 de janeiro de 2001.

[58] Cf. J. Lacan, *Le Séminaire*, XX, Paris, Seuil, 1975, p. 85: "[...] toda a verdade é aquilo mesmo que não se pode dizer. É o que não se pode dizer senão com a condição de não levar a verdade até o fim, de não fazer mais do que meio-dizê-la".

[59] G. Wajcman, "De la croyance photographique", *op. cit.*, p. 58.

que *o terrível*, hoje — a guerra, os massacres de civis, os amontoados de cadáveres —, se tornou ele próprio *uma mercadoria*, e isso por interpostas imagens. Quando Wajcman escreve que "*não há imagens* da Shoah", ele deplora silenciosamente a ausência de imagens verdadeiras — de imagens todas — e deplora a plenos pulmões que haja *demasiadas imagens* falsas — imagens não-todas — da Shoah.

Imagens falsas: desde os anos cinquenta que Roland Barthes criticava nas "fotografias-choque" esse modo de "quase sempre *superconstruir* o horror", de forma que essas imagens se tornavam "falsa[s], [imobilizadas num] estado intermédio entre o fato literal e o fato ampliado".[60] Mais tarde, os sociólogos dos *media* analisaram as inúmeras formas de *manipulação*, de que as imagens são tão frequente objeto, com o intuito de induzir esta ou aquela crença.[61] Barbie Zelizer, na sua obra sobre a fotografia dos campos de concentração, utilizava a expressão consagrada no mundo jornalístico: "*covering atrocity*", como se "cobrir a atrocidade" consistisse tanto em ocultá-la quanto em descrevê-la.[62]

Ora, da *cobertura* jornalística ao *culto* mediático, da constituição legítima de uma iconografia à produção abusiva dos ícones sociais, frequentemente não vai senão um passo.[63] Pierre Vidal--Naquet sublinhou justamente que o desenvolvimento do negacionismo só atingiu o seu pico "depois da difusão massiva d[a série televisiva] *Holocausto*, isto é, depois da espectacularização do ge-

---

[60] R. Barthes, *Mythologies*, Paris, Le Seuil, 1957, pp. 105-7 [ed. bras.: *Mitologias*, Rio de Janeiro, Bertrand Brasil, 2001].

[61] L. Gervereau, *Les Images qui mentent. Histoire du visuel au XXe siècle*, op. cit. (sobretudo pp. 203-19). L. Gervereau, *Un siècle de manipulations par l'image*, Paris, Somogy, 2000 (especialmente pp. 124-31).

[62] B. Zelizer, *Remembering to Forget*, Chicago/Londres, University of Chicago Press, 1998, pp. 86-140. Cf. igualmente G. H. Hartman, *The Longest Shadow*, Bloomington/Indianápolis, Indiana University Press, 1996. A. Liss, *Trespassing Through Shadows*, op. cit.

[63] O que ilustra bem a obra de Y. Doosry (org.), *Representations of Auschwitz. 50 Years of Photographs, Paintings, and Graphics*, Oswiecim, Auschwitz-Birkenau State Museum, 1995.

nocídio, da sua transformação em pura linguagem e em objeto de consumo de massas".[64] Mesmo o testemunho audiovisual dos sobreviventes — a que Claude Lanzmann, em *Shoah*, conferiu toda a sua dignidade — conhece hoje a sua época de industrialização.[65]

O que fazer perante isto? Podemos *duvidar das imagens*, isto é, apelar a um olhar mais exigente, a um olhar crítico, que procure, sobretudo, não se deixar invadir pela "ilusão referencial". Tal foi a posição defendida, justamente, por Clément Chéroux e por Ilsen About.[66] Ora, qualquer crítica consequente deseja manter a existência do seu objeto. Só criticamos aquilo por que nos interessamos: criticar nunca é rejeitar, rejeitar nunca é criticar. Efetivamente, Gérard Wajcman dedica-se a *repudiar as imagens* — de forma a *não duvidar* de que, de qualquer maneira, elas são "falsas". Aliás, ele não faz mais aqui do que seguir um outro *mainstream*: o ceticismo radical do discurso pós-moderno em relação à história (já lá voltarei) e à imagem, ainda que fotográfica.[67] Houve um tempo em que sem dúvida se abusou do critério de "indicialidade" e do "*ça-a-été*" barthesiano: de cada vez que se olhava para uma fotografia falava-se de ontologia, sem referir, eventualmente, os procedimentos formais específicos a este meio. Mas optar pelo ponto de vista diametralmente oposto equivale a trocar o *tudo* pelo *nada*, a perder de vista o próprio potencial fotográfico

---

[64] P. Vidal-Naquet, *Les Assassins de la mémoire. "Un Eichmann de papier" et autres essais sur le révisionnisme*, Paris, Découverte, 1987 (ed. 1991), p. 133.

[65] Cf. J. Walter, "Les archives de l'histoire audiovisuelle des survivants de la Shoah. Entre institution et industrie, une mémoire mosaïque en devenir", in J.-P. Bertin-Maghit e B. Fleury-Vilatte (orgs.), *Les Institutions de l'image*, Paris, EHESS, 2001, pp. 187-200. Para uma reflexão de longo alento sobre este problema, cf. o periódico *Cahier International. Études sur le témoignage audiovisuel des victimes des crimes et génocides nazis*, Bruxelas, Centre d'Études et de Documentation/Fondation Auschwitz, 1996-2002.

[66] I. About e C. Chéroux, "L'histoire par la photographie", *Études Photographiques*, nº 10, 2001, pp. 9-33.

[67] Posição recentemente defendida por Y. Michaud, "Critique de la crédulité. La logique de la relation entre l'image et la réalité", *Études Photographiques*, nº 12, 2002, pp. 111-25.

e o ponto — problemático, claro está — *onde a imagem toca no real*. Longe deste tipo de investigação, Gérard Wajcman contenta-se com proferir as suas longas tiradas iconoclastas nas quais tudo se mistura para ser rejeitado: fotografias de arquivos com vulgaridades hollywoodianas, ciência histórica com "ideal televisivo", o todo impregnado com "um certo espírito do cristianismo":

> Gostamos das imagens [...]. Uma paixão humana devoradora anima a nossa época. Temo que seja uma estratégia essencial para garantir uma certa adesão pública, o que a exposição *Images des camps* [sic] parece suscitar. Dar um lugar e um pretexto a [...] imagens, à maneira de válvula de escape [...], de discreta consolação e de invisível ostensório para o amor das imagens. [...]
> Será possível negligenciar, tendo em conta a vasta movimentação de imagens dos campos de concentração que se intensificou nos últimos tempos, que a amplitude mundial do sucesso público e o reconhecimento oficial dos filmes de Spielberg e de Benigni repousam sobre um sentimento comum, potente, irreprimível de que podemos e devemos representar a Shoah [...], de que podemos ir ver sem remorsos *A Vida é Bela* e levar conosco os nossos filhos porque faremos uma boa ação e vamos nos divertir ao mesmo tempo [?] [...] A crença de que todo o visível é virtualmente visível [sic], de que podemos e devemos tudo mostrar e tudo ver [...] é um credo da nossa época (um credo que é uma resposta ao fantasma da ciência — à ideia de um real inteiramente penetrável —, mas também a um certo espírito do cristianismo. Estas duas polaridades [sic], em vez de se repudiarem uma à outra, misturam-se no ideal televisivo — a televisão é, no fundo, o lugar da conjunção da paixão cristã pela imagem e da crença científica numa transparência real do mundo por via da técnica).[68]

---

[68] G. Wajcman, "De la croyance photographique", *op. cit.*, pp. 58-60.

Amálgamas mais do que argumentos: em menos de três páginas, uma questão de *conhecimento* (analisar quatro fotografias realizadas pela resistência judia de Auschwitz) foi remetida para uma questão de *exposição* (como se o trabalho de Clément Chéroux se aparentasse de algum modo a um salão de fotografias), esta, por sua vez, remetida para uma questão de *divertimento* ("a amplitude mundial do sucesso público" dos filmes de Spielberg e de Benigni), tudo isso remetido, por fim, para uma questão de *embrutecimento* ("a televisão"). O gosto pela polêmica faz com que Wajcman se esqueça de que, quando falamos de imagens fotográficas realizadas por membros de um *Sonderkommando* votado à morte, e de imagens cinematográficas realizadas pelos membros da equipe de Spielberg ou de Benigni, *não* estamos falando das mesmas imagens. A imagem *não é toda*, por conseguinte, a imagem *não é a mesma* por toda parte: é o que Wajcman quer ignorar a qualquer preço, ao sonhar com um "consenso" acerca da imagem que teria invariavelmente por único valor — isto é, por único defeito — a mentira.

* * *

Daí advém o tema do *fetichismo* generalizado, esse poder perverso que as imagens têm sobre as nossas consciências e os nossos inconscientes. Élisabeth Pagnoux constrói o tema fazendo um colar apotropaico com as palavras "perversidade", "ficção" — onde a palavra "fetiche" encontra, como sabemos, a sua etimologia —, "voyeurismo" e "gozo do horror".[69] "A fotografia jamais se substituirá ao olhar", parece descobrir Pagnoux.[70] Esta banalidade é evocada para nos proibir de olhar para as fotografias de agosto de 1944. Olhá-las seria uma *ficção* ("obstinação em construir o nada"), logo uma *mentira* ("nós podemos entrar no interior de uma câmara de gás": alusão direta à repugnante sequência das duchas em *A Lista de Schindler*). Olhá-las seria ir *demasiado perto*, ter um olhar "obcecado pelo interior" que procede a uma "nega-

---

[69] É. Pagnoux, "Reporter photographe à Auschwitz", *op. cit.*, p. 94.
[70] *Ibid.*, p. 91.

ção da distância". Mas seria também ir *demasiado longe* ("afastamo-nos de Auschwitz"). Seria *ver demasiado*, até o "voyeurismo". Mas também seria *não ver nada* por "obstinação em destruir o olhar".[71] Por que todas estas inversões? Porque a simples atividade de "ver as fotografias" não serve, segundo Pagnoux, senão para "fazer calar as testemunhas" e até para perpetuar sadicamente a obra de morte infligida às vítimas pelos nazistas:

> Uma fotografia da câmara de gás transmite o horror no sentido em que o perpetua. [...] Perpetuar-se, isto é, aniquilar, continuar a aniquilar. [...] Para quem conserva a memória do crime, a ideia de olhar para mais uma imagem [...] é insuportável, e uma fotografia não nos ensina nada mais para além daquilo que já sabemos.[72]

Toda esta concepção é evidentemente dominada, para além do seu moralismo, pelo antagonismo absoluto entre o *ver* e o *saber* (ao passo que um historiador das imagens procura, de modo não menos evidente, trazer à luz do dia os pontos de contato entre ambos). As imagens, segundo Pagnoux e Wajcman, não nos ensinam nada e, pior do que isso, arrastam-nos para essa mentira generalizada que é a *crença*. O "fetichista" é então designado como aquele que crê aprender alguma coisa com o que vê numa fotografia: ele sacrifica às falsas divindades, aos ídolos (sentido tradicional do conceito de fetiche) ou à mercadoria espetacular do capitalismo generalizado (sentido marxista, ou até situacionista, do fetichismo). Wajcman procura dar uma caução psicanalítica a esta verdadeira *diabolização* da imagem, articulando imediatamente o paradigma *religioso* da crença com o paradigma *psicopatológico* da perversão sexual:

> Passa-se [...] qualquer coisa, com estas quatro imagens, que se assemelha à ostentação do sudário de Ausch-

---

[71] *Ibid.*, pp. 87, 90, 94 e 102-3.
[72] *Ibid.*, pp. 89 e 92-3.

witz. [...] A verdade revelada pela imagem, atestada na imagem, porque estas imagens seriam o que nos resta visivelmente de Auschwitz. [Esta operação obedece a] uma espécie de manifestação da fetichização religiosa [...] cujo mecanismo foi desmontado por Freud [...], [mecanismo esse] que procura encobrir a ausência, o não ver todo tipo de coisas que ele exporá e adorará como relíquias do falo em falta.[73]

Para além da questão do *ver* e do *saber* surge, portanto, nestas linhas, a questão da *imagem* e da *verdade*. A minha análise das quatro fotografias de Auschwitz supunha, com efeito, que se pusesse em jogo uma certa relação — lacunar, "em fragmentos", tão preciosa quanto frágil, tão evidente quanto difícil de analisar — da imagem à verdade. Olhei primeiro para estas imagens como *imagens-fatos*, isto é, como uma tentativa de representação visual, por parte dos membros do *Sonderkommando*, da sua experiência deste mundo infernal em que se sabiam condenados, e também como um gesto concreto, político: o ato de tirar clandestinamente, no próprio interior do campo de concentração, quatro fotografias do extermínio a transmitir ao exterior por intermédio da Resistência polonesa. Nesta perspectiva, as imagens de agosto de 1944 são ao mesmo tempo *imagens* da Shoah em ato — ainda que extremamente parciais, como o são em geral as imagens — e um *fato* de resistência histórica em que a imagem está em jogo.

Para Wajcman, pelo contrário, as quatro fotografias não são senão *imagens-fetiches*. Este juízo parte de duas "teses que não podem ser revistas": em primeiro lugar, qualquer verdade funda-se numa falta, numa ausência, numa negatividade não dialetizável (tese de inspiração lacaniana). Em segundo lugar, "qualquer imagem é uma espécie de denegação da ausência", o que também se pode dizer da seguinte forma: "nenhuma imagem pode mostrar a ausência", visto que "a imagem é sempre afirmativa".[74] Conclu-

---

[73] G. Wajcman, "De la croyance photographique", *op. cit.*, pp. 81-3.

[74] G. Wajcman, *L'Objet du siècle*, *op. cit.*, pp. 207 e 243.

são: qualquer imagem seria um "substituto atrativo" da falta, ou seja, o seu fetiche. Este raciocínio leva tão rapidamente a esta redibitória *imagem toda* que, num contexto mais nobre — "a obra de arte", cuja "definição"[75] Wajcman pretende, com toda a seriedade, ter encontrado —, o autor desse raciocínio será obrigado a perguntar-se se não existiram *apesar de tudo* imagens de um outro gênero: "Obras visuais que se nos recusam e que nos ignoram. Quadros para os quais qualquer olhar seria uma infração".[76] Certo. Mas não será que podemos submeter à consideração de Gérard Wajcman este outro gênero de exceções: imagens que temos tendência a recusar mas que não nos ignoram e que até nos suplicam um olhar? Não é este o caso das fotografias de Birkenau, cujos autores tanto desejaram que lhes déssemos atenção, para que através delas pudéssemos compreender, visualmente, algo do que ali se passava?

Mas Wajcman foi demasiado longe com a sua tática de terra queimada. Já não pode recuar. O que ele concede facilmente a "quadros", de preferência abstratos, recusa-o à fotografia, a *toda fotografia*. Com a mesma seriedade com que deu "a" definição da obra de arte, crê-se autorizado a julgar "a" fotografia em geral como "especialmente fetichista", razão pela qual ela será pura e simplesmente excomungada do domínio da arte.

> [...] para além destas fotografias, é a fotografia como disciplina que parece revelar-se aqui. Temos a impressão não apenas de que a fotografia suscita especialmente o fetichismo, mas de que há qualquer coisa como um fetichismo fotográfico fundamental (de que o extre-

---

[75] G. Wajcman, *Collection, suivi de L'Avarice*, Caen, Nous, 1999, pp. 63-4: "Por definição, o espaço da arte é o universal e a sua unidade é a obra singular. [...] Designamos, portanto, por obra de arte um objeto absolutamente singular, insubstituível e irreproduzível [...]. A obra como o que não se assemelha a nada e não representa nada. Ela apresenta, apresenta-se a si mesma. O único modo de ser no mundo deste objeto é a presença".

[76] *Ibid.*, p. 46.

mo frenesi que anima o mercado da fotografia não seria senão um sintoma, mas um sintoma indubitável.) Acrescentaria que, a meus olhos, esta lógica fetichista da fotografia é não apenas um obstáculo a que a fotografia seja considerada uma arte, mas que isso até lhe dá um valor contrário ao da obra de arte.[77]

Estas linhas não relevam da mera ignorância. Gérard Wajcman deve com certeza ter visto uma ou duas *obras* de Brassaï, de Man Ray ou de Kertesz. Dada a sua radicalidade, esta posição é tão aberrante que tem a marca, não da ignorância, mas da denegação. Ao cortar tão bruscamente qualquer ligação possível entre verdade e fotografia, Wajcman não faz mais do que ocultar o poder desta última — alguns dirão: a ruptura absoluta, a especificidade — no que diz respeito à história das técnicas da representação visual: estou a me referir à sua natureza de registro, a essa famosa *indicialidade* de que os pós-modernistas de hoje se cansaram tão rápida e erroneamente.[78] Não é preciso aderir à empatia barthesiana para saber que, *apesar de tudo* — isto é, apesar dos seus limites formais, do seu grão, da sua obscuridade relativa, do seu enquadramento parcelar —, as quatro imagens do *Sonderkommando* não constituem um "substituto atrativo" do extermínio dos judeus nas câmaras de gás, mas, bem pelo contrário, um ponto de *contato* possível, com a ajuda do meio fotográfico, entre a *imagem* e o *real* de Birkenau em agosto de 1944.

É sempre possível fetichizar uma imagem. Mas este *valor de uso*, uma vez mais, não diz nada acerca da própria imagem, em particular acerca do seu *valor de verdade*. Quando o perverso sexual toma um sapato por um substituto do pênis materno, o sa-

---

[77] G. Wajcman, "De la croyance photographique", *op. cit.*, p. 82.

[78] Ao uso demasiado exclusivo dos textos de R. Barthes, *La Chambre claire*, Paris, Éditions de l'Étoile/Gallimard/Seuil, 1980 [ed. bras.: *A câmara clara*, Rio de Janeiro, Nova Fronteira, 2015], ou de R. Krauss, *Le Photographique* [1978-1985], Paris, Macula, 1990 [ed. bras.: *O fotográfico*, São Paulo, Gustavo Gili, 2014], este movimento viu suceder-se uma rejeição demasiado exclusiva destes mesmos textos.

pato não deixa de ser um sapato real, não suscita de repente em todas as pessoas a ilusão de ser um falo. É ao raciocinar rebatendo constantemente o uso (possível) sobre a verdade (necessária) que Wajcman chega às suas conclusões aberrantes. Ele entrega-se, aliás, não apenas a uma *denegação da realidade fotográfica*, mas a uma *denegação da própria realidade fetichista*, o que ainda é mais surpreendente. Apoiando-se na famosa fórmula introduzida por Octave Mannoni para caracterizar a denegação perversa — "Bem sei, mas ainda assim..."[79] —, ele vai precisamente inverter a sua estrutura teórica, o que é um modo de inconscientemente a perverter. Para Mannoni, como para Freud, a constituição fetichista tem origem numa experiência da realidade que vem contradizer uma teoria imaginária (a do falo materno). A denegação surge então como a tentativa de *manter a teoria apesar de tudo* ("bem sei que ela não tem um falo, mas ainda assim adoro o seu sapato, de forma que a minha crença manter-se-á em virtude deste objeto..."). Na querela que nos opõe — aqui muito simetricamente —, Wajcman situa a teoria imaginária do lado das "imagens apesar de tudo" e a experiência da realidade do lado da sua própria "tese que não pode ser revista". Parece-me, pelo contrário, que a sua "tese que não pode ser revista" era uma teoria imaginária, uma crença de princípio sobre o inimaginável da Shoah, que vem contradizer a experiência singular das quatro "imagens apesar de tudo". Neste tipo de debate, importa perguntar se o nosso conhecimento progredirá desmentindo os fatos singulares em nome de uma tese geral, ou desmentindo a tese geral quando surgem fatos singulares dignos de análise.[80]

---

[79] O. Mannoni, *Clefs pour l'imaginaire, ou l'autre scène*, Paris, Seuil, 1969, pp. 9-33.

[80] É um *dictum* célebre do método experimental que ficamos a dever a Claude Bernard: "Quando o fato que encontramos se opõe a uma teoria dominante é preciso aceitar o fato e abandonar a teoria, no próprio momento em que esta, defendida por grandes nomes, é geralmente aceita". Segundo Octave Mannoni, este mesmo princípio está na origem da psicanálise freudiana: "Não chegava para constituir a psicanálise, mas era o suficiente para levantar os obstáculos. Ele [Freud] viu Charcot afastar as teorias ('as teorias

Mas voltemos ao fetiche, esse antifato. O que é que o caracteriza exatamente? Wajcman não o precisa e limita-se a agitar a trivial panóplia — "sapatos, meias ou cuecas"[81] —, como se isso bastasse. No entanto, teria sido necessário, por razões metodológicas, clarificar tais características e, em seguida, procurá-las e reconhecê-las na minha análise das quatro imagens em questão. Clarifiquemos, portanto, por pouco que seja: Freud, ao introduzir o conceito de fetiche, queria dizer que ele forma uma *imagem totalitária* pela conjunção da sua natureza de "substituto" (*Ersatz*) e da sua natureza de ecrã, de "cobertura" (*Decke*).[82] É por essa razão que, contrariamente ao que afirma Wajcman, a noção de fetiche e a de relíquia não são equivalentes.[83] Se os "resquícios" fotográficos de Birkenau são efetivamente *imagens* e *restos* da experiência vivida pelos membros do *Sonderkommando*, eles não constituem por essa mesma razão os "substitutos atrativos" e totalitários de uma fetichização. Na minha análise, evoquei a ideia, bem mais modesta, de uma "necessidade lacunar".

Em segundo lugar, a imagem-fetiche é uma *imagem parada*. Esta característica fundamental foi várias vezes descrita por Jacques Lacan: "O desejo perverso apoia-se no ideal de um objeto inanimado", dizia no seu primeiro seminário.[84] Três anos mais tarde, quando estudava *A relação de objeto*, especificou que a sua concepção da denegação da realidade era, por assim dizer, uma *paragem do olhar*: "Com efeito, o que origina a instituição da po-

---

são boas, mas não impedem de existir') para conversar com as histéricas, recusando-se a ir buscar os seus segredos ao laboratório de histologia". O. Mannoni, *Ça n'empêche pas d'exister*, Paris, Seuil, 1982, p. 33.

[81] G. Wajcman, "De la croyance photographique", *op. cit.*, p. 81.

[82] S. Freud, *Trois essais sur la théorie sexuelle* [1905], Paris, Gallimard, 1987, p. 64 (nota de 1920) [ed. bras.: *Edição Standard Brasileira das Obras Psicológicas Completas* [ESB], Rio de Janeiro, Imago, 1996, vol. VII, p. 146, nota].

[83] Foi o que mostrou já há muito tempo P. Fédida, "La relique et le travail du deuil", *Nouvelle Revue de Psychanalyse*, nº 2, 1970, pp. 249-54.

[84] J. Lacan, *Le Séminaire*, I, Paris, Seuil, 1975, p. 247.

sição fetichista é precisamente que o sujeito para a um certo nível da sua investigação e da sua observação".[85] A imagem fetichista não pode, portanto, ser um *todo* — única, satisfatória, totalitária, dotada da beleza dos "monumentos" e dos "troféus", concebida para nunca decepcionar — senão com a condição de ser *inanimada* pelo seu possuidor exclusivo:

> No fetichismo, o próprio sujeito diz que finalmente encontrou o seu objeto, o seu objeto exclusivo, tão mais satisfatório quanto inanimado. Assim, ao menos, fica sossegado, seguro de não sofrer qualquer decepção. Amar uma pantufa é ter o objeto dos seus desejos verdadeiramente ao seu alcance. Um objeto desprovido de qualquer propriedade subjetiva, intersubjetiva ou até mesmo transubjetiva é o mais seguro.[86]

Estas características do fetiche são precisamente aquilo que não nos facultam nem as imagens de Birkenau, nem — parece-me — a leitura que delas fiz: estas imagens dificilmente seriam vistas pelo prisma da "tranquilidade", do "inanimado", da "satisfação" integral, da "beleza" ou do objeto manipulável a seu bel-prazer porque "desprovido de qualquer propriedade subjetiva [e] intersubjetiva". O mais importante, talvez — já lá voltarei, ainda que Wajcman nunca lhe preste atenção, o que é compreensível —, é que as quatro fotografias de Auschwitz são precisamente *quatro*: a imagem-toda, a imagem integral ou a imagem-fetiche são pensadas como uma *imagem uma*, ao passo que a sequência de agosto de 1944 é constituída por *várias imagens*, dispostas lado a lado, formando qualquer coisa como uma *montagem* elementar. Uma montagem, como disse, cujos segmentos seria desastroso — e sem dúvida fetichista — isolar ou reenquadrar. Ora, Lacan insiste em que se deve comparar o fetiche a uma *imagem parada*, isto é, à es-

---

[85] J. Lacan, *Le Séminaire*, IV, Paris, Seuil, 1994, p. 91.

[86] *Ibid.*, pp. 85-6. Veja-se ainda pp. 156-7 (sobre o fetiche como "monumento", troféu, "sinal de triunfo").

colha de um único fotograma numa sequência onde prevalecia o movimento, ou seja, a *dimensão histórica*:

> O que constitui o fetiche [...] é o momento da história onde a imagem para. [...] Pensem no modo como um movimento cinematográfico que se desenrola rapidamente pararia de repente num determinado ponto, imobilizando todas as personagens. Este instantâneo é característico da redução da cena plena, significante, cujos temas estão articulados, ao que se imobiliza no fantasma.[87]

Talvez Wajcman atribuísse esta imobilização da história ao próprio meio fotográfico e ao seu caráter de instantâneo que paralisa a "cena plena" de realidade. Mas a imobilização de que fala Lacan é efetivamente a do *fantasma*: é ele que, simultaneamente, mortifica e hiperboliza a imagem, mantendo, por exemplo, a ficção de um olhar que apreenderia unicamente "o" momento absoluto da Shoah, o cerne do processo de gaseamento (este fantasma, como se sabe, não é meu). É o fantasma — e não o meio — que reduz a sequência das imagens singulares para a hipostasiar em *imagem toda*, isto é, em *imagem vazia*. Parece-me que procurei antes conservar o caráter sequencial, plural, movimentado ou até mesmo gestual das quatro fotografias de Auschwitz: impossível de enclausurar (como veremos em seguida).

A terceira grande particularidade do fetiche, segundo Lacan, é que ele forma uma *imagem-ecrã* (a sua ligação com a "recordação-ecrã" fora, aliás, muito cedo sublinhada por Freud). É uma cortina, um véu, um "ponto de recalcamento" que confronta o psicanalista, tal como o filósofo, com esta vasta questão: "Por que é o véu mais precioso para o homem do que a realidade? Por que a ordem desta relação ilusória se torna um constituinte essencial, necessário, da sua relação com o objeto? É esta a questão que co-

---

[87] *Ibid.*, pp. 119-20 e 157.

loca o fetichismo".[88] Assim sendo, será possível dizer que as quatro imagens de Birkenau formam um "ecrã" ao gaseamento dos judeus porque mostram apenas o momento antes e o momento depois? Os membros do *Sonderkommando* tinham algum interesse — mesmo inconsciente — em que tal ecrã fosse interposto para uma maior satisfação do espectador? Seria absurdo e terrivelmente injusto pensar assim. Wajcman acredita que eu me debrucei sobre estas fotografias, sessenta anos depois, apenas para *não* pensar na Shoah? Deixo isto à sua consideração.

* * *

Vejo, no entanto, uma razão mais filosófica por detrás da tentativa levada a cabo por Gérard Wajcman para definir — encarcerando e aniquilando — de *uma vez por todas* esta classe de objetos nomeados "imagens", onde ele apenas vê o logro subjetivo, o "substituto atraente", o "espírito do cristianismo" ou o ópio do povo. O seu ponto de partida, legítimo, é o seguinte: a Shoah constitui um horror excepcional, o horror extremo do "século". Ao que se segue a pergunta: "uma imagem tem verdadeiramente o poder de nos dar a ver o horror?".[89] A resposta — violentamente negativa — já está contida na formulação da pergunta.[90] Ao absolutizar o real (onde o horror advém) e ao absolutizar a imagem (onde apenas advém, segundo ele, a consolação, a negação do real), Wajcman acaba, logicamente, por absolutizar o seu antagonismo. Ele toma assim partido — e simplifica sem grandes esforços a sua vida teórica — num longuíssimo debate, filosófico e antropológico, acerca dos poderes da imagem.

---

[88] *Ibid.*, p. 158.

[89] G. Wajcman, "'Saint Paul' Godard contre 'Moïse' Lanzmann, le match", *op. cit.*, p. 122.

[90] G. Wajcman, "De la croyance photographique", *op. cit.*, p. 68: "Não pode simplesmente haver uma imagem do horror [...]. Não há que pensar mais sobre isso: se há horror, ele dilacera qualquer imagem, e quando há imagem então há menos horror. O horror não tem imagem, nisso ele não tem duplo, é único. Já a imagem é um duplo".

Este debate não opõe de todo, como ele julga, um "pensamento infiltrado de cristianismo" (o que "vê a salvação na imagem")[91] e um pensamento iluminista capaz de acabar de vez com as duplicidades do mundo visível. Este debate existe, pelo menos, desde que Aristóteles discutiu Platão ou desde que Espinosa discutiu Descartes. Ele agitava interiormente tanto as teologias iconoclastas como as teologias iconófilas. Mas também sustinha todo o pensamento do Renascimento. Metamorfoseou-se nas controvérsias românticas sobre a imaginação. Iluminou o surrealismo do interior. A psicanálise não o podia ignorar.

Resumindo drasticamente — uma vez que não podemos retraçar aqui a sua história —, este debate agita qualquer pensamento que procure ultrapassar ou dialetizar o tema platônico da *imagem-véu*. Wajcman quer ignorar este pensamento e atém-se à banalidade da ilusão mimética, do "substituto atraente" que "cobre a ausência" ou a essência, incapaz, portanto, neste caso, de tocar o real do horror dos campos de concentração. O meu trabalho seguiu, desde o início, um caminho contrário:[92] o da *imagem-dilaceramento*.[93] O objetivo não era de todo hipostasiar uma nova definição das imagens tomadas como um todo, mas observar a sua plasticidade dialética, o que eu designei como o *duplo regime* do seu funcionamento: visível e visual, detalhe e "pano" [*pan*], semelhança e dissemelhança, antropomorfismo e abstração, forma e informe, venustidade e crueldade... Tal como os signos da lingua-

---

[91] *Ibid.*, p. 55.

[92] A este respeito, a nossa controvérsia constitui um sintoma tanto mais característico quanto os nossos pontos de partida foram, há cerca de vinte anos, concomitantes: a referência à psicanálise, o estudo simultâneo desse *mal de imagens* que é a histeria, o interesse pelo teatro e pelas artes visuais. Cf. G. Wajcman, *Le Maître et l'hystérique*, Paris, Navarin, 1982. G. Didi-Huberman, *Invention de l'hystérie. Charcot et l'Iconographie photographique de la Salpêtrière*, Paris, Macula, 1982.

[93] G. Didi-Huberman, *La Peinture incarnée*, Paris, Minuit, 1985, pp. 115-32 [ed. bras.: *A pintura encarnada*, São Paulo, Escuta/Unifesp, 2013]. G. Didi-Huberman, *Devant l'image*, Paris, Minuit, 1990, pp. 169-269 ("L'image comme déchirure") [ed. bras.: *Diante da imagem*, São Paulo, Editora 34, 2013, pp. 185-295 ("A imagem como rasgadura")].

gem, as imagens também sabem, à sua maneira — todo o problema reside nisso —, produzir um efeito *com* a sua negação.[94] Elas tanto são o fetiche como o fato, o veículo da beleza e o lugar do insustentável, a consolação e o inconsolável. Elas não são nem a ilusão pura, nem toda a verdade, mas o batimento dialético que agita em conjunto *o véu e o seu dilaceramento*.

Creio que Georges Bataille tomou em consideração este duplo regime quando, perante o uso leniente das imagéticas familiares, procurou trazer à luz esse inconsolável — essa "suplicação", essa "violência" essencial — que a imagem é capaz de originar.[95] Em seguida, Maurice Blanchot enunciou que era justo, embora muito incompleto, falar da imagem como do que "nega o nada": também era necessário reconhecer esse momento da imagem em que ela se torna, reciprocamente, "o olhar do nada sobre nós". Daí adveio a ideia tão profunda de uma "dupla versão" do imaginário.[96] Esta lição — fenomenológica — foi, aliás, sutilmente entendida por Lacan quando este defendeu, nessa mesma época, que "a função do imaginário não é a função do irreal";[97] e quando analisou, em páginas extraordinárias atravessadas pelo estilo de Bataille, o "surgimento da imagem terrífica" no mais iniciático dos sonhos freudianos:

A fenomenologia do sonho da injeção de Irma levou-nos a distinguir [o] surgimento da imagem terrífica,

---

[94] G. Wajcman, *L'Objet du siècle*, op. cit., p. 243, defende evidentemente o contrário: "A imagem é sempre afirmativa. Para negar é preciso outra coisa, as palavras".

[95] G. Bataille, *L'Expérience intérieure* [1943], in *Oeuvres complètes*, V, Paris, Gallimard, 1973, pp. 119-20 ss. [ed. bras.: *A experiência interior*, Belo Horizonte, Autêntica, 2016]. G. Didi-Huberman, "L'immagine aperta", in J. Risset (org.), *Georges Bataille: il politico e il sacro*, Nápoles, Liguori, 1987, pp. 167-88.

[96] M. Blanchot, "Le musée, l'art et le temps" [1950-1951], in *L'Amitié*, Paris, Gallimard, 1971, pp. 50-1. M. Blanchot, "Les deux versions de l'imaginaire", in *L'Espace littéraire* [1955], Paris, Gallimard, 1988, pp. 341-55.

[97] J. Lacan, *Le Séminaire*, I, op. cit., p. 134.

angustiante, desta verdadeira cabeça de Medusa, [...] revelação desse qualquer coisa de inominável [...]. Há, portanto, aparição angustiante de *uma imagem que resume o que podemos chamar a revelação do real* no que ele tem de menos penetrável, do real sem nenhuma mediação possível, do real último, do objeto essencial que já não é um objeto, mas esse qualquer coisa diante do qual todas as palavras param e todas as categorias falham, o objeto da angústia por excelência. [...] Trata-se de um dissemelhante essencial, que não é nem o suplemento nem o complemento do semelhante, mas a própria imagem da deslocação, do dilaceramento essencial do sujeito.[98]

Quando "todas as palavras param e todas as categorias falham" — quando as teses, refutáveis ou não, se encontram literalmente desconcertadas —, aí pode surgir uma imagem. Não a *imagem-véu* do fetiche, mas a *imagem-dilaceramento* que deixa entrever um fragmento do real. É significativo que, neste texto, Lacan se tenha empenhado em descrever um regime psicanalítico onde "imagem" e "real", "imagem" e "objeto" deixam de se opor — como Gérard Wajcman o faz mecanicamente ao longo do seu livro *L'Object du siècle* — mas encontram o seu lugar, ou melhor, a sua falha comum. Evidentemente, já não estamos na esfera da experiência consensual, mas numa *experiência dilacerante* que perturba as fronteiras entre territórios e, por conseguinte, os limites. É então que, como escreve Lacan, "a relação imaginária atinge o seu próprio limite".[99]

Esta análise da "imagem terrífica", por muito fecunda que seja, não deve fazer com que nos esqueçamos de que o seu objeto específico (a imagem psíquica de um sonho) não é o nosso (a imagem fotográfica de um fato). Mas a sua fecundidade metodológica mantém-se pelo menos neste plano: ela leva-nos a pensar a imagem

---

[98] J. Lacan, *Le Séminaire*, II, *op. cit.*, pp. 196 e 209.
[99] *Ibid.*, p. 210.

sob o seu duplo regime. Ela obriga-nos, sobretudo, a distinguir, no imenso *corpus* das imagens dos campos de concentração, o que *vela* e o que *dilacera*. O que retém a imagem na sua regra consensual (onde ninguém vê verdadeiramente) e o que exorbita a imagem para a sua exceção dilacerante (onde cada um, de repente, se sente olhado). Wajcman, desde o início, voltou a regra contra a exceção: privando-se, assim, de compreender todo o processo de falha, de deslocamento, de confronto com os limites. Para mais, ele ilustra esta estéril leitura pós-lacaniana que, numa rejeição obtusa da fenomenologia, depurou progressivamente o "simbólico" das suas escórias "imaginárias", dado que o *imaginário*, como registo psíquico, foi progressivamente — e abusivamente — rebatido sobre uma simples estrutura de alienação *especular*.[100]

Ao olhar para as quatro fotografias de Birkenau como *imagens-dilaceramento* e não como *imagens-véu*, como a exceção e não como a regra, podemos ver nelas um *horror nu*, um horror que nos deixa tanto mais inconsolados quanto não exibe as marcas hiperbólicas do "inimaginável", do sublime ou do inumano, mas as da humana banalidade ao serviço do mal mais radical: por exemplo, os gestos desses homens obrigados a manipular os cadáveres dos seus correligionários assassinados diante dos seus olhos. São gestos de trabalho, eis o horror (figs. 3, 4).

[100] Cf. F. Kaltenbeck, "Arrêts sur image", in *La Cause Freudienne. Revue de Psychanalyse*, nº 30, 1995, p. 3: "Durante muito tempo, a exploração do imaginário foi inibida pela reputação sulfurosa associada a este registro, até na escola de Lacan. Ao imaginário prefere-se sempre o nobre simbólico e o heroico real, mas esquece-se que Lacan acabou por tornar equivalentes estes três registros — R, S, I — entrelaçando-os. [...] Os preconceitos são tenazes e os alunos de Lacan continuaram [...] a desprezar o imaginário em nome de um todo-simbólico". Este texto abre um número especial da revista *La Cause Freudienne* consagrado às "Imagens indeléveis". Embora as análises das imagens sejam bastante medíocres, sente-se despontar a necessidade teórica de *dialetizar o imaginário*, entre um uso de "ecrã" e um uso "real". Cf. H. Rey-Flaud, "Qu'est-ce qu'une image indélébile?", *ibid.*, pp. 55-8. Cf. igualmente as preciosas distinções acerca da "unidade imaginária" na obra de G. Le Gaufrey, *Le Lasso spéculaire*, Paris, EPEL, 1997, pp. 21-113.

Há muitas imagens da Shoah. Já o disse: para o melhor (um conhecimento sempre a refazer) e para o pior (uma opinião sempre já feita). Para o pior, sobretudo. Primo Levi inquietava-se, em *Os afogados e os sobreviventes*, com o "[...] fosso que existe, e que se alarga de ano para ano, entre as coisas como eram 'lá' e as coisas como são representadas na imaginação corrente, alimentada por livros, filmes e mitos imprecisos".[101] Mais recentemente, Imre Kertesz enegrecia ainda mais o quadro, incluindo na *imagética* do genocídio a sua "linguagem ritual" e o seu "sistema de tabus" — o que equivale a dizer que ele está falando aqui do *inimaginável*: "Muito mais numerosos são aqueles que roubam o Holocausto aos seus depositários para fabricarem artigos de pacotilha. [...] Criou-se um conformismo acerca do Holocausto, tal como um sentimentalismo, um cânone do Holocausto, um sistema de tabus com a sua linguagem ritual, produtos do Holocausto para o consumo do Holocausto".[102]

Esta constatação de que há uma imaginação permanentemente afastada de si mesma,[103] esta prevalência dos clichês — ícones visuais ou *topoi* da linguagem — constituía, a meus olhos como aos dos organizadores da exposição *Mémoire des camps*, estou em crer, a melhor razão para voltar atentamente aos testemunhos, visuais ou escritos, vindos dos próprios acontecimentos. Os gestos humanos fotografados em agosto de 1944 pelo *Sonderkommando*, os gestos do seu próprio trabalho, do seu inumano trabalho de morte, não formam, bem entendido, a imagem "integral" do extermínio. Concordamos quando se trata de dizer que a *imagem toda* da Shoah não existe: não porque a Shoah seja inimaginável por direito, mas porque a imagem se caracteriza, de fato, por *não ser um todo*. E não é pelo fato de a imagem nos dar uma *centelha* — como dizia Walter Benjamim —, e não a *substância*, que preci-

---

[101] P. Levi, *Les Naufragés et les rescapés*, op. cit., p. 154.

[102] I. Kertesz, "À qui appartient Auschwitz?", in *Consciences de la Shoah*, op. cit., p. 149.

[103] Cf. P. Mesnard, *Consciences de la Shoah*, op. cit., pp. 19-20.

Imagem-fato ou imagem-fetiche

samos excluí-la dos nossos parcos meios para abordar a terrível história de que falamos.

Os documentos de arquivo nunca nos dão a ver um "absoluto". Gérard Wajcman engana-se quando, por esta mesma razão, os desqualifica por infração teórica, pois o que eles nos propõem é bem mais complexo, bem mais difícil — mais importante — no que toca à sua apreensão e à sua conversão em conhecimento. Duplo regime, com efeito: olhamos para as reproduções do *Álbum de Auschwitz*,[104] "e é evidente que ficamos decepcionados porque a fotografia [...] só registra invólucros externos [...] e quando se entra no olhar das pessoas, entra-se no grão da fotografia".[105] Ficamos, portanto, decepcionados porque uma fotografia permanece uma imagem, um pedaço de película limitado pelo seu próprio material. Mas, se *apesar de tudo* olharmos um pouco mais atentamente, então "estes grãos são interessantes [...], o que quer dizer que a fotografia pode perturbar a nossa percepção do real, da história e da existência".[106]

As imagens, como é evidente, não dão tudo. Pior, sabemos que por vezes elas "paralisam", como escreve Susan Sontag: "As imagens paralisam. As imagens anestesiam. Um evento conhecido por meio de fotos certamente se torna mais real [...] Mas, após

---

[104] P. Hellman, *L'Album d'Auschwitz*, op. cit. Recordo aqui o que afirmava Serge Klarsfeld acerca deste documento capital: "Eu disse-lhes [aos responsáveis pelo memorial de Yad Vashem], quando lhes doei, em 1980, este álbum descoberto em casa de uma antiga deportada: 'Um dia mais tarde será como os *Manuscritos do Mar Morto* porque estas são as únicas fotografias autênticas de judeus que chegam a um campo de concentração'". S. Klarsfeld, "À la recherche du témoignage authentique", op. cit., p. 50. Cf. igualmente, no que diz respeito ao caso de Mauthausen, B. Bermejo, *Francisco Boix, el fotógrafo de Mauthausen*, Barcelona, RBA, 2002.

[105] A. Jaubert, "Filmer la photographie et son hors-champ", in S. Lindeperg, *Clio de 5 à 7*, op. cit., p. 190.

[106] Ibid., p. 190. As mesmas reflexões poderiam ser feitas a propósito do *corpus* fotográfico do gueto de Lodz, por exemplo. Cf. M. Grossman, *With a Camera in the Ghetto*, Tel Aviv, Hakibbutz Hameuchad, 1970. H. Loewy e G. Schoenberner (orgs.), *"Unser einziger Weg ist Arbeit". Das Getto in Lodz, 1940-1944*, Frankfurt a.M., Jüdisches Museum, 1990.

uma repetida exposição às imagens, o evento também se torna menos real".[107] Mas é preciso contar ainda com este *duplo regime* das imagens, com este fluxo e refluxo da verdade que nelas se manifesta: quando a sua superfície de *desconhecimento* é atingida por uma turbulência, uma lâmina de *conhecimento*, então atravessamos o momento difícil e fecundo de uma *prova de verdade*. Prova essa que Susan Sontag define, na mesma passagem, como uma *epifania negativa*, essa "revelação prototipicamente moderna":

> Fotos chocam na proporção em que mostram algo novo. [...] O primeiro contato de uma pessoa com o inventário fotográfico do horror supremo é uma espécie de revelação, a revelação prototipicamente moderna: uma epifania negativa. Para mim, foram as fotos de Bergen-Belsen e de Dachau com que topei por acaso numa livraria de Santa Monica em julho de 1945. Nada que tinha visto — em fotos ou na vida real — me ferira de forma tão contundente, tão profunda, tão instantânea. De fato, parece-me plausível dividir minha vida em duas partes, antes de ver aquelas fotos (eu tinha doze anos) e depois, embora isso tenha ocorrido muitos anos antes de eu compreender plenamente do que elas tratavam. Que bem me fez ver essas fotos? Eram apenas fotos — de um evento do qual eu pouco ouvira falar e no qual eu não podia interferir, fotos de um sofrimento que eu mal conseguia imaginar e que eu não podia aliviar de maneira alguma. Quando olhei para essas fotos, algo se partiu. Algum limite foi atingido, e não só o do horror; senti-me irremediavelmente aflita, ferida, mas uma parte de meus sentimentos começou a se retesar; algo morreu; algo ainda está chorando.[108]

---

[107] S. Sontag, *Sur la photographie* [1973], trad. P. Blanchard, Paris, Christian Bourgois, 1983 (ed. 1993), p. 34 [citado da ed. bras.: *Sobre a fotografia*, São Paulo, Companhia das Letras, 2016, pp. 30-1].

[108] *Ibid.*, pp. 33-4 [ed. bras., p. 30].

É evidente que Susan Sontag não descreve a sua experiência como se se tratasse da revelação de um *saber absoluto*: ela não diz que "toda" a Shoah lhe foi dada a ver por essas fotografias. Na época posterior em que conta a sua experiência, Sontag conhece — bastante melhor do que era possível conhecer em 1945 — a diferença entre Dachau e Treblinka, entre campos de concentração e de extermínio. As fotografias foram apenas a *abertura do saber* pela intromissão de um momento do *ver*. Elas foram, portanto, decisivas para esse mesmo saber. Wajcman, por seu lado, está persuadido de que ao horror absoluto deve responder, fora da imagem e fora do tempo, um saber absoluto: "Ou sabemos, e então sabemos tudo e estamos em sintonia com todo o saber — tudo saber é saber exatamente que isso aconteceu, que as câmaras de gás existiram e que aí se passou o acontecimento mais importante do século XX — ou então não sabemos, o que significa que não queremos saber ou que, de um modo ou de outro, radicalmente, secretamente, insensivelmente, com algumas nuances, discretas ou inconscientes, negamos que aquilo tenha acontecido".[109] Wajcman recusa até dar o benefício da dúvida a Serge Daney quando este dá o seu testemunho acerca do papel decisivo que o filme de Alain Resnais, *Noite e Nevoeiro*, teve para a sua consciência e para o seu conhecimento da Shoah.[110]

Para quem quer saber e, sobretudo, para quem quer *saber como*, o saber não oferece nem milagre, nem descanso. É um *saber sem fim*: a interminável aproximação do acontecimento e não a sua apreensão numa certeza revelada. Não há "sim" ou "não", "sabemos tudo" ou "negamos", revelação *ou* véu. Há um imenso véu — devido à própria destruição, bem como à destruição levada a cabo pelos nazis dos arquivos da destruição —, mas que se do-

---

[109] G. Wajcman, "Oh *Les Derniers jours*", *Les Temps Modernes*, LV, nº 608, 2000, p. 21.

[110] *Ibid.*, p. 27: "Quando Serge Daney diz que, desde que ele viu as 'não-imagens de *Noite e Nevoeiro*', ficou 'fazendo parte daqueles que jamais esqueceriam', não posso deixar de pensar que, mesmo antes de ter visto esse filme, mesmo antes de saber qualquer coisa com exatidão, ele já fazia parte daqueles que não tinham esquecido, que sempre tinham sabido".

bra, que levanta uma ponta e nos perturba de cada vez que um testemunho é ouvido por aquilo que diz através dos seus próprios silêncios, de cada vez que um documento é visto por aquilo que mostra através das suas próprias lacunas. É por essa razão que para saber também é preciso imaginar. Ao confundir o irrepresentável, evocado por Freud a propósito da morte em geral, com o inimaginável, Wajcman torna-se incapaz, de fato, de pensar psicanaliticamente qualquer *destino do trauma*: transmiti-lo não é retirar-lhe a sua figura humana, absolutizando-a num perpétuo "não há" abstrato e intimidante. Quando as imagens desaparecem, desaparecem também as palavras e os sentimentos.[111] E, por conseguinte, a própria transmissão.

Isso é tanto mais verdadeiro quanto a descoberta de documentos visuais — filmes ou fotografias — feita pelos sobreviventes dos campos de concentração desempenhou um papel constitutivo na assunção da sua própria experiência, ou seja, na constituição da sua própria memória. O que eles viveram, tinham de o *figurar*, quanto mais não fosse para disso darem o seu testemunho. O exemplo de Ka-Tzetnik é significativo no que diz respeito ao "duplo regime" de que falei. Ele começa por dizer que, quando regressou de Auschwitz, as imagens documentais permaneciam como que privadas de significação: "Vi filmes sobre Auschwitz, vi fotografias de Auschwitz, pedaços de corpos, fossas cheias de esqueletos e nada disso me tocou. Cheguei a ficar espantado com essa indiferença".[112] Mas, um dia, Ka-Tzetnik cola uma fotografia na parede do seu escritório: "Não posso deixar de olhar para ela". Acontece então algo como uma revelação ou até mesmo, diz ele, como um "arrebatamento". Durante muito tempo, tentará imiscuir-se na temporalidade da fotografia. Esta tentativa, que desem-

---

[111] Cf. M. Altounian, *La Survivance. Traduire le trauma collectif*, Paris, Dunod, 2000, pp. 1-6, assim como P. Fédida, "Préface", *ibid.*, p. ix, que fala da "angústia sem imagem" semelhante às "angústias autistas onde não subsiste a menor imagem, sentimento, ou palavra." Cf. também M. Schneider, *Le Trauma et la filiation paradoxale*, Paris, Ramsay, 1988.

[112] Ka-Tzetnik 135633, *Les Visions d'un rescapé, ou le syndrome d'Auschwitz* [1987], Paris, Hachette, 1990, p. 88.

penha um papel crucial na "cura psicanalítica", é tão peculiar que ele a levará a cabo com a ajuda, mais ou menos controlada, do LSD, para pôr em imagens o seu sofrimento infinito.[113] Como se, a um dado momento, o ato de *enfrentar a imagem* fosse necessário à *assunção do fato* pela psique do sobrevivente.

Jorge Semprún deu o seu testemunho acerca de uma experiência sem dúvida menos extrema e atípica, mas analisada com mais precisão. Quando saiu dos campos de concentração, errante, desesperado, Semprún procurou, uma noite, o apaziguamento da ficção numa sala de cinema. Mas as notícias passaram primeiro:

> De repente, depois de uma reportagem sobre uma competição desportiva e de uma reunião internacional em Nova York, tive que fechar os olhos, cego por uns segundos. Voltei a abri-los, mas não tinha sonhado, as imagens estavam lá, na tela, inevitáveis. [...] As imagens tinham sido filmadas em vários campos libertados pelas tropas aliadas, alguns meses antes. Em Bergen-Belsen, em Mauthausen, em Dachau. Também havia imagens de Buchenwald, que reconheci.
>
> Ou antes: imagens que eu sabia, com toda a segurança, que eram de Buchenwald, sem ter a certeza de as reconhecer. Ou antes: sem ter a certeza de as ter visto eu próprio. Mas tinha-as visto. Ou antes: tinha-as vivido. Era a diferença entre o visto e o vivido que era perturbadora. [...]
>
> No entanto, de repente, no silêncio daquela sala de cinema [...], essas imagens da minha intimidade tornaram-se-me estranhas no momento em que se objetivavam na tela. Escapavam assim aos processos de memorização e de censura que me eram pessoais. Deixavam de ser um bem e um tormento meus: riquezas mortíferas da minha vida. Deixavam de ser, ou não eram finalmente senão a realidade radical, exteriorizada, do Mal: o seu reflexo glacial, e não obstante, ardente.

[113] *Ibid.*, pp. 19-20 e 27.

As imagens cinzentas, por vezes desfocadas, filmadas pela câmara manual vacilante, adquiriam uma dimensão de realidade desmedida, inquietante, que as minhas próprias recordações não atingiam. [...] Como se, paradoxalmente, à primeira vista, a dimensão de irreal, o conteúdo de ficção inerentes a toda imagem cinematográfica, mesmo a mais documental, agissem com um lastro de realidade incontestável nas minhas recordações mais íntimas.[114]

Esta página oferece-nos uma verdadeira descrição fenomenológica do "duplo regime" que a imagem documental propõe ao olhar do sobrevivente. Há, em primeiro lugar, esse *efeito de véu* ligado à experiência de uma *desrealização* das imagens por parte daquele que viveu esse *lá* que elas mostram *aqui*. As imagens dos campos de concentração que passam na tela, depois de uma competição desportiva e de uma reunião internacional em Nova York, são "inevitáveis", diz Semprún, embora já pertençam — para ele ainda inconcebivelmente — ao fluxo da história "normal". É a primeira desrealização. Depois chegam as imagens de Buchenwald, de onde Semprún acaba de regressar, e onde a sua alma continua prisioneira. Imagens "reconhecidas" por ele, porém, mal a palavra é empregada, é preciso modalizá-la por meio de uma complexa série de matizes que correspondem a várias *cesuras* do sentimento experienciado. O "duplo regime" da imagem investirá, portanto, cada momento dessa experiência: entre um saber *certo* daquilo que é representado e um reconhecimento *incerto* daquilo que é visto; entre a incerteza de ter *visto* e a certeza de ter *vivido*. "Era a diferença [...] que era perturbadora." Diferença agravada pelo fluxo contínuo no que o dilacera. Diferença através da qual as imagens do *íntimo* que apareceram no ecrã se tornam a própria *estranheza*, ou a "estrangeireza", da história coletiva.

---

[114] J. Semprún, *L'Écriture ou la vie*, Paris, Gallimard, 1996 [1994], pp. 258-61 [ed. bras.: *A escrita ou a vida*, São Paulo, Companhia das Letras, 1995].

Ora, é porque a partir desse momento as imagens deixam de ser o seu "bem" e o seu "tormento", é porque elas se tornam *impessoais* à força de se mostrarem na grisalha ou até mesmo na nebulosidade de imagens filmadas com a câmara ao ombro, que, de repente, elas ganham um *efeito de dilaceração* e suscitam a experiência de algo que Semprún tão honestamente nomeia "uma dimensão de realidade desmedida, inquietante, que as minhas próprias recordações não atingiam". A natureza fictícia da imagem fílmica — ecrã, escala, preto e branco, ausência de som direto — transforma-se numa dimensão de *realidade* no momento exato em que aquilo que o sobrevivente pode testemunhar escapa à sua própria subjetividade para se tornar, numa sala de cinema, o "bem" e o "tormento" comuns. Ao olhar apenas para estas imagens — e também ao refletir intensamente sobre esse olhar —, Semprún entrava verdadeiramente na sua obra de testemunho e de transmissão. A pura intimidade, muda ou infigurada, "absoluta", não transmitiu nada a ninguém.

Esta fenomenologia do "duplo regime" da imagem aparece, assim, também como a descrição de um *momento ético do olhar*: Semprún não se afirma enquanto testemunha com base na segurança subjetiva, mas num saber que é preciso fazer passar, pôr em movimento, partilhar coletivamente como "bem" e como "tormento". Ele passa do regime especular ("tinha-as vivido...") ao regime alterado ("... sem ter a certeza de as reconhecer"), e, posteriormente, a um questionamento renovado daquilo que, contudo, ele conhece tão bem, uma vez que sabe tê-lo visto com os seus próprios olhos. Neste momento, encontra-se sem dúvida à distância mais justa das imagens de Buchenwald: está *habitado* por elas, tal como esteve fechado na realidade que elas representam, sem estar alienado (como um perverso que acreditaria na omnipotência do seu fetiche); *distanciado* delas, impessoalmente, sem no entanto estar afastado delas (como um cínico que acreditaria esquecer todos os seus antigos medos).

As quatro fotografias de Auschwitz colocam-nos perante uma responsabilidade certamente menos pesada — já que nós somos os "sobreviventes" dos campos de concentração numa outra acepção completamente diferente da daqueles que passaram por essa provação —, mas análoga no plano do conhecimento e da transmissão. Ao olhar para elas não devemos nem revogá-las, como o faz Wajcman, nem "acreditar que lá estamos", como ele acha que eu acredito. Imaginação não é identificação, e ainda menos alucinação. Aproximação não é apropriação. Estas imagens nunca serão reconfortantes *imagens de si*, elas permanecerão sempre, para nós, *imagens do Outro*, dilacerantes a esse nível: mas a sua própria estranheza exigia que delas nos aproximássemos.

Talvez ninguém melhor do que Proust tenha falado desta necessária *aproximação desapropriante*: quando o narrador de *Em busca do tempo perdido* redescobre a sua avó pelo prisma de um "fantasma" que de repente desconhece, ele designa isso, significativamente, olhar "como um fotógrafo que acaba de tirar uma fotografia". Que se passa então? Por um lado, *o familiar altera-se*: o objeto olhado, por mais conhecido que seja, ganha uma aparência "que até então eu nunca lhe tinha conhecido" (o que é diametralmente oposto a fabricar um fetiche à medida). Por outro lado, *a identidade altera-se*: o sujeito que olha, por mais firme que seja no exercício da observação, perde por um instante toda e qualquer certeza espacial ou temporal. Para o descrever, Proust forja uma expressão inesquecível: "[...] esse privilégio que não dura muito e em que temos, durante o curto instante de regresso, a faculdade de assistir bruscamente à nossa própria ausência".[115] Eis aqui algo diametralmente oposto a "acreditar que lá estamos" ou a "usurpar o lugar da testemunha"... Mas assistir à sua própria ausência não é assim tão simples: exige ao olhar todo um trabalho gnoseológico, estético e ético do qual dependerá a *legibilidade* — no sentido que Warburg e Benjamin deram a este termo[116] — da imagem.

---

[115] M. Proust, *À la recherche du temps perdu, II. Le côté de Guermantes* [1920-1921], Paris, Gallimard, 1954, p. 140 [ed. bras.: *Em busca do tempo perdido. O caminho de Guermantes*, São Paulo, Globo, 2007].

[116] Cf. S. Weigel, "Lesbarkeit. Zum Bild- und Körpergedächtnis in der Theorie", *Manuskripte. Zeitschrift für Literatur*, XXXII, nº 115, 1992, pp. 13-7.

IMAGEM-ARQUIVO OU IMAGEM-APARÊNCIA

"A marca histórica das imagens não indica apenas que elas pertencem a uma determinada época; indica, sobretudo, que elas não adquirem legibilidade (*Lesbarkeit*) senão numa determinada época. [...] A imagem que se lê — refiro-me à imagem no Agora da cognoscibilidade — exibe de modo extremo a marca do momento crítico, perigoso, que está na base de toda leitura."[1] Ao tentar "ler" as quatro fotografias de agosto de 1944, fomos certamente obrigados — sobrepondo lembranças (as de Hermann Langbein ou de Primo Levi, que evocam exatamente esse período), conhecimentos topográficos (segundo os arquivos reunidos por Jean-Claude Pressac), testemunhos contemporâneos (de Zalmen Gradowski) ou retrospectivos (de Filip Müller) dos membros do *Sonderkommando* — a produzir uma espécie de montagem interpretativa que, por mais cerrada que possa ser, conservará sempre a sua inerente fragilidade de "momento crítico".

Não sei se os meus dois polemistas tomaram excessivamente — ou excessivamente pouco — em consideração essa fragilidade. Excessivamente pouco, na medida em que não a discutem de modo interno (à exceção de uma questão, a que voltarei mais à frente, sobre uma "porta" ou uma "janela")? Ou excessivamente, dado que preferem nenhuma leitura *de todo* a uma leitura frágil *apesar de tudo*? Élisabeth Pagnoux escreve que, seja como for, "o horror gera o silêncio: não o diz, impõe-no. Não há nada a fazer, não

---

[1] W. Benjamin, *Paris, capitale du XIXe siècle. Le livre des passages* [1927-1940], Paris, Cerf, 1989, pp. 479-80 [ed. bras.: *Passagens*, Belo Horizonte, Editora UFMG, 2018].

há nada que se possa dizer. [...] Auschwitz foi silêncio".[2] A leitura faria então "falar", de modo "deslocado" se não odioso, algo que devia permanecer na sua — suposta — mudez originária.

Se assim não for, a leitura "usurpa o estatuto de testemunho". Não satisfeita com preencher o silêncio do lugar, a leitura sutiliza, é o que se supõe, a palavra originária do seu habitante: "Perdeu-se a fonte, negou-se a palavra".[3] A fonte perdida? Wajcman, porém, reprova no filme *Les Derniers jours* a ausência de contextualização documental (de cujo abuso eu, pela parte que me toca, seria culpado): "Esta degradação que afeta as imagens de arquivos parece ser acompanhada por uma alteração profunda do próprio valor da palavra dos sobreviventes".[4] A palavra negada? Tal seria o produto de toda e qualquer "leitura" ligada à "lógica funesta" da reconstituição histórica, ou seja, da "prova". Seguem-se novas restrições em massa: a busca da *imagem-fato* é restringida à da *imagem-prova*, e esta vê-se logo em seguida restringida a algo semelhante à própria "lógica do pensamento negacionista", no sentido em que "a Shoah teve lugar sem prova, e cabe a todos sabê-lo sem prova. Ninguém precisa de prova, à exceção daqueles que negam a Shoah".[5]

A partir desse momento, a maleficência das imagens caracteriza-se a partir de uma nova perspectiva: a perversidade (histórica) da *prova* vem substituir a perversão (fantasmática) do *fetiche*. É a imagem como documento, como atestado, como *arquivo*, que vai de ora em diante encarnar a "lógica funesta" posta em prática na análise das quatro fotografias de Auschwitz. Se não há, nos textos dos meus contraditores, nenhum argumento específico sobre o arquivo como "ecrã" da verdade, é porque supostamente se conhece este desenvolvimento: ele foi efetuado noutro local. O seu lugar preciso é especificado na acusação surpreendente segundo a qual a minha análise — como, de resto, toda a exposição *Mémoire des*

---

[2] É. Pagnoux, "Reporter photographe à Auschwitz", *op. cit.*, p. 93.
[3] *Ibid.*, p. 105.
[4] G. Wajcman, "Oh *Les Derniers jours*", *op. cit.*, p. 12.
[5] G. Wajcman, "De la croyance photographique", *op. cit.*, p. 53.

camps — não teria tido outro fito que não o de "varrer" o trabalho desenvolvido por Claude Lanzmann para o seu filme *Shoah*:

> Será que os promotores da exposição esperam varrer com uma nova rajada de vento os onze anos de trabalho durante os quais Claude Lanzmann realizou o seu filme *Shoah*? [...] Claude Lanzmann decidiu não utilizar a fotografia. O seu filme está enraizado numa reflexão profunda sobre o estatuto da imagem, sobre o papel do arquivo na transmissão da memória dos campos de concentração. Já seria tempo de fazer um esforço para compreender os propósitos ditos "iconoclastas" de Lanzmann em vez de encontrar neles um pretexto para o descartar, a ele e à sua obra.[6]

Tal como os organizadores da exposição *Mémoire des camps*, nunca tentei — longe disso — "descartar" a obra de Lanzmann. Até no seu título, o presente trabalho situa-se na esteira de uma reflexão iniciada a propósito de *Shoah*.[7] *Shoah* é um filme: nove horas e meia de imagens — ao ritmo de vinte e quatro fotografias por segundo — e de sons, de rostos e de palavras. Ora, o discurso proferido sobre este filme pelos meus dois polemistas faz dele o próprio *inimaginável*, o inimaginável incarnado enquanto obra de "pura" palavra e de recusa "absoluta" da imagem: "*Shoah* atinge o grau absoluto da palavra [...]. Ao optar por não utilizar imagens de arquivo, Lanzmann fez uma escolha que expressa, de modo exato, a sua determinação: opor ao silêncio absoluto do horror uma palavra absoluta".[8]

Pela sua parte, Gérard Wajcman exagerara previamente o inimaginável, afirmando que o autor de *Shoah* conseguira "mostrar num filme o que nenhuma imagem pode mostrar, [uma vez que este] mostra que existe algo como o Nada a ver, [e que] o que isso

---

[6] É. Pagnoux, "Reporter photographe à Auschwitz", *op. cit.*, pp. 87-8.

[7] G. Didi-Huberman, "Le lieu malgré tout", *op. cit.*, pp. 228-42.

[8] É. Pagnoux, "Reporter photographe à Auschwitz", *op. cit.*, pp. 95-6.

mostra é que não há imagem".[9] Consequência que cega: "Se há *Shoah*, então não há imagem por vir".[10] Consequência paradoxal: "Poder-se-ia dizer que, mesmo sem ser visto, a simples existência do filme de Lanzmann [...] é suficiente para fazer com que cada ser humano seja hoje uma testemunha da Shoah".[11] Nem no apogeu do culto humanista da *Divina Comédia*, passaria pela cabeça dos exegetas de Dante — de Bocácio a Landino e a depois deste — afirmar que aquele poema não era feito de palavras, que depois dele não surgiriam outras palavras, e que essa condição absoluta do poema dispensava até a sua leitura, bastando fazer de cada ser humano uma testemunha do Inferno, por exemplo.

* * *

Em todo caso, é nas posições do próprio Claude Lanzmann que teremos de tentar compreender a razão pela qual a rejeição psicológica da imagem como *fetiche* se viu reconduzida a uma rejeição histórica da imagem como *arquivo*. A este propósito, note-se que todos os ataques lançados em mais de sessenta páginas, por Élisabeth Pagnoux e Gérard Wajcman, tinham sido previamente expressos em algumas linhas pelo próprio Lanzmann, numa curta entrevista dada ao jornal *Le Monde*: a crítica metodológica da minha análise estava contida nas três palavras "insuportável pedantismo interpretativo"; o tema do fetichismo já era onipresente; a

---

[9] G. Wajcman, "'Saint Paul' Godard contre 'Moïse' Lanzmann, le match", *op. cit.*, pp. 125-6.

[10] *Ibid.*, p. 127.

[11] G. Wajcman, *L'Objet du siècle*, *op. cit.*, p. 241. Cf. os enunciados concomitantes de M. Henochsberg, "Loin d'Auschwitz, Roberto Benigni, bouffon malin", *Les Temps Modernes*, LV, nº 608, 2000, p. 58: "Produzir o conceito de Auschwitz, isto é, penetrar na ideia da Shoah, é consubstancial à impossibilidade de representar o acontecimento enquanto tal. Mais precisamente, *a impossibilidade da representação faz parte do conceito*: encarar Auschwitz é admitir *a impossibilidade de transformá-lo em imagens*. [...] Tal aconteceu, e não sobrou senão uma memória, mas não uma imagem, nem uma única [...]. *Representação e desconhecimento vão a par um do outro*. Esta lição chega-nos de todo o lado, tendo sido claramente exposta e selada em *Shoah*, o filme definitivo de Claude Lanzmann".

rejeição das imagens de arquivo, em nome do testemunho, via-se justificada com esta breve definição: "São imagens sem imaginação".[12] Tudo aquilo que Wajcman e Pagnoux acharam oportuno *repetir* — nos seus textos publicados na revista Les Temps Modernes, dirigida por Claude Lanzmann —, contra a análise das quatro imagens de Auschwitz, não era senão uma conscienciosa *repetição* das teses defendidas pelo cineasta acerca da sua própria concepção da imagem, do arquivo e do testemunho.

A premissa desta concepção era legítima — como já sublinhei —, tendo sido seguidamente generalizada de modo abusivo: "O ponto de partida do filme, explica Lanzmann, é em parte o desaparecimento dos vestígios: já não existe nada, é o nada, e era preciso fazer um filme a partir desse nada".[13] Prescindir de todas as imagens de arquivo impunha-se legitimamente a partir do momento em que Lanzmann verificou que *não havia imagens* da realidade específica — extrema — à qual o seu filme era dedicado: a saber, os campos de extermínio, tais como Chelmno, Majdanek, Sobibor ou Treblinka. Esta escolha, ainda por cima, impunha-se contra uma situação simétrica: *havia demasiadas imagens* dos campos de concentração — tais como Bergen-Belsen, Buchenwald ou Dachau —, imagens que se tornaram confusas por serem geralmente utilizadas como uma iconografia do extermínio nas câmaras de gás. *Shoah* deve grande parte da sua força e do seu admirável rigor a esta escolha historicamente fundada, que é também uma escolha formal, fruto de uma reflexão sobre o cinema documental.

Mas, a jusante do próprio filme, o rigor tornou-se discurso, depois dogma e, finalmente, rigorismo. "Admiro os peremptórios", escreve algures Lanzmann, "aqueles que não têm dúvidas. Aqueles que sabem tudo."[14] Como se aplicasse a fórmula a si mesmo, Lanzmann tornou peremptória — ou seja, generalizadora, lo-

[12] C. Lanzmann, "La question n'est pas celle du document, mais celle de la vérité", *Le Monde*, 19 de janeiro de 2001, p. 29.

[13] C. Lanzmann, "Le lieu et la parole", in *Au sujet de Shoah*, op. cit., p. 295.

[14] C. Lanzmann, "La guerre a eu lieu", *Les Temps Modernes*, LIV, nº 604, 1999, p. 6. É de Régis Debray que se trata nestas linhas.

go abusiva — uma escolha que era legítima no quadro estrito da sua regra inicial. De certa forma, teríamos dois Claude Lanzmann: por um lado, o cineasta de *Shoah*, o grande jornalista que obstinada e incessantemente fazia perguntas, e que as fazia sempre — à custa de momentos trágicos — sobre aspectos específicos, concretos, precisos, insustentáveis, do extermínio; por outro lado, uma vez arrumadas as perguntas, o "peremptório" tomou a dianteira e teimou em dar ele próprio as respostas, respostas universais e absolutas sobre *toda* a Shoah, *todos* os arquivos, *todas* as imagens, *todo* o cinema... É então que, evidentemente, as escolhas legítimas se transformaram em regras abusivas. É então que a grande arte da formulação de perguntas se tornou pequena mestria de respostas impostas.

É tão exato afirmar, como faz Lanzmann, que "não há uma única imagem [de arquivo] dos campos de Belzec, Sobibor e Chelmno, e praticamente nada sobre Treblinka",[15] quanto é abusivo deduzir daí que "não há imagens da Shoah". E historicamente falso — no caso que nos ocupa — situar o caso de Auschwitz nesse mesmo plano de "desaparecimento dos vestígios". É tão legítimo dar a palavra aos sobreviventes do extermínio,[16] quanto é abusivo deduzir daí que as imagens de arquivos não nos ensinam nada a respeito da "verdade" e que o seu questionamento atento se reduzirá de qualquer forma a um culto de ícones: "Mas que culto absurdo da imagem de arquivo vem a ser este? A que ideia de prova — ou de refutação — do real se refere ele?".[17] Tal é o que Lanzmann clarifica noutro lugar com as seguintes palavras:

> Sempre disse que as imagens de arquivo são imagens sem imaginação. Elas petrificam o pensamento e

---

[15] C. Lanzmann, "La question n'est pas celle du document", *op. cit.*, p. 29.

[16] Sendo que Lanzmann não prescinde — por boas razões — de interrogar também sobreviventes do mundo concentracionário.

[17] C. Lanzmann, "Parler pour les morts", *Le Monde des Débats*, maio 2000, p. 14.

matam todo o poder de evocação. Vale bem mais fazer o que eu fiz, um imenso trabalho de elaboração, de criação da memória do acontecimento. O meu filme é um "monumento" que faz parte daquilo que monumentaliza, como diz Gérard Wajcman. [...] Preferir o arquivo fílmico às palavras das testemunhas, como se aquele pudesse mais do que estas, é reconduzir sub-repticiamente esta desqualificação da palavra humana na sua destinação para a verdade.[18]

Não se percebe por que motivo um pedaço de real — o documento de arquivo — atrairia tão fatalmente o "desmentido" do real. Não se percebe por que motivo o fato de se questionar uma imagem de arquivo equivaleria de modo tão mecânico à recusa de escutar a "palavra humana". Questionar uma imagem não releva apenas de uma "pulsão escópica", como julga Lanzmann:[19] é-lhe necessário cruzar de novo e constantemente acontecimentos, palavras, textos. Não se percebe por que motivo o fato de se trabalhar nos arquivos equivaleria a prescindir de um "trabalho de elaboração": muito pelo contrário, o arquivo — massa frequentemente inorganizada de início — só se torna significante ao ser pacientemente elaborado. Isto, geralmente, exige mais tempo ao historiador do que aquele de que necessita um cineasta para fazer um filme.

E por que razão construir um "monumento", atendendo a como o próprio Lanzmann qualifica o seu trabalho, teria de equivaler a desqualificar os "documentos" sem os quais o monumento se erige no vazio? Não será que as questões de Lanzmann, em *Shoah*, partem as mais das vezes de um conhecimento profundo da história proveniente dos próprios documentos? Por que razão assumir o tom da "lenda" — "tal é o que me permite dizer que o

---

[18] C. Lanzmann, "Le monument contre l'archive?", *Les Cahiers de Médiologie*, nº 11, 2001, p. 274.

[19] *Ibid.*, p. 278.

filme é imemorial"[20] — e recusar, juntamente com a "legenda" necessária às fotografias de arquivo, todo um campo da memória? Lanzmann reivindica com altivez ter feito durante onze anos "uma obra visual da coisa mais irrepresentável", obra de que ele defende a autoridade desde há quase vinte anos. Será que ele não é capaz de imaginar, por partir de uma recusa generalizada do documento fotográfico, que Alex — com todos os membros do *Sonderkommando* que coletivamente assumiram um tal risco — não dispunha de mais de onze minutos para fazer um documento visual da coisa mais irrepresentável e para o transmitir como podia para além da sua própria morte iminente? E que, desse ponto de vista, o documento, por pouco elaborado e por pouco "imemorial" ou "legendário" que seja, merece em troca, da nossa parte, alguma atenção?

Lanzmann acabará por construir em torno da noção de arquivo um autêntico engaste de sofismas e de exageros (construção de que Gérard Wajcman recebe de mão beijada um argumento de autoridade para rebater todo o esforço de conhecimento visual sobre o divertimento hollywoodiano e, logo a seguir, sobre o embrutecimento televisivo). Primeiro, a imagem de arquivo vê-se remetida por Lanzmann, de modo exclusivo, para a noção de *prova*: ela não serviria para conhecer, mas apenas para provar, e para provar precisamente aquilo que não carece de prova. Nesse aspecto, ela estaria próxima de um "desmentido", ou seja, do *negacionismo*.[21] Em seguida, a imagem de arquivo vê-se deslocada para o terreno da ficção e do *fetichismo*, sob o signo da "mentira" hollywoodiana. É certo que Lanzmann tem razão quando critica Spielberg, acusando-o — como também Godard o fez — de "reconstruir" Auschwitz.[22] Mas no encalço desta acusação vem um raciocínio extravagante que consiste em dizer que "reconstruir" é "fabricar arquivos".[23] De tal modo que o *arquivo* — independente-

---

[20] *Ibid.*, p. 273.

[21] C. Lanzmann, "Parler pour les morts", *op. cit.*, p. 14.

[22] C. Lanzmann, "Holocauste, la représentation impossible", *Le Monde*, 3 março 1994, pp. i e vii.

[23] *Ibid.*, p. vii.

mente de estar em causa o mentiroso bem (Spielberg) ou mal (Faurisson) intencionado — já não se distinguirá da sua própria *falsificação*. Lanzmann escreve indistintamente, a propósito da abjeção espectacular inerente às reconstituições hollywoodianas de Auschwitz, "fabricar arquivos" e "fabricar falsos arquivos".[24]

Não é assim tão surpreendente que, não distinguindo no seu discurso o arquivo histórico do arquivo falsificado, Claude Lanzmann tenha chegado à célebre hipótese do "filme maldito": esta hipótese ocorrer-lhe-á precisamente no seguimento da sua crítica de Spielberg, como se a — justa — problematização das imagens provenientes de Hollywood (ainda que animadas por um ponto de vista humanista) pudesse arrastar a injustificável destruição de um arquivo visual proveniente de Auschwitz (ainda que animado por um ponto de vista nazi):

> Spielberg escolheu reconstruir. Ora, de um certo modo, reconstruir é fabricar arquivos. E se eu tivesse encontrado um filme — um filme secreto, dado que era estritamente interdito —, realizado por um SS, em que se mostrasse como três mil judeus, homens, mulheres, crianças, morriam juntos, asfixiados numa câmara de gás do crematório II de Auschwitz, se eu tivesse encontrado tal coisa, não só não a teria mostrado, como a teria destruído. Não sou capaz de dizer por quê. Para mim é óbvio.[25]

Para quem leu o texto de Jorge Semprún a respeito da sua percepção dos documentos fílmicos sobre os campos de concentração é simples compreender a polêmica, que mais tarde viria a subir de tom, entre os dois autores: Semprún pôs em causa a "for-

---

[24] C. Lanzmann, "Parler pour les morts", *op. cit.*, p. 15: "*A Lista de Schindler* não faz mais do que fabricar falsos arquivos, como todos os filmes desse gênero".

[25] C. Lanzmann, "Holocauste, la représentation impossible", *op. cit.*, p. vii.

mulação extrema, fundamentalista", de Lanzmann; este replicou opondo à *prova* documental das "imagens sem imaginação" o seu "coro imenso de vozes [que, na *Shoah*], *atesta* o que foi perpetrado".[26] Dado que persistia um sentimento de consternação diante do seu preconceito "teórico", Lanzmann obstinou-se, variando o tom. Houve o lamento por não ser ouvido: "Ninguém quis compreender".[27] Houve a minimização: "Quis simplesmente opor o arquivo à *Shoah*"[28] — mas será possível que Lanzmann não se aperceba de que opõe aqui uma classe de objetos históricos *em geral* a um trabalho cinematográfico *em particular*, o que, desde logo, forma um contrassenso por "desproporção"?

O arquivo, continuará ele a defender, não comunica senão informações: enquanto "imagem sem imaginação", não afeta nem a emoção nem a memória, e só permite apurar, na melhor das hipóteses, coisas exatas, nunca a verdade (creio compreender melhor, *a contrario*, o que Lanzmann designava por "pedantismo interpretativo": a faculdade de extrair, de uma imagem de arquivo, emoção e fragmentos de memória, imaginação e fragmentos de verdade). Ao invés, diz ele, "o filme *Shoah* não foi feito para transmitir informações, embora ensine tudo".[29]

O argumento contraditório acaba por ser substituído pela obstinação e pelos ferrolhos da certeza: "Todos [aqueles que contestam a proposição sobre o "filme interdito"] se inscrevem no universo da prova. Já eu nunca duvidei da realidade do extermínio",[30] escreve Lanzmann, como se o problema em jogo fosse esse, especialmente para um sobrevivente dos campos de concentração como Semprún. E noutro lugar: "Nunca falei de destruir um documento sobre as câmaras de gás [...] mas tê-lo-ia destruído. Acrescentava que não queria fundamentar o que dizia; não se pode ir

---

[26] J. Semprún, "L'art contre l'oubli", *Le Monde des Débats*, maio 2000, pp. 11-3.

[27] C. Lanzmann, "Le monument contre l'archive", *op. cit.*, p. 273.

[28] *Ibid.*, p. 273.

[29] *Ibid.*, p. 276.

[30] *Ibid.*, p. 273.

mais além; é como o *cogito* cartesiano: ou se compreende ou não se compreende. É tudo".[31] Diria antes que se não se compreende um tal *é tudo*, compreende-se, *apesar de tudo*, alguma coisa acerca dos propósitos que motivam esta crispação do pensamento.

Não se compreende que um intelectual reivindique altivamente não fundamentar o que diz. Descartes nunca desprezou o seu interlocutor a ponto de deixá-lo com este tipo de frase: "Ou se compreende ou não se compreende. É tudo". Pode se compreender — com Descartes, justamente — que a dúvida possa se tornar hiperbólica. Não se compreende — salvo no domínio místico — a certeza hiperbólica. E isto, justamente, porque ela não foi feita para ser compreendida, mas para ser imposta. É o que se passa com Élisabeth Pagnoux, quando se limita a escrever: "Lanzmann teria destruído o filme por razões de uma profundidade espantosa, que fazem de *Shoah* uma palavra absoluta".[32] É o que se passa com Gérard Wajcman e a sua permanente imitação do discurso do mestre: "Nada mais. [...] É tudo. É o fundamento de tudo. [...] Há mais alguma coisa a dizer?".[33]

É o que se passa, enfim, quando Jean-Jacques Delfour tenta desesperadamente justificar Lanzmann, com o argumento de que a imagem de arquivo ofereceria "uma distância tal a ponto de uma execução não ser nada mais do que uma informação"; a ponto de a imagem, em geral, ser desqualificada pela sua "estrutura vidente"; a ponto de se ter toda a razão ao destruir uma tal "fita filmada pelos nazistas, uma vez que ela contém e legitima a posição do nazista; olhá-la implicaria necessariamente habitar essa posição de espectador, exterior às vítimas, logo, implicaria aderir filmicamente, perceptivamente, à própria posição nazista"; e o ponto de, em qualquer dos casos, se considerar justificado, da parte de Lanzmann, destruir um tal documento, sendo que "o faria porque realizou *Shoah*, ou seja, uma obra de arte que é a alternativa a essa

---

[31] C. Lanzmann, "Parler pour les morts", *op. cit.*, p. 14.

[32] É. Pagnoux, "Reporter photographe à Auschwitz", *op. cit.*, p. 96.

[33] G. Wajcman, *L'Objet du siècle*, pp. 19 e 63. G. Wajcman, "De la croyance photographique", *op. cit.*, p. 70.

película, tornando-a [portanto] inútil".[34] Que conclusão tirar então desse pretenso *cogito*, senão a de que a sua certeza hiperbólica se funda no cheque em branco de um "Sou, logo destruo": "Sou a imagem toda da *Shoah*, logo posso destruir todas as (outras) imagens da Shoah"?

Eis o que se assemelha menos a um *cogito* do que à *paixão especular* de um homem pelo seu próprio trabalho. É significativo que o filme-*repoussoir** imaginado por Lanzmann para fundar a autoridade do seu próprio trabalho — que não precisava de nada desse gênero — se assemelhe a algo como a uma ponte abstrata, a um fantasma estendido, precisamente, entre as duas sequências fotográficas de agosto de 1944: quer dizer, entre as imagens do "antes" (as mulheres conduzidas à câmara de gás) e as imagens do "depois" (as fossas de incineração). Lanzmann ilude-se assim ao especular sobre um documento que não existe, com fins bastante obscuros que o levam a não refletir sobre os documentos que, de fato, existem. Ilude-se, sobretudo, ao enraizar todo o seu discurso — não o seu filme, elaborado desde 1985, mas a sua certeza dogmática reivindicada dez ou quinze anos mais tarde — numa incompreensão obtusa do que são um arquivo, um testemunho ou um ato de imaginação.

* * *

Michel de Certeau escreveu que, "em história, tudo começa com o gesto de pôr à parte, de coligir, de transformar assim em 'documentos' certos objetos distribuídos de outra forma. Esta nova distribuição cultural é o primeiro trabalho. Na realidade, ela consiste em *produzir* tais documentos, pelo fato de recopiar, transcrever ou fotografar esses objetos, mudando ao mesmo tempo o

---

[34] J.-J. Delfour, "La pellicule maudite. Sur la figuration du réel de la Shoah: le débat entre Semprún et Lanzmann", *L'Arche*, n° 508, 2000, pp. 14-5.

* *Repoussoir* designa, nas artes visuais, o procedimento que consiste em destacar um elemento no primeiro plano para, por efeito de contraste, conferir profundidade ao espaço. O procedimento foi empregado, com a mesma denominação, também no cinema. (Nota da ed. bras.)

seu lugar e o seu estatuto".[35] Só um metafísico quereria ignorar essa construção do arquivo e insistiria ainda na ideia de que, "nele, a origem fala por si própria".[36] Só um metafísico, tendo aceitado essa construção, deduziria que o arquivo se vê assim desqualificado.

Se é hoje necessário "reelaborar um conceito de arquivo", nos termos da proposta de Jacques Derrida, tal acontece, sem dúvida, porque a história nos obrigou a um confronto penoso com os "arquivos do mal", aos quais as fotografias reunidas em *Mémoire des camps* davam uma visibilidade particularmente incômoda. Mas também, e simetricamente, porque Freud — a quem associarei, no plano antropológico, Aby Warburg — "tornou possível pensar um arquivo hipomnésico" ou inconsciente.[37] Mas o próprio Freud não deixou de se debater com os diferentes modelos teóricos que o arquivo podia oferecer: como conciliar a destruição dos vestígios com a memória indestrutível da destruição (problema inerente, como se sabe, a todo o pensamento da Shoah)? Como interpretar, ou mesmo traduzir, o caráter fatalmente "idiomático", quase intransmissível, do arquivo? Como pensar a imanência do suporte técnico e da mensagem arquivada, à qual se esquiva toda a metafísica do sentido "puro"[38] (compreende-se então a razão pela qual Wajcman visa tão diretamente o meio fotográfico em si mesmo, como que para preservar a pureza do acontecimento, da origem)?

Certamente, "nada é hoje menos seguro ou menos claro do que a noção de arquivo".[39] O que é mais uma razão para nos aproximarmos e o observarmos de perto, concretamente, em vez

---

[35] M. De Certeau, *L'Écriture de l'histoire*, Paris, Gallimard, 1975, p. 84 [ed. bras.: *A escrita da história*, Rio de Janeiro, Forense Universitária, 1982].

[36] J. Derrida, *Mal d'archive: une impression freudienne*, Paris, Galilée, 1995, p. 144 [ed. bras.: *Mal de arquivo: uma impressão freudiana*, Rio de Janeiro, Relume-Dumará, 2001].

[37] *Ibid.*, p. 143.

[38] *Ibid.*, pp. 26-7 e 141-3.

[39] *Ibid.*, p. 141.

de qualificar simplesmente como "vacuidade tecnicizante" a minúcia das tentativas de reconstituição documental. Na sua magnífica fenomenologia do arquivo, Arlette Farge evoca a desmesura dos acertadamente chamados "fundos" de arquivo, a sua "difícil materialidade", a sua natureza essencialmente lacunar — "o arquivo não é um *stock* de que se retirariam coisas por prazer; ele é constantemente uma falta" — e até, por vezes, "a impotência de não saber o que fazer dele".[40]

Basta ter-se confrontado pelo menos uma vez com tais "fundos" documentais para ter a experiência concreta de que o arquivo não dá à memória esse sentido cristalizado, essa imagem fixa que nele vislumbra Claude Lanzmann. Ele é sempre — incansavelmente — uma "história em construção de que o resultado nunca é inteiramente abarcável".[41] E por quê? Porque cada descoberta surge nele como um *brecha na história concebida*, uma singularidade provisoriamente inqualificável que o investigador vai tentar remendar no tecido de tudo aquilo que já sabe, para produzir, se possível, uma *história repensada* do acontecimento em questão. "O arquivo quebra as imagens preconcebidas", escreve com razão Arlette Farge (e não será que também as quatro imagens de Birkenau quebram, à sua maneira, a imagem preconcebida, "industrial" ou abstrata, da organização criminal nazi?).[42] Por um lado, o arquivo desmembra a compreensão histórica em virtude do seu aspecto de "fragmento" ou de "vestígio bruto de vidas que de modo nenhum exigiam ser assim contadas". Por outro lado, "abre-se brutalmente a um mundo desconhecido", liberta um "efeito de

---

[40] A. Farge, *Le Goût de l'archive*, Paris, Seuil, 1989, pp. 10, 19, 70, 97.

[41] *Ibid.*, p. 135.

[42] À ideia comum do crime nazista perpetrado como um "puro produto industrial" (G. Wajcman, *L'Objet du siècle*, *op. cit.*, p. 226), Pierre Vidal-Naquet opunha a observação segundo a qual "as câmaras de gás relevam de uma técnica bastante rudimentar", o que também se pode dizer a respeito das fossas de incineração visíveis nas fotografias de agosto de 1944. Cf. P. Vidal-Naquet, "Le défi de la Shoah à l'histoire", in *Les Juifs, la mémoire et le présent*, *op. cit.*, p. 232.

real" absolutamente imprevisível que nos fornece o "esboço vivo" da interpretação a reconstruir.[43]

Mas nem por isso o arquivo é o "reflexo" puro e simples do acontecimento, nem a sua pura e simples "prova". Pois ele deve ser sempre elaborado mediante recortes incessantes, mediante uma *montagem* cruzada com outros arquivos. Não se deve nem sobrevalorizar o caráter "imediato" do arquivo, nem subvalorizá-lo como um mero acidente do conhecimento histórico. O arquivo exige a sua permanente reconstrução, mas será sempre a "testemunha" de algo, como diz Arlette Farge, insistindo, em particular, no seu aspecto de "recordação sonora" — Aby Warburg falara, logo no início do século XX, do "timbre dessas vozes inaudíveis" (*den unhörbaren Stimmen wieder Klangfarbe*) que o arquivo das *ricordanze* florentinas fazia despontar nele.[44] Não será de espantar, nestas condições, que o cinema sonoro — o arquivo fílmico de um processo, por exemplo — possa desempenhar um papel capital na compreensão histórica profunda do próprio "grão" ou do "fraseado" do acontecimento:

> *Robert Badinter* — Tenho uma pergunta para lhe fazer. Quanto observa as gravações que, necessariamente, são muito limitadas, dado que representam apenas cinco minutos de um processo muito longo, que incluiu inevitavelmente momentos mais animados do que outros, tem o sentimento de estar próxima do clima de um processo judicial?
> *Annette Wieviorka* — Claro que sim. [...] A imagem permite-nos aceder à dimensão teatral do processo, à tonalidade das vozes. Por exemplo, ouvir o advogado de Papon é completamente distinto de ler o que ele escreve. Há um certo número de elementos que são ines-

---

[43] A. Farge, *Le Goût de l'archive*, op. cit., pp. 11-2, 45 e 55.

[44] *Ibid.*, pp. 9 e 77. A. Warburg, "L'art du portrait et la bourgeoisie florentine. Domenico Ghirlandaio à Santa Trinita. Les portraits de Laurent de Médicis et de son entourage" [1902], in *Essais florentins*, Paris, Klincksieck, 1990, p. 106.

timáveis na imagem e que o documento escrito não pode restituir.[45]

Neste aspecto, a coleção de testemunhos reunida em *Shoah* forma de fato um *arquivo*, mesmo se esta "forma" nos é dada como uma *obra* no sentido pleno da palavra. Aliás, foi assim que os historiadores desejaram compreender o filme: "esse filme em que um único *documento* nos é apresentado", como escreve Pierre Vidal-Naquet; esse filme que consegue "criar a [sua] própria base de *fontes*", como escreveu, por seu turno, Raul Hilberg.[46] *Shoah* é um grande filme documental: seria por isso absurdo opor no seu seio o "monumento" e o "documento" (além de que se pode imaginar o benefício que os historiadores, presentes ou futuros, poderão tirar desse imenso "arquivo da palavra" que constituem as suas cerca de trezentas e cinquenta horas de fita).

Quer se trate de um arquivo de imagens ou de palavras, este não pode ser reduzido a essa "fabricação", a essa *aparência* que Claude Lanzmann, nos seus textos polêmicos, reconhece nele. Ao repudiar a imagem de arquivo — não só *a priori*, como material do seu filme em particular, mas sobretudo *a posteriori*, como material de toda e qualquer pesquisa sobre a verdade histórica da Shoah em geral —, o cineasta inscreve-se, mais coisa menos coisa, numa corrente de pensamento que radicalizou de modo excessivo as perspectivas críticas inauguradas, no discurso da história, por Michel Foucault ou Michel de Certeau. Graças a estes, a certeza inicial do historiador positivista perdeu, por assim dizer, a sua inocência: eles tinham mostrado como o arquivo não era de modo nenhum o reflexo imediato do real, mas uma escrita provida de sintaxe (pensemos, considerando as fotografias de Auschwitz, nas

---

[45] R. Badinter e A. Wieviorka, "Justice, image, mémoire", *Questions de Communication*, n° 1, 2002, p. 101. Cf. igualmente A. Farge, "Écriture historique, écriture cinématographique", in A. de Baecque e C. Delage (orgs.), *De l'histoire au cinéma*, Paris/Bruxelas, IHTP-CNRS/Complexe, 1998, pp. 111-25.

[46] P. Vidal-Naquet, "Le défi de la Shoah à l'histoire", *op. cit.*, p. 233. R. Hilberg, *Holocauste: les sources de l'histoire*, *op. cit.*, p. 50. Itálicos meus.

limitações do enquadramento ou da orientação) e de ideologia (as fotografias não são o "puro reflexo" do real de Auschwitz em geral, mas o seu traço simultaneamente pontual, material e intencional: um ato de resistência contra o próprio real que, segundo o seu *ponto de vista* e num momento preciso, um membro do *Sonderkommando* registra parcialmente).

Também era necessário compreender — na esteira de Warburg, Marc Bloch e Walter Benjamin — que a *fonte* nunca é um "puro" ponto originário, mas um tempo já estratificado, complexo (o que encontra uma manifestação exemplar na natureza sequencial das quatro imagens de Auschwitz, a que acresce o fato de elas próprias fazerem parte de uma série mais vasta de testemunhos deixados pelos membros do *Sonderkommando*). Era preciso, enfim, compreender que a história se constrói em torno de *lacunas* que perpetuamente se questionam, sem nunca serem totalmente preenchidas (como a "massa negra" das fotografias, como a dificuldade com que nos confrontamos em reconstituir o tempo do que está *entre* as quatro imagens). Seja como for, surgiu uma dúvida salutar quanto às relações do "real" histórico com a "escrita" que faz a história. Mas será por isso necessário atirar "todo o real" para fora do arquivo? Certamente que não. A firmeza de um Pierre Vidal-Naquet, nesse ponto, só se compara com o seu comprometimento na luta contra os "assassinos da memória": pois o historiador não escapa à responsabilidade de dever distinguir um arquivo da sua falsificação ou da sua "fabricação" ficcional.[47] Que uma dúvida idêntica vá ao encontro do *décor* (da ficção hollywoodiana) e do *lugar* (das quatro fotografias de Auschwitz ou do suposto "filme maldito") é propriamente inaceitável para qualquer pensamento — mesmo que "estético" — da história.

Não só este debate historiográfico não está encerrado, como se foca habitualmente na questão extrema — o que não quer dizer

---

[47] P. Vidal-Naquet, "Lettre", in L. Giard (org.), *Michel de Certeau*, Paris, Centre Georges Pompidou, 1987, pp. 71-4. P. Vidal-Naquet, "Sur une interprétation du grand massacre: Arno Mayer et la 'Solution finale'", *op. cit.*, pp. 262-3, em que o autor defende a "arqueologia" de Jean-Claude Pressac contra a dúvida generalizada de Mayer sobre as "fontes" da Shoah.

"absoluta" — da Shoah. Não é por acaso que o contexto de um colóquio sobre os *limites da representação* fez com que Carlo Ginzburg se empenhasse, há alguns anos, num apuramento veemente e salutar do "ceticismo radical" formulado por Hayden White ou, de um modo diferente, por Jean-François Lyotard.[48] Entre os excessos do positivismo e os excessos do ceticismo, é necessário, reclama Ginzburg, reaprender constantemente a "ler os testemunhos", a não temer a experiência das "tensões entre narração e documentação", a não ver nas fontes "nem janelas abertas, como creem os positivistas, nem muros que obstruem a visão, como defendem os céticos".[49]

Ora, a balança dialética entre esses dois erros situa-se justamente, segundo Ginzburg, numa *experiência da prova*.[50] Façam os nossos polemistas o favor de entender o que a palavra *prova* [*preuve*] — próxima da palavra *provação* [*épreuve*] e, em italiano, da palavra *ensaio* [*essai*] — significa neste contexto:

> A linguagem da prova é a de todos aqueles que submetem os materiais da pesquisa a uma verificação incessante ("*Provando e riprovando*" era a divisa da Accademia del Cimento, em Florença, no século XVIII). [...]

---

[48] C. Ginzburg, "Just One Witness" [1992], in S. Friedlander (org.), *Probing the Limits of Representation*, op. cit., pp. 82-96. Cf., no mesmo volume, D. LaCapra, "Representing the Holocaust: Reflections on the Historians' Debate", *ibid.*, pp. 108-127. O problema é igualmente abordado por Y. Thanassekos, "De l'"histoire-problème" à la problématisation de la mémoire", *Bulletin Trimestriel de la Fondation Auschwitz*, n° 64, 1999, pp. 5-26. P. Ricoeur, *La Mémoire, l'histoire, l'oubli*, Paris, Seuil, 2000 (ed. 2003), pp. 201-30 e 320-69 [ed. bras.: *A memória, a história, o esquecimento*, Campinas, Editora da Unicamp, 2018]. P. Burke, *Eyewitnessing*, Ithaca, Cornell University Press, 2001 [ed. bras.: *Testemunha ocular*, São Paulo, Editora Unesp, 2017].

[49] C. Ginzburg, *Rapports de force* [2000], Paris, Gallimard/Seuil, 2003, pp. 13-4 e 33-4 [ed. bras.: *Relações de força*, São Paulo, Companhia das Letras, 2002].

[50] *Ibid.*, p. 34.

Trata-se de avançar tateando, como o fabricante de violinos que bate delicadamente na madeira do instrumento, imagem que Marc Bloch opunha à perfeição mecânica da roda, para sublinhar a componente artesanal, inalienável, do trabalho do historiador.[51]

Logo, é aberrante tentar reduzir a "lógica da prova" à do "pensamento negacionista".[52] Esta procede por *falsificação*, aquela por *verificação*. O negacionista Udo Walendy teve um dia a pretensão de fornecer as "provas" de que uma fotografia célebre da orquestra de Mauthausen era falsa; a resposta consistiu, não em deixá-lo com as suas provas, guardando para si uma "certeza absoluta", mas, por um lado, em mostrar que ele falsificava os elementos da sua argumentação e, por outro lado, em sobreverificar o próprio documento — em aprofundar a sua leitura — por meio de uma pesquisa e de um cotejo dos testemunhos de sobreviventes.[53]

* * *

Basta este exemplo para compreendermos a inanidade de um raciocínio que quer opor a toda a força o *arquivo* ao *testemunho*, a "imagem sem imaginação" à "palavra do inimaginável", a prova à verdade, o documento histórico ao monumento imemorial. É certo que o filme de Lanzmann eleva a noção de testemunho a uma manifesta incandescência, a uma intensidade — e a uma inquietante precisão — da palavra viva, que o historiador, daí em diante, já não pode remeter para o fundo dos arquivos escritos da Shoah.[54] Mas isso não é razão para *absolutizar o testemunho*, como faz Élisabeth Pagnoux, invocando uma "palavra absoluta",

---

[51] *Ibid.*, p. 11.

[52] G. Wajcman, "De la croyance photographique", *op. cit.*, p. 53.

[53] G. Wellers (org.), "La négation des crimes nazis", *Le Monde Juif*, XXXVII, nº 103, 1981, pp. 96-107.

[54] Cf. S. Felman, "À l'âge du témoignage", *op. cit.*, pp. 55-145. A. Wieviorka, *L'Ère du témoin*, *op. cit.*

ou, como faz Gérard Wajcman, invocando a "palavra verdadeira [...], a Verdade universal endereçada, no presente do imemorial, aos Sujeitos universais".[55]

Ainda menos se for para encontrar no testemunho o pretexto para *desqualificar o arquivo* e para deduzir do próprio testemunho que "a ideia de documento visual sobre a Shoah está fora de questão".[56] O que é vivo na história e na palavra não tem de dar lugar a grandes maiúsculas ontológicas, a "absolutos" ou a "verdades universais": não é com a palavra "absoluto" — esse fetiche discursivo — que se fará justiça ao caráter extremo de tal história. É sintomático que uma das mais belas obras de *testemunho* já escritas sobre Auschwitz — estou pensando no livro de Primo Levi *É isto um homem?* — comece modestamente, longe de qualquer imemorialidade monumental, com uma proposição de ordem *documental* e psicológica, logo essencialmente relativa: "Não escrevi com o objetivo de formular novas acusações, mas antes para fornecer documentos com vista a um estudo desapaixonado de certos aspectos da alma humana".[57]

Existe um paradoxo lamentável a propósito dos testemunhos da Shoah, cujo alcance não pode ser avaliado a não ser reintroduzindo singularidades *históricas* no pensamento *teórico* do fenômeno. Por um lado, as próprias testemunhas se exaurem na tentativa de dizer, de fazer passar, de fazer com que algo seja compreendido (Primo Levi, como se sabe, consagrou toda a vida a esse objetivo).[58] Quer dizer, oferecer à comunidade — ou à "comum medida" da linguagem humana — uma palavra para a sua experiência, por mais defectível ou disjunta que seja em comparação com o real vivido. Como escreve Renaud Dulong, no seu livro sobre *Le Témoin oculaire*, "trata-se de contar a verdade nos termos em que

---

[55] É. Pagnoux, "Reporter photographe à Auschwitz", *op. cit.*, p. 95. G. Wajcman, "Oh *Les Derniers jours*", *op. cit.*, p. 22.

[56] G. Wajcman, *L'Objet du siècle*, *op. cit.*, p. 240.

[57] P. Levi, *Si c'est un homme*, p. 7.

[58] P. Levi, "Comprendre et faire comprendre" [1986], in *Conversations et entretiens, 1963-1987*, Paris, Laffont, 1998 (ed. 2000), pp. 237-52.

pode ser transmitida de homem para homem, de restabelecer a função de ligação da linguagem".[59]

Quando, por outro lado, a reflexão filosófica absolutiza essa disjunção e essa imperfeição inerentes ao testemunho — conceitualizando-as —, obtêm-se configurações em que as impurezas narrativas, os restos visuais são abolidos com o fito de garantir uma ideia mais "pura", mais universal, dos paradoxos em questão. A partir daí, escarnece-se do que há de mais precioso no testemunho *apesar de toda* a imperfeição e *apesar de toda* a disjunção: a saber, os próprios restos, esses vestígios em que a imperfeição simultaneamente se diz (visto que o vestígio supõe, significa a destruição) e se contradiz (visto que o vestígio resiste, sobrevive à destruição). São conhecidas pelo menos três versões do testemunho como absoluto e como excesso "sublime" da palavra humana: o *diferendo*, segundo Jean-François Lyotard, consagra a impossibilidade de uma troca equitativa de argumentos num conflito sobre o testemunho.[60] O *silêncio puro*, segundo Giorgio Agamben, consagra a impossibilidade de uma palavra do testemunho "integral" do extermínio: sendo que este só poderia vir do "muçulmano", figura extrema — e muda — daqueles "que sucumbiram", nas palavras de Primo Levi.[61]

A terceira versão é a da *palavra absoluta* reivindicada por Claude Lanzmann para o seu filme *Shoah*. É ela que faz com que Gérard Wajcman diga: "Ou se sabe tudo, ou se nega". O que ela

[59] R. Dulong, *Le Témoin oculaire*, Paris, EHESS, 1998, p. 226.

[60] J.-F. Lyotard, *Le Différend*, op. cit., pp. 9-55.

[61] G. Agamben, *Ce qui reste d'Auschwitz*, op. cit., pp. 15-111. A posição de Agamben é criticada especialmente por S. L. Della Torre, "Il sopravvissuto, il musulmano e il testimone", *Una Città*, n° 83, 2000, pp. 16-7 (ed. Turim: pp. 214-23); F. Bensalma, "La représentation et l'impossible", *Le Genre Humain*, n° 36, 2001, pp. 59-80; e sobretudo por P. Mesnard e C. Kahan, *Giorgio Agamben à l'épreuve d'Auschwitz*, Paris, Kimé, 2001 (crítica que se justifica a partir do momento em que põe em causa o mutismo como "sintaxe espetacular" ou quando torna a dar primazia aos testemunhos dos membros do *Sonderkommando*; crítica excessiva e injusta quando chega a suspeitar de todos os pormenores — o tema da Górgona, por exemplo — ou a forçar interpretativamente cada um dos matizes do pensamento de Agamben).

consagra é a impossibilidade de uma questão prolongada, de uma "imagem por vir". Ela erige o seu próprio arquivo como monumento inultrapassável, como fim da história. Pior, ela desqualifica os outros arquivos e relega-os para o estatuto de documentos sempre em falta para com a verdade. Esta hierarquia ignora assim a necessidade de uma *abordagem dialética* capaz de manusear em conjunto a palavra e o silêncio, a falta e o resto, o *impossível* e o *apesar de tudo*, o testemunho e o arquivo:

[...] a memória que faz a história não pode ignorar, a par dos documentos "objetivos", a experiência insubstituível das testemunhas, daqueles que viveram os acontecimentos. Essas testemunhas, cumprindo o seu dever de memória, não poderiam, por seu turno, negligenciar essa exigência de verdade que está no âmago do trabalho do historiador; é nesta *dupla condição* que a memória social poderá fazer o seu trabalho de reaproximação ao passado, evitando a mitologia sem cair no esquecimento.[62]

Ora, a "dupla condição" de que fala Jean-Pierre Vernant vê-se aqui complexificada devido a uma dupla dificuldade inerente ao fenômeno do extermínio. Se insisto tanto, nestas linhas, na expressão *apesar de tudo*, é porque cada fragmento existente — de imagens, de palavras ou de escritos — é arrancado a um fundo de *impossível*. Testemunhar é contar *apesar de tudo* o que é *impossível* contar totalmente. Ora, o impossível vem desdobrar-se quando a esta dificuldade em contar se acrescenta a dificuldade em ser entendido.[63] A situação desesperante das quatro imagens de Auschwitz — realizadas correndo riscos consideráveis, extraídas do cam-

---

[62] J.-P. Vernant, "Histoire de la mémoire et mémoire historienne", in F. Barret-Ducrocq (org.), *Pourquoi se souvenir?*, Paris, Grasset, 1999, p. 27. Itálicos meus.

[63] P. Levi, *Les Naufragés et les rescapés, op. cit.*, pp. 11-2. É. Wiesel, *La Nuit, op. cit.*, pp. 17-8. A. Wieviorka, "Indicible ou inaudible? La déportation: premiers récits (1944-1947)", *Pardès*, n° 9-10, 1989, pp. 23-59.

po de concentração, mas nunca transmitidas "ao exterior", isto é, para além da Polónia — assemelha-se ao destino dos testemunhos reunidos pelos resistentes do gueto de Varsóvia: redigidos e transmitidos, mas permanecendo inaudíveis precisamente para aqueles que os podiam entender.

A descrição do massacre de Chlemno foi distribuída no gueto às dezenas de exemplares. Despachamos um relatório para o estrangeiro pedindo ainda que se tomem medidas no sentido de exercer represálias contra a população civil alemã. Mas o estrangeiro também não acredita nisto. O nosso apelo permanece sem resposta, ainda que, numa emissão de rádio transmitida para o mundo inteiro, o texto fiel à nossa mensagem tenha sido lido em Londres pelo camarada Artur Zygielbojm, representante do nosso Conselho Nacional.[64]

Nesta terrível armadilha da história, a única posição ética consistia em resistir, *apesar de tudo*, aos poderes do *impossível*: criar *apesar de tudo* a *possibilidade* de um testemunho. O "muçulmano" dos campos de concentração ou a pessoa perfeitamente sã que se arranca do comboio e que se extermina no quarto de hora seguinte estão ambos, realmente, reféns do impossível, da palavra morta: impossível é, com efeito, testemunhar *de dentro* da morte.[65] Quanto àqueles que, estando vivos, podiam usar da palavra, não quiseram (os nazis nos campos de concentração) ou não puderam testemunhar *nada*.[66] Ora, entre estas duas posições extre-

---

[64] M. Edelman, *Mémoires du ghetto de Varsovie* [1945], Paris, Liana Levi, 2002, p. 42.

[65] Cf. S. Felman, "À l'âge du témoignage", *op. cit.*, pp. 81-7.

[66] No entanto, existe um diário, mantido em segredo pelo SS Johann Paul Kremer, dos três meses que passou em Auschwitz, assim como os depoimentos — posteriores aos acontecimentos — de Pery Broad e, sobretudo, de Rudolf Höss: este último, comandante do campo de concentração, redigiu o seu relato na prisão, antes do seu enforcamento em 1947. Textos publicados em *Auschwitz vu par les SS*, Oswiecim, Musée d'État d'Auschwitz, 1974. Cf.

mas, existe — dado que a história reserva sempre mais possibilidades do que as oferecidas pelo pensamento binário — uma terça-posição, se assim se lhe pode chamar. Mas nem por isso menos extrema. Ela testemunha do interior, mas não fica reduzida ao silêncio: tal é a sua força incomparável. Trata-se do testemunho formulado e transmitido *apesar de tudo* pelos membros do *Sonderkommando*.

Refiro-me aqui a uma situação muito específica: não à dos sobreviventes que acabariam por arrancar aos anos de silêncio, após a guerra, um testemunho ainda mais impressionante.[67] Mas à dos membros do *Sonderkommando*, imersos na sua situação atroz, no seu trabalho enlouquecedor, na sua morte iminente. Sabe-se que os membros do *Sonderkommando* eram *viventes apesar de tudo*, sobreviventes muito provisórios: os seus testemunhos, produzidos em segredo e escondidos onde lhes era possível no perímetro do campo, constituíam, portanto, *testemunhos apesar de tudo* — e os únicos produzidos pelas vítimas — *do interior* da máquina de extermínio, a que chamei o olho do furacão, o "olho da história".

> Dentro de algumas semanas, o *Sonderkommando* pertencerá ao passado. Morreremos todos aqui e bem o sabemos. Já nos habituamos a este pensamento, pois sabemos que não há nenhum meio de escaparmos a esse destino. Mas há uma coisa que me inquieta. Onze *Sonderkommandos* aqui pereceram e levaram, com o seu último suspiro, o segredo abominável dos crematórios e das fogueiras. Mesmo que não sobrevivamos, é nosso dever velar para que o mundo conheça a crueldade e a baixeza — inimagináveis para um cérebro normal — deste povo que se pretende superior.

também R. Höss, *Le Commandant d'Auschwitz parle* [1947], Paris, Julliard, 1959.

[67] Cf. R. Vrba (com A. Bestic), *Je me suis évadé d'Auschwitz*, Paris, Ramsay, 2001. F. Müller, *Trois ans dans une chambre à gaz d'Auschwitz, op. cit.* Y. Gabbay, "Témoignage", *RHS*, n° 171, 2001, pp. 248-91.

É preciso que uma mensagem dirigida ao mundo inteiro parta daqui. Independentemente de ser encontrada em breve ou apenas daqui a muitos anos, ela será sempre uma acusação terrível. Esta mensagem será assinada, na plena consciência da sua morte iminente, pelas duas centenas de homens do *Sonderkommando* do crematório I [...]. A mensagem foi redigida com exatidão. Ela descreve de um modo pormenorizado os horrores que aqui se passaram nos últimos anos. Os nomes dos carrascos dos campos de concentração figuram nela. Publicamos o número aproximado das pessoas exterminadas, com a descrição da forma, dos métodos e dos instrumentos utilizados para esse extermínio. A mensagem foi redigida em três grandes folhas de pergaminho. Foi o redator do *Sonderkommando* — um pintor de Paris — que a copiou em belos caracteres caligrafados, segundo o uso dos antigos pergaminhos, com tinta nanquim, para que a escrita não desbotasse. A quarta folha contém as assinaturas das duas centenas de homens do *Sonderkommando*. As folhas de pergaminho foram atadas com fio de seda, dobradas na forma de um rolo, fechadas numa caixa cilíndrica feita de zinco, construída especialmente por um dos nossos serralheiros, e finalmente selada e soldada para ficar protegida do ar e da umidade. Esta caixa foi disposta pelos marceneiros entre as molas do sofá, no tecido de lã do estofo acolchoado.

Uma outra mensagem, exatamente idêntica, foi enterrada no pátio do crematório II.[68]

Nestas condições, o testemunho já não é sequer uma "questão de vida ou de morte" para a própria testemunha: é simplesmente uma questão de morte para a testemunha e de eventual sobrevivência para o seu testemunho. Rebatendo toda a lógica tes-

---

[68] M. Nyiszli, "SS Obersturmführer Docteur Mengele. Journal d'un médecin déporté au crématorium d'Auschwitz", *Les Temps Modernes*, VI, n° 66, 1951, pp. 1.865-6.

temunhal sobre o dispositivo da Shoah, Gérard Wajcman contentou-se com uma identificação unilateral da testemunha com o sobrevivente.[69] Mais tarde, foi a vez de Élisabeth Pagnoux se indignar moralmente com a possibilidade de os testemunhos sobreviverem às testemunhas.[70] Contudo, era essa a situação, de que as próprias vítimas tinham perfeitamente consciência, tanto nos guetos como nos campos de concentração. O que fazer, então, senão *constituir arquivos* suscetíveis de sobreviver — escondidos, enterrados, disseminados — para além do extermínio das próprias testemunhas?

> Toda a gente escrevia [...]. Jornalistas e escritores, como é evidente, mas também os professores, os trabalhadores sociais, os jovens e mesmo as crianças. Na grande maioria, tratava-se de diários em que os acontecimentos trágicos dessa época eram apreendidos através dos prismas da experiência vivida pessoal. Estes escritos eram incontáveis, mas a maior parte foi destruída quando do extermínio dos judeus de Varsóvia.[71]

O mesmo terá sucedido em Auschwitz, com a diferença de que os membros do *Sonderkommando* eram praticamente os únicos — em virtude dos "privilégios" que a natureza do seu trabalho lhes garantia — a poder constituir esse gênero de arquivo. Muitos terão sido os que relataram fatos, constituíram listas, fizeram plantas, descreveram os processos de exterminação. Mas muito poucos desses testemunhos foram reencontrados, sobretudo porque, depois da guerra, camponeses polacos, persuadidos de que esse terreno de morte conteria os "tesouros" dos judeus, devastaram o

---

[69] G. Wajcman, *L'Objet du siècle*, *op. cit.*, p. 240: "Testemunha, ou seja [...] aquilo que faz com que testemunha e sobrevivente se sobreponham".

[70] É. Pagnoux, "Reporter photographe à Auschwitz", *op. cit.*, pp. 107-8.

[71] E. Ringelblum, citado por A. Wieviorka, *L'Ère du témoin*, *op. cit.*, p. 17 (e, em geral, pp. 17-9).

campo de concentração, destruindo tudo o que não lhes parecia precioso (motivo pelo qual os pergaminhos caligrafados, evocados por Miklos Nyiszli, não foram reencontrados). Mas, pelo menos, foram reencontrados, debaixo da terra de Birkenau, os manuscritos de cinco membros do *Sonderkommando*: Haïm Herman (manuscrito redigido em francês, descoberto em fevereiro de 1945), Zalmen Gradowski (manuscrito redigido em iídiche, descoberto em março de 1945), Leib Langfus (dois manuscritos em iídiche, descobertos em abril de 1945 e em abril de 1952), Zalmen Lewental (dois manuscritos em iídiche, descobertos em julho de 1961 e em outubro de 1962) e Marcel Nadsari (manuscrito redigido em grego, descoberto em outubro de 1980). Eles formam aquilo a que se convencionou chamar — em referência aos *megilot* da Bíblia hebraica, em particular ao rolo das "Lamentações de Jeremias" — os *Rolos de Auschwitz*.[72]

Escrita do desastre, escrita do epicentro: os *Rolos de Auschwitz* constituem os testemunhos dos que sucumbiram, quando ainda não estavam reduzidos ao silêncio, ou seja, quando ainda eram capazes de observar e de descrever. Os seus autores "viveram mais perto do epicentro da catástrofe do que qualquer outro deportado. Assistiram, dia após dia, à destruição do seu próprio povo, e tiveram conhecimento, na sua globalidade, do processo ao qual as vítimas estavam destinadas".[73] Tudo o que faziam era tentar *transmitir o conhecimento*, na medida do possível, de um tal processo. Conhecimento que terá sido necessário procurar na terra impregnada de sangue, na cinza e nos montes de ossos em que os membros do *Sonderkommando* disseminaram — para,

---

[72] Cf. G. Bensoussan, "Éditorial", número especial da *Revue d'Histoire de la Shoah. Le Monde Juif*, nº 171, 2001, pp. 4-11, intitulado "Des voix sous les cendres. Manuscrits des *Sonderkommandos* d'Auschwitz", com a melhor edição, até a presente data, dos *Rolos de Auschwitz*, sob a direção de P. Mesnard e C. Saletti.

[73] C. Saletti, "À l'épicentre de la catastrophe", *ibid.*, pp. 304 e 307. Cf. também P. Mesnard, "Écrire au dehors de la mort", *ibid.*, pp. 149-61. N. Cohen, "Manuscrits des *Sonderkommandos* d'Auschwitz: tenir face au destin et contre la réalité", *ibid.*, pp. 317-54.

justamente, lhes dar a possibilidade de sobreviverem — os seus testemunhos:

> O bloco de notas e outros textos ficaram nas fossas cheias de sangue, bem como de ossos e de pedaços de carne amiúde não totalmente queimados. Fato que se podia verificar pelo cheiro. Caro descobridor, procura por todo lado em todas as parcelas de terreno. Aqui embaixo, foram enterradas dezenas de documentos, os meus e os de outras pessoas, que lançam luz sobre o que aqui se passou. Enterramos aqui inúmeros dentes. Fomos nós, os trabalhadores do *Kommando*, que os disseminamos intencionalmente por todo o terreno, na medida em que nos era possível, para que o mundo possa encontrar provas tangíveis de milhões de seres humanos assassinados. Quanto a nós, já perdemos toda a esperança de estarmos vivos quando da Libertação.[74]

> Continuaremos fazendo o que nos cabe. Vamos [tentar] tudo e esconder [para?] o mundo, mas simplesmente esconder no solo e no [*lacuna*]. Mas aquele que quiser encontrar [*lacuna*] ainda, encontrarão ainda [*lacuna*] do pátio, atrás do crematório, não do lado da rua [*lacuna*] do outro lado, encontrarão muita coisa por lá [*lacuna*] pois devemos, como até agora, até o [*lacuna*] acontecimento [*lacuna*] continuamente, fazer com que o mundo saiba de tudo sob a forma de crônica histórica. A partir de agora, vamos esconder tudo no solo.[75]

Peço que reúnam todas as minhas diferentes descrições e notas, enterradas em diferentes momentos e assinadas Y.A.R.A. Elas estão em diversos potes e caixas, no pátio do crematório II. Existem também duas descrições

---

[74] Z. Gradowski, "Notes" (de 6 de setembro de 1944), *ibid.*, p. 67.
[75] Z. Lewental, "Notes" (de 10 de outubro de 1944), *ibid.*, p. 124.

mais longas: uma, intitulada *A deportação*, está numa fossa de ossadas do crematório I; a outra, intitulada *Auschwitz*, está debaixo de um amontoado de ossos a sudoeste do mesmo pátio. Mais tarde, reescrevi-a, completei-a e enterrei-a separadamente entre as cinzas do crematório II. Que as ponham por ordem e as imprimam em conjunto com o título *No horror das atrocidades*. Nós, os cento e setenta homens que restam, estamos de partida para a Sauna. Temos a certeza de que nos vão conduzir à morte. Escolheram trinta homens para ficar no crematório IV.[76]

Ao ler os *Rolos de Auschwitz*, percebe-se que eles não formam em si mesmos mais do que um parco resto de uma intensa atividade de testemunho. A multiplicação é uma obsessão destes textos. Como se tratava de dar a ideia de um fenômeno inimaginável pela sua amplitude — o extermínio organizado de milhões de pessoas —, Zalmen Gradowski, no segundo dos seus manuscritos (vendido logo em 1945 por um jovem polaco a Haïm Wollnerman), previne o seu leitor nestes termos: "Não te relato senão uma ínfima parte, um resquício do que se passou neste inferno de Auschwitz-Birkenau".[77] Tanto quanto possível — ou seja, desesperadamente — a multiplicação do testemunho devia responder à multiplicação do crime: "Escrevi muitas outras coisas. Penso que encontrarão seguramente vestígios delas, e a partir de tudo isso poderão ter uma ideia de como foram assassinadas as crianças do nosso povo".[78]

Multiplicar o testemunho; deve-se entender isto, antes de mais nada, quantitativamente: tratava-se de encontrar todos os meios possíveis de uma *reprodutibilidade*, por exemplo, recopiando incansavelmente os fatos, as listas, os nomes, as plantas, e disseminando essas cópias um pouco por todo lado "sob as cinzas" do

---

[76] L. Langfus, "Notes" (de 26 de novembro de 1944), *ibid.*, pp. 77-8.

[77] Z. Gradowski, *Au coeur de l'enfer*, Paris, Kimé, 2001, p. 53.

[78] *Ibid.*, p. 53.

campo de concentração. Mas tal pode também ser entendido qualitativamente: *todos os tipos de vestígios* deviam ser convocados para testemunhar o grande massacre. Os textos, evidentemente — com o leque já muito amplo das formas escolhidas, fragmentárias ou sistemáticas, literárias ou factuais —, mas também os restos físicos, os dentes, por exemplo, que se "semeavam" por todo lado para que um dia a própria terra pudesse testemunhar, arqueologicamente, o que se havia passado ali.

Parecia lógico, em qualquer caso — além de útil e precioso —, que a *imagem* fosse convocada neste vasto leque de traços, de signos e de sinais a emitir a partir do "coração do inferno". Em 1945, um outro sobrevivente do *Sonderkommando*, Alter Foincilber, especificava, num auto para o processo de Varsóvia, que tinha enterrado uma máquina fotográfica — contendo, muito provavelmente, algumas fotografias não reveladas — com outros tipos de *vestígios* do extermínio:

> Enterrei no terreno do campo de concentração de Birkenau, ao pé dos crematórios, uma máquina fotográfica, restos de gás numa caixa de metal e notas em iídiche sobre a quantidade de pessoas que chegavam de comboio para serem gaseadas. Recordo-me do lugar exato em que pus estes objetos e posso mostrá-lo a qualquer momento.[79]

O rolo fotográfico de agosto de 1944 faz parte dessa tentativa de alargar as vias — ou as vozes — do testemunho.[80] Não será

---

[79] A. Foincilber [ou Fajnzylberg], "Procès-verbal" [1945], *RHS*, nº 171, 2001, p. 218.

[80] Nesse sentido, não quis manter a formulação ambígua com que se legendaram, em *Mémoire des camps*, as quatro imagens de agosto de 1944: "Fotografias da resistência polonesa de Auschwitz", que dá indevidamente continuidade à expressão empregada por Jean-Claude Pressac: "Fotografias da resistência polonesa". Nesta história, o papel desempenhado pela resistência polonesa era o de introdutor da máquina fotográfica (via Mordarski e Szmulewski) e o de destinatário das imagens (para uma suposta expedição

desde logo aberrante opor, à força, *imagem* a *testemunho*? Não será evidente que as fotografias de Birkenau são outras "partes ínfimas" — como diz Gradowski dos seus próprios escritos — do que se passou, mas que, recortadas, reunidas com todo o resto, talvez nos permitirão, mesmo que de modo lacunar, "ter uma ideia de como foram assassinadas as crianças do nosso povo"? Não será provável que a fotografia, pela sua própria reprodutibilidade, tenha podido satisfazer a expectativa de testemunhas ansiosas por multiplicar, tanto quanto possível, as cópias dos seus testemunhos? Não se deverá verificar uma perturbadora complementaridade entre a fotografia das mulheres a caminhar em direção às câmaras de gás (figs. 5 e 9) e os relatos de Gradowski — mas também de Leib Langfus — sobre essa fase particularmente ignóbil do processo criminal?[81] Não se deverá convir que esses relatos permitem — mesmo não dando a "chave" integral — ver melhor, *ler* melhor, no sentido de Benjamin, essas quatro fotografias de arquivo, tal como estas nos permitem *imaginar* melhor aquilo de que os relatos, constantemente, procuram fazer a descrição impossível?

* * *

das revelações, via Cracóvia, até os estados-maiores aliados), mas nunca de *ator*. Tiradas por Alex, um judeu grego, as quatro imagens de agosto de 1944 testemunham, de fato, a resistência judaica dos membros do *Sonderkommando*. Cf. as reflexões acabrunhadas de Zalmen Lewental, nos *Rolos de Auschwitz*: "[...] sempre em contato com os polacos. [*lacuna*] era simplesmente a [*lacuna*] dedicação à [causa?] [*lacuna*] eles nos utilizaram em todos os aspectos [*lacuna*] fornecíamos-lhes tudo o que eles [reclamavam], ouro, dinheiro e outros objetos preciosos, chegando a um valor de muitos milhões. E mais importante ainda foi termos lhes fornecido documentos secretos, material sobre tudo o que nos acontecia [*lacuna*]. Contávamos-lhes tudo, ocorrências mínimas, fatos que um dia poderão interessar ao mundo. [...] Mas [acabamos] por verificar que eles nos enganaram, os poloneses, os nossos aliados, e tudo o que nos surrupiaram, utilizaram-no em função dos seus próprios objetivos". Z. Lewental, "Notes", *ibid.*, p. 122.

[81] Z. Gradowski, *Au coeur de l'enfer, op. cit.*, pp. 81-102 ("Na sala em que se despem" — "Elas estão lá" — "A marcha para a morte" — "O canto do túmulo"). L. Langfus, "Notes", *RHS*, n° 171, 2001, pp. 79-83 ("As três mil mulheres nuas").

Nestas condições, como continuar a admitir a noção — fechada em si própria — de uma imagem de arquivo definida como "imagem sem imaginação"? Depois de se equivocar sobre a natureza do arquivo em geral (que desconsidera até não ver nele *senão a aparência*) e sobre a natureza do testemunho em geral (que enfatiza até não ver nele *senão a verdade*), Claude Lanzmann equivoca-se sobre a natureza da imagem e da imaginação. As quatro fotografias de Auschwitz afiguram-se-lhe "sem imaginação" na medida em que apenas veiculam, segundo ele, uma informação documental limitada, seca, sem valor de testemunho, de emoção ou de memória. Tentar extrair uma "imaginação" dessas imagens seria forçar as coisas: "voyeurismo", "fetichismo" ou, no vocabulário de Gérard Wajcman, "alucinação". Imagens *sem imaginação*, segundo um: psiquicamente — logo memorialmente — estéreis. Imagens que requerem *demasiada imaginação*, segundo o outro: prenhes psiquicamente de todos os delírios, pois a imagem seria sempre uma "ilusão alienante", a ilusão de crer, "a partir de um "levantamento" minúsculo [...], realizar espiritualmente *todo* o crime"[82] da Shoah (coisa que eu, bem entendido, nunca pretendi fazer).

Entre estas duas críticas radicais da imagem, encontramo-nos como entre o *nada* da "imagem sem imaginação" e o *tudo* do "apelo à alucinação". Será preciso repetir que a imagem não é nem *nada*, nem *tudo*? E que, não sendo nada de absoluto, não deixa de ser essa impureza necessária ao saber, à memória e até ao pensamento em geral? "Para saber, é preciso imaginar-se", disse eu: afirmação com que Wajcman se escandalizou em nome de "toda a filosofia, seriamente suplantada neste ponto pela psicanálise".[83] Contudo, eu não fazia mais do que recordar, contra o platonismo trivial da imagem-ilusão, a posição aristotélica clássica, experimental e não idealista, segundo a qual "em virtude de nenhum objeto, conforme parece, poder existir separado das grandezas sensíveis, será consequentemente nas formas sensíveis que os inteligíveis exis-

---

[82] G. Wajcman, "De la croyance photographique", *op. cit.*, p. 82. Itálicos meus.

[83] *Ibid.*, pp. 49 e 72.

tem [...]. E é por esse motivo [...] que o próprio exercício do intelecto deve ser acompanhado por uma imagem".[84]

Donde é que Lanzmann tira afinal essa noção bizarra de *imagem sem imaginação*, como se a imagem devesse — ou, neste caso, não pudesse — conter a imaginação que a suscita ou que ela suscita? Como é que um objeto poderia possuir de uma só vez as características do olhar que se lhe dirige e da compreensão que dele se extrai? A imagem de arquivo é apenas um objeto nas minhas mãos, uma cópia fotográfica indecifrável e insignificante enquanto eu não estabelecer a relação — imaginativa e especulativa — entre o que vejo aqui e o que sei por outras vias.

Estaríamos tentados a procurar na obra de Jean-Paul Sartre — de quem Lanzmann era próximo — uma justificação para estas noções de imagem e de imaginação. Mas é o contrário que se verifica. Longe de qualquer apelo ao inimaginável, Sartre insistia justamente no papel desempenhado pela imagem no pensamento e no saber, que não podem, de certa forma, prescindir da sua *necessária passagem pela visão do objeto*:

> Sempre prestes a ficar atolado na materialidade da imagem, o pensamento escapa escorregando para outra imagem, desta para outra, e assim por diante. [...] É absurdo dizer que uma imagem pode prejudicar ou reprimir o pensamento, ou então teremos de assumir que o pensamento se prejudica a si próprio, se perde de si mesmo em meandros e desvios. [...] O pensamento assume uma forma imagética quando quer ser intuitivo, quando quer fundar as suas afirmações na visão do objeto.[85]

---

[84] Aristóteles, *De l'âme*, III, 8, 432a, Paris, Vrin, 1972, p. 197 [ed. bras.: *De anima*, São Paulo, Editora 34, 2006]. Cf. Aristóteles, *De la mémoire et de la réminiscence*, I, 449b-450a, Paris, Vrin, 1951, pp. 58-9: "É impossível pensar sem imagem [...]. A memória, mesmo a dos inteligíveis, não existe sem imagem".

[85] J.-P. Sartre, *L'Imaginaire* [1940], Paris, Gallimard, 1980, pp. 229 e 235 [ed. bras.: *O imaginário*, São Paulo, Ática, 1996].

Sabemos que toda a reavaliação da imaginação levada a cabo por Sartre passa pela hipótese de que o que está em causa não é tanto o objeto estar na imagem quanto esta ser um objeto diminuído, uma "coisa mínima".[86] Quando Élisabeth Pagnoux e Gérard Wajcman estimam que *olhar* para uma imagem de Auschwitz equivale de imediato a *fiar-se nela*, confundem aquilo que Sartre tem justamente o cuidado de distinguir: não se poderia reduzir a *imaginação* (imiscuir-se na imagem) a uma *falsa percepção* (enganar-se a respeito do real). E por quê? Porque, se é verdade que o objeto não está *na* imagem (o que Wajcman acha que eu acho), também há que reconhecer que o objeto é visado *pela* imagem (o que Sartre teoriza a partir da noção de intencionalidade).[87] Afirmar, contra a tese do inimaginável, que existem imagens da Shoah, não significa julgar que "se pode dissolver todo o real no visível" e que *todo* o crime nazista se encontra *nas* quatro imagens fotográficas. Significa, muito simplesmente, que podemos passar *por* essas quatro imagens para visar com um pouco mais de precisão o que foi *uma* realidade de Auschwitz em agosto de 1944. Ora, foi precisamente com essa *intenção* que os membros do *Sonderkommando* correram tantos riscos para nos transmitir uma tal possibilidade de *imaginação*.

Falar de imagem sem imaginação significa, literalmente, cortar a imagem da sua atividade, da sua dinâmica. Percebe-se facilmente que, na massa esgotante das coisas visíveis que nos rodeiam, nem todas merecem que nos detenhamos a decifrar a sua dinâmica própria. Mas, justamente, esse não é o caso das quatro imagens de Birkenau. Recusar-se a conceder-lhes a nossa imaginação histórica equivale a repudiá-las para a zona insignificante do comércio de imagens, das "coisas mínimas". Se "a imagem é um ato e não uma coisa", como Jean-Paul Sartre, com muita razão, observou,[88] é como *ato*, e não como "coisa menor" — um simples

---

[86] J.-P. Sartre, *L'Imagination*, Paris, PUF, 1981 [1936], p. 5 [ed. bras.: *A imaginação*, Porto Alegre, L&PM, 2013].

[87] *Ibid.*, pp. 139-59.

[88] *Ibid.*, p. 162.

receptáculo de informações —, que urgia olhar para aquelas quatro imagens. Daí a necessidade de desdobrar o mais possível a sua fenomenologia.

Trata-se de uma fenomenologia, não da *percepção* propriamente dita, mas, afirma Sartre, de uma *quase-observação* do mundo.[89] Olhar para a imagem, acreditando perceber diretamente os objetos da realidade que nela se representam — e até que, no caso da fotografia, nela se registram —, seria, por exemplo, tentar contornar o ecrã de fumaça, na primeira sequência, para "ir ver o que está lá atrás" (figs. 3-4). Isso é tão absurdo quanto impossível, e não é com certeza desse modo que cabe olhar para uma imagem. Mas o estudo do ponto de vista apresentado, do grão da imagem, dos rastros de movimentos, tudo isso pode ser feito para articular a *observação* da própria imagem com a *quase-observação* dos acontecimentos que ela representa. Esta quase-observação, lacunar e frágil em si mesma, tornar-se-á *interpretação*, ou "leitura", no sentido de Walter Benjamin, quando forem convocados todos os elementos de saber — documentos escritos, testemunhos coevos, outras fontes visuais — suscetíveis de serem reunidos pela *imaginação* histórica numa espécie de montagem ou de *puzzle*, com o estatuto, para dialogar com Freud, de "construção na análise".

Ao qualificar a minha tentativa como "voyeurista", "fetichista" ou "alucinatória", será que os meus contraditores sugerem que essas quatro fotografias documentam uma *outra realidade* que não a por mim invocada? À ideia de que "essas fotografias [figs. 3-4] foram tiradas do interior de uma câmara de gás", Claude Lanzmann opõe a dúvida mais radical: "Nada permite afirmá-lo. Ninguém sabe".[90] Élisabeth Pagnoux acrescenta, sem avançar muito:

---

[89] J.-P. Sartre, *L'Imaginaire*, *op. cit.*, pp. 20-8 ("Le phénomène de quasi-observation") e 231-5 ("Image et perception").

[90] C. Lanzmann, "La question n'est pas celle du document", *op. cit.*, p. 29. Ao que Claude Lanzmann acrescenta, com pura má-fé, que eu teria tido "a intenção obscura de nos persuadir de que dispomos de fotografias daquilo que se passa no interior de uma câmara de gás *durante a operação de gaseamento*". Itálicos meus.

"Uma fotografia do interior. Com certeza absoluta? Estou apenas fazendo uma pergunta".[91] Gérard Wajcman é mais preciso:

> Mas imagem de quê? Nas quatro imagens, Georges Didi-Huberman acaba subitamente por dar extrema importância ao quadro negro que forma o muro a contraluz em torno da janela através da qual as fotografias foram tiradas. [...] Esta massa negra torna-se "a atestação visível" do lugar de onde foram tiradas, a câmara de gás norte do crematório V, segundo Georges Didi-Huberman, embora fosse conveniente salvaguardar que se trata de uma hipótese, pois nada garante que se trate efetivamente da câmara de gás.[92]

Assumamos, naturalmente, "que se trata de uma hipótese": livremo-nos de ser peremptórios. Mas notemos também o seguinte: as duas fotografias desta sequência (figs. 3-4) mostram-nos incontestavelmente as fossas de incineração cavadas na primavera de 1944 para gerir o extermínio intensivo dos judeus húngaros. Essas fossas, de que falam todas as testemunhas, são até visíveis nas fotografias aéreas tiradas pelos aviadores americanos em junho de 1944.[93] Comprovada a sua localização, as duas fotografias do *Sonderkommando* não podem logicamente ter sido tiradas senão do muro norte do crematório V. Onde Wajcman vê uma janela (para evitar a todo custo conceber a hipótese de que as imagens tivessem sido obtidas do interior de uma câmara de gás), eu via — e continuo a ver, considerando em conjunto os pontos de vista das duas fotografias — uma porta. Como tirar isto a limpo, com base em meras fotografias, ou seja, numa *quase-observação*?

A verdade é que a minúcia "arqueológica" das reconstituições de Jean-Claude Pressac me parece ter apresentado a solução mais

---

[91] É. Pagnoux, "Reporter photographique à Auschwitz", *op. cit.*, p. 90.

[92] G. Wajcman, "De la croyance photographique", *op. cit.*, p. 79.

[93] J. Fredj (org.), *Auschwitz, camp de concentration et d'extermination*, Paris, Centre de Documentation Juive Contemporaine, 2001, p. 70.

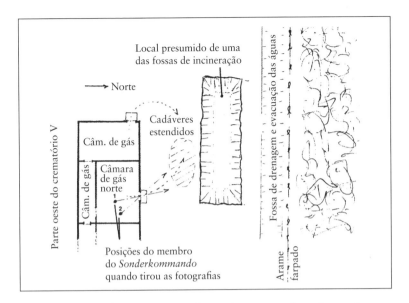

13. Esquema de reconstituição das posições ocupadas pelo membro do *Sonderkommando* para tirar as duas fotografias das fossas de incineração em agosto de 1944. Segundo J.-C. Pressac, *Auschwitz: Technique and Operation of the Gas Chambers*, p. 422.

verossímil até o momento, além de que se apoia no testemunho de um dos raros sobreviventes — para além de Alter Foincilber e Szlomo Dragon — de toda a operação, David Szmulewski: as fotografias teriam realmente sido tiradas de uma posição recuada em relação à porta, na segunda câmara de gás do crematório V (fig. 13). Pressac chegou mesmo a tirar uma fotografia "experimental" destinada a restituir, nas ruínas atuais do crematório V, o ângulo de visão exato das imagens captadas em agosto de 1944.[94] Nunca

---

[94] J.-C. Pressac, *Auschwitz: Technique and Operation of the Gas Chambers*, *op. cit.*, pp. 422-4. Para uma descrição precisa do crematório V, cf. os testemunhos de S. Dragon, A. Foincilber e H. Tauber, "Procès-verbaux" [1945], *RHS*, nº 171, 2001, pp. 174-9 e 200. Estes testemunhos são utilizados por J.-C. Pressac, "Étude et réalisation des *Krematorien* IV et V d'Auschwitz-Birkenau", *op. cit.*, pp. 539-84.

14-15. Anônimo (membro do *Sonderkommando* de Auschwitz), *Mulheres conduzidas à câmara de gás do crematório V de Auschwitz*, agosto de 1944. Oswiecim, Museu Estatal de Auschwitz-Birkenau (negativos n° 282-283). In C. Chéroux (org.), *Mémoire des camps*, op. cit., p. 88.

diremos, como é óbvio, que a sua tese "não pode ser revista" (aliás, vamos "revê-la" mais adiante). Mas, para invalidá-la, seria necessário encontrar uma outra que estivesse ainda mais solidamente apoiada nos fatos históricos, nos testemunhos, assim como na configuração dos lugares e das próprias imagens.

Se Gérard Wacjman tivesse simplesmente folheado o catálogo da exposição *Mémoire des camps*, teria podido perceber que as duas sequências de agosto de 1944 foram tão pouco "fetichizadas" — o que as suporia fixadas para todo o sempre como uma resposta do *visível* à *falta* — que, na realidade, são objeto de duas leituras diferentes, alicerçadas em duas abordagens das *lacunas visuais* inerentes a esse "pedaço de película".

Quando de suas pesquisas no museu de Auschwitz, Clément Chéroux, ao estudar o documento "original" — isto é, as quatro imagens-contato cujos negativos se perderam — identificou, no limiar de uma das fotografias (fig. 3), um *resto de imagem*, se assim se lhe pode chamar. Ora, esse "resto" é facilmente reconhecível: é possível ver nele o tronco de árvore e as folhagens visíveis numa das outras fotografias (fig. 5). Clément Chéroux deduziu desse fa-

16-17. Anônimo (membro do *Sonderkommando* de Auschwitz), *Cremação de corpos gaseados nas fossas de incineração a céu aberto, em frente à câmara de gás do crematório V de Auschwitz*, agosto de 1944. Oswiecim, Museu Estatal de Auschwitz-Birkenau (negativos n° 277-278). In C. Chéroux (org.), *Mémoire des camps*, p. 89.

to que a ordem das duas sequências deve ser invertida: Alex teria primeiro captado as duas paisagens exteriores, entre as árvores, antes de voltar à câmara de gás norte e de tirar nela duas fotografias das fossas de incineração[95] (figs. 14-17). Pela parte que me toca, optei por manter a cronologia sugerida a Pressac pelo testemunho de David Szmulewski. Mas o "limiar de imagem" é incontestável: manter a cronologia do testemunho suporia então que as imagens-contato do museu de Auschwitz foram reveladas com base no *negativo invertido*, desatenção técnica tanto mais banal quanto as películas desse formato não exibem nenhuma inscrição

[95] C. Chéroux, "Photographies de la Résistance polonaise à Auschwitz", *op. cit.*, pp. 86-9.

Imagem-arquivo ou imagem-aparência

18-19. Anônimo (membro do *Sonderkommando* de Auschwitz), *Cremação de corpos gaseados nas fossas de incineração a céu aberto, em frente à câmara de gás do crematório V de Auschwitz*, agosto de 1944. Oswiecim, Museu Estatal de Auschwitz-Birkenau (negativos n° 277-278, invertidos).

que permita distinguir a frente e o verso do negativo. A ser esse o caso, seria então necessário — mantendo aquela cronologia — *inverter as perspectivas* que as tiragens conservadas em Auschwitz[96] (figs. 18-21) nos mostram.

Terá ficado claro que a questão permanece em aberto. Não será a *margem de imagem* questionada por Clément Chéroux emblemática dessa *margem de indeterminação* com a qual se confronta necessariamente qualquer pesquisa no seu estudo dos *vestígios da história*? Seria impossível encerrar a questão projetando toda a história em direção a um absoluto inimaginável. Seria impossível encerrá-la relegando o arquivo para o domínio da "imagem míni-

---

[96] E reconduzir — em sentido contrário — o procedimento de verificação topográfica efetuado por J.-C. Pressac, *Auschwitz: Technique and Operation of the Gas Chambers*, op. cit., p. 422.

20-21. Anônimo (membro do *Sonderkommando* de Auschwitz), *Mulheres conduzidas à câmara de gás do crematório V de Auschwitz*, agosto de 1944. Oswiecim, Museu Estatal de Auschwitz-Birkenau (negativos nº 282-283, invertidos).

ma" ou da "imagem sem imaginação". Uma imagem sem imaginação é pura e simplesmente uma imagem que ainda não nos dedicamos a trabalhar. Pois a imaginação é trabalho, esse *tempo de trabalho das imagens* agindo incessantemente umas sobre as outras por colisões ou fusões, por rupturas ou metamorfoses... Sendo que tudo isso age sobre a nossa própria atividade de saber e de pensar. Para saber, portanto, é realmente preciso imaginar-se: a *mesa de trabalho* especulativa é inseparável de uma *mesa de montagem* imaginativa.

IMAGEM-MONTAGEM OU IMAGEM-MENTIRA

Mas por que uma montagem? Em primeiro lugar porque o simples "pedaço de película" extraído de Birkenau pelos membros do *Sonderkommando* continha, não uma, mas quatro imagens, distribuídas segundo uma descontinuidade temporal: duas sequências sucessivas que mostravam dois momentos distintos do mesmo processo de extermínio. Em segundo lugar porque a "legibilidade" dessas imagens — e, por conseguinte, o seu eventual papel num conhecimento do processo em questão — só pode ser construída quando estas estabelecem ressonâncias ou diferenças com outras fontes, imagens ou testemunhos. O valor de conhecimento nunca seria intrínseco a uma única imagem, tal como a imaginação não consiste em imiscuir-se passivamente numa só imagem. Trata-se, ao contrário, de pôr o múltiplo em movimento, de não isolar nada, de fazer surgir os hiatos e as analogias, as indeterminações e as sobredeterminações em jogo nas imagens.

A imaginação não é, como frequentemente acreditamos, abandono às miragens de um único reflexo, mas construção e montagem de formas plurais postas em correspondência: é por essa razão que, longe de ser um privilégio do artista, ou uma pura legitimação subjetivista, ela é parte integrante do conhecimento no seu movimento mais fecundo, ainda que — porque — o mais arriscado. O seu valor heurístico é incomparável: verificamo-lo desde Baudelaire e da sua definição da imaginação como "faculdade científica" capaz de perceber "as relações íntimas e secretas entre as coisas, as correspondências e as analogias",[1] até o estruturalismo

---

[1] C. Baudelaire, "Notes nouvelles sur Edgar Poe", in *Oeuvres complètes*, II, C. Pichois (org.), Paris, Gallimard, 1876, p. 329.

de Lévi-Strauss.[2] Warburg e o seu atlas *Mnemosyne*, Walter Benjamin e o seu *Livro das passagens*, George Bataille e a sua revista *Documents* revelaram, entre outros exemplos, a fecundidade de um tal *conhecimento através da montagem*: conhecimento delicado — como tudo o que diz respeito às imagens —, simultaneamente repleto de armadilhas e pejado de tesouros. Ele requer um tatear permanente de cada instante. Não nos autoriza nem a pormos cada imagem de quarentena nem a colocarmos tudo num mesmo plano, como se pode ver no recente *Album visuel de la Shoah* que reduz a sequência de agosto de 1944 a uma única imagem reenquadrada e, em seguida, inserida no meio de uma miscelânea de maquetes fotografadas, de planos, de reconstituições "virtuais" e de manipulações gráficas nas quais o documento é simplesmente desfigurado, desprezado, separado da sua fenomenologia, precisamente quando se pretende dar uma representação sintética do acontecimento.[3]

A montagem só é válida quando não se apressa a concluir ou a enclausurar: quando abre e complexifica a nossa apreensão da história, e não quando a esquematiza abusivamente. Quando nos permite aceder às *singularidades* do tempo e, por conseguinte, à sua *multiplicidade* essencial. Gérard Wajcman procura, inversamente, subsumir a multiplicidade numa *totalidade*, mas, como isso é impossível — o que se compreende: este é, por excelência, o domínio das "não-totalidades" —, ele rejeita as singularidades como se estas fossem uma *nulidade*: se "*todo* o real não é solúvel no visível", então, segundo ele, "*não* há imagens da Shoah". É preciso objetar a esta brutalidade conceitual que a imagem não é nem *nada*, nem *uma*, nem *toda*, precisamente porque ela oferece singularidades múltiplas, suscetíveis de diferenças, ou de "diferanças". Para além do modelo do procedimento gráfico ou cinematográfico enquanto tal, seria necessário conceber uma noção de montagem que fosse, para o domínio das imagens, o que a diferenciação sig-

---

[2] Cf. G. Didi-Huberman, *Ninfa moderna. Essai sur le drapé tombé*, Paris, Gallimard, 2002, pp. 127-41 (cap. "Histoire et imagination").

[3] A. Jarach (org.), *Album visivo della Shoah*, Milão, Proedi, 2002, p. 31. Sou grato a Ilsen About por me ter dado a conhecer esta obra.

nificante, na sua concepção pós-saussuriana, foi para o campo da linguagem.[4]

A imagem não é nada, e querer erradicar as imagens de qualquer conhecimento histórico, com o pretexto de que elas nunca são adequadas, não é demonstrar qualquer "radicalidade". A radicalidade tem a ver com raízes, com impurezas, com rizomas, com radículas, com infiltrações subterrâneas, com prolongamentos inesperados, com bifurcações. Gérard Wajcman tem tanto medo de ser hipnotizado pela imagem (forma extrema de assentimento) que prefere rejeitá-la em bloco do seu campo de pensamento (forma banal do ressentimento ou da denegação). Ora, nós não somos obrigados a escolher de forma tão binária. Entre o "sabemos tudo" e o "não há" abre-se um largo espectro de possibilidades. Por exemplo: Wajcman critica as imagens do *Sonderkommando* por mostrarem um amontoado de cadáveres — o que ele associa abusivamente, uma vez que as condições da captação de imagens são incomparáveis, aos amontoados de cadáveres tão frequentemente fotografados em 1945 pelos repórteres ocidentais —, ao passo que "uma imagem da Shoah" estaria, segundo ele, "para além de uma pilha de cadáveres", numa ordem de "desaparecimento para além do visível":

> Existe algo para além de uma pilha de cadáveres [...], um grau de desintegração superior, de desaparecimento para além do visível, porque os corpos eram gaseados e, em seguida, queimados [...]. Qualquer corpo, qualquer resto, qualquer vestígio, qualquer objeto, qualquer nome, qualquer recordação, e também qualquer instrumento de apagamento era apagado, fora do visível, e fora de qualquer memória.
>
> Mostrar isso, aquilo mesmo que foi único na Shoah, o crime das câmaras de gás? Toda e qualquer imagem se confronta aqui com mostrar esse apagamento, esse apagamento real. É o próprio real das imagens da Shoah.

---

[4] Cf. J. Derrida, *L'Écriture et la différence*, Paris, Seuil, 1967 [ed. bras.: *A escritura e a diferença*, São Paulo, Perspectiva, 2009].

Este real está para além dos rostos tumefatos, para além dos corpos dilacerados, para além dos amontoados de cadáveres. O que resta mostrar é a fumaça, através da qual os corpos subiam ao céu — de fato, em Auschwitz, essa era a única forma de subir ao céu —, mostrar o pó [...]. Essas são as imagens verdadeiras.[5]

Para escrever isto, Gérard Wajcman teve, com efeito, de retirar às imagens de Birkenau qualquer forma de assentimento, a ponto de não querer olhar para elas. Será que o que ele pede às "imagens verdadeiras" — antes de dizer que estas imagens, segundo ele, não existem — é que elas deem a ver o pó e a fumaça aos quais os corpos eram reduzidos? Mas é precisamente isso que fotografou o membro do *Sonderkommando* em 1944. E as suas fotografias mostram-no melhor do que aquilo que Wajcman nos diz com a sua noção vaga de "apagamento", já que nos mostram os corpos e a fumaça. Mostram como a fumaça procede do amontoado de cadáveres, em vez de fornecer, "fora do visível", o seu puro "além". Mostram o *apagamento como processo* concreto, atroz, manipulado, feito por homens, o que nos impedirá definitivamente de fazer disso um imaginário "poético" ou "absoluto". Estamos longe do preguiçoso "apagamento" — abstrato, não dialético — com o qual Wajcman se satisfaz nas "imagens que não mostram nada" da Shoah.[6]

A imagem não é uma por essa mesma razão. Em cada um dos lugares onde estava, o fotógrafo clandestino de Birkenau quis apertar duas vezes o botão, condição mínima do seu testemunho, para dar conta, pelo menos a partir de dois ângulos diferentes, do tempo que ele observava. Os riscos corridos, a urgência e os constrangimentos técnicos foram as únicas boas razões para não captar outros momentos do processo de extermínio. Longe desta exigência, o fantasma da *imagem uma* alimenta-se do fantasma do *instante absoluto*: isso se aplica, na história da fotografia, à própria

---

[5] G. Wajcman, "De la croyance photographique", *op. cit.*, pp. 76-7.
[6] *Ibid.*, p. 77.

noção de instantâneo;[7] e ainda mais à memória da Shoah, a partir da qual se pode imaginar um "filme secreto" — hipótese de Claude Lanzmann — sobre o "momento absoluto", a morte por asfixia de três mil judeus numa câmara de gás. Ora, as imagens não são únicas, e muito menos absolutas, por serem singulares.

Não há imagem "uma", tal como não há palavras, frases ou páginas "únicas" para dizer um real, qualquer que seja, no seu "todo". Lembremo-nos da parábola hassídica segundo a qual Menahem-Mendel de Kotzk escrevia todas as noites "toda a verdade" numa única página: na manhã seguinte, relendo-a, o seu fracasso fazia-o chorar tanto que a tinta se apagava. Mas, à noite, recomeçava de modo diferente, e assim sucessivamente, criando sobre essa mesma página, com o passar das noites, um gigantesco livro múltiplo e palimpséstico.[8] Lembremo-nos também de que Freud fez da "isolação" (*Isolierung*) um equivalente patológico do recalcamento.[9] Ao manejar os dois excessos do *nada* e do *único*, Gérard Wajcman queria vergar a noção de imagem a uma *palavra de ordem*, isto é, a uma palavra paralisada entre o zero e o um: uma escolástica pronta a legislar sobre a hipótese e a inexistência de uma "imagem toda" em vez de se interrogar sobre as "poucas imagens" que nos restam, concretamente, de Auschwitz.

Se fosse necessário encontrar uma razão séria para a comparação hiperbólica que Gérard Wajcman estabelece entre Claude Lanzmann e Moisés,[10] seria, sem dúvida, a de que *a Lei* pretende reduzir as imagens tal como o *Único* pretende reduzir a multiplicidade das singularidades lacunares sem deixar qualquer resto: "As dez leis só são lei porque se referem à Unidade", escreve Maurice

---

[7] Cf. D. Bernard e A. Gunthert, *L'Instant rêvé: Albert Londe*, Nimes, Jacqueline Chambon, 1993.

[8] Cf. a versão ligeiramente diferente de É. Wiesel, *Célébration hassidique*, Paris, Seuil, 1972 (ed. 1976), p. 236.

[9] Cf. S. Freud, *Inhibition, symptôme et angoisse* [1926], Paris, PUF, 1978, pp. 41-3 [ed. bras.: *ESB*, 1996, XX, pp. 120-2].

[10] G. Wajcman, "'Saint Paul' Godard contre 'Moïse' Lanzmann, le match", *op. cit.*, pp. 121-7.

Blanchot. "Ninguém atentará contra o Um. [...] Todavia, na própria lei, persiste uma cláusula que recorda a exterioridade da escrita, quando se diz: não farás imagens", pois criar imagens é, evidentemente, atentar contra o Um.[11]

É por essa razão que *a imagem não é toda*. Ao ver "restos" — de vida e de visibilidade, de humanidade ou até de banalidade — nas quatro imagens de Auschwitz, Gérard Wajcman declara-as irrelevantes. Ele as teria guardado se fossem "puras", livres de qualquer resto, se fossem "todas" em relação à morte enquanto tal. Mas *a morte* (a grande, a absoluta) é irrepresentável, para além de qualquer imagem *das mortes* (as pequenas, as relativas, as pobres mortes empilhadas numa fossa de incineração). Wajcman procurou a *imagem toda*, única e integral da Shoah; não tendo encontrado senão *imagens não-todas*, revoga *todas as imagens*. Aí reside o seu erro dialético. Não será preciso fazer com as impurezas, com as lacunas da imagem, aquilo que é preciso fazer — desembaraçar-se, debater-se — com os silêncios da palavra? Um psicanalista poderia compreender isto. Quando Lacan escreve que "a mulher *não é toda*", ele não quer dizer que não há nada a esperar das mulheres, longe disso.[12]

Contudo, é enquanto lacaniano que Gérard Wajcman, num outro contexto, pedia à arte para "mostrar a ausência". Mas enganava-se uma vez mais quando daí deduzia o "nada a ver" ou a invisibilidade, opondo-a brutalmente ao "tudo a ver das imagens".[13] As imagens nunca dão *tudo a ver*; elas conseguem mostrar a ausência a partir do *nem tudo a ver* que elas nos propõem constantemente. Não é por proibirmos que se imagine a Shoah que mostraremos melhor a ausência dos mortos. Como é que se pode ser freudiano e desejar — seguindo o imperativo de um *double bind* alienante — que, no que diz respeito à Shoah, se pare o mo-

---

[11] M. Blanchot, *L'Entretien infini*, op. cit., p. 635.

[12] J. Lacan, *Le Séminaire*, XX, op. cit., p. 13.

[13] G. Wajcman, *L'Objet du siècle*, op. cit., pp. 156 e 167. Em oposição a esta posição trivial sobre a ausência, cf., vinte anos mais cedo, P. Fédida, *L'Absence*, Paris, Gallimard, 1978.

vimento das associações, isto é, das *montagens* imaginárias e simbólicas com as quais investimos interminavelmente esta história trágica?[14] É tão vão querer parar a imaginação ou decretar que não haverá uma "imagem por vir" como isolar quatro fotografias separando-as da sua economia simbólica (as imagens não existem enquanto tais, estão sempre já presas na linguagem: não é por acaso que as fotografias de Birkenau foram acompanhadas por um texto [fig. 7]) e pela sua relação com o real (as imagens devem ser compreendidas no contexto do próprio ato que as tornou possíveis).

Todo o ato de imagem é arrancado à impossível descrição de um real. Os artistas, em particular, recusam se vergar ao irrepresentável, embora conheçam — como quem quer que se tenha confrontado com a destruição do homem pelo homem — a sua experiência *esvaziante*. Fazem *séries*, montagens *apesar de tudo*: também sabem que os desastres são infinitamente multiplicáveis. Callot, Goya ou Picasso — mas também Miró, Fautrier, Strzeminski ou Gerhard Richter — trituraram o irrepresentável de todas as formas possíveis para que este deixasse escapar outra coisa que não o silêncio puro. Nas suas obras, o mundo histórico torna-se *obsessão*, ou seja, *flagelo de imaginar*, proliferação das figuras — das semelhanças e das dissemelhanças — em torno de um mesmo turbilhão de tempo.

* * *

Hoje, existem pelo menos duas formas cinematográficas de dar a ver esta obsessão pela destruição dos judeus da Europa: Claude Lanzmann, no filme *Shoah*, criou um tipo de montagem que traz de volta os rostos, os testemunhos e as próprias paisagens para um centro jamais atingido: montagem centrípeta, elogio da lentidão. É uma espécie de baixo contínuo que aprofunda as nove horas e meia que dura o seu filme. Já Jean-Luc Godard, nas *His-*

---

[14] Cf. M. Schneider, *Le Trauma et la filiation paradoxale*, op. cit., pp. 83-4: "O universo, cujo traumatismo torna necessária a construção, poderia ser comparado com a criação de um díptico [...], montagem de dois quadros antagonistas".

tória(s) do Cinema, criou um tipo de montagem que põe em polvorosa os documentos, as citações, os excertos de filmes num espaço jamais preenchido: montagem centrífuga, elogio da velocidade. É uma espécie de grande fuga que dissemina o tempo das quatro horas e meia que dura o seu filme. Duas estéticas diferentes estão aqui em jogo, dois tipos de montagem, mas também duas éticas da relação, criada nestes filmes, entre imagem e história. Dois pensamentos, duas escritas, como se torna manifesto na publicação em volumes dos dois filmes, reconfigurados, ao longo das páginas, como longuíssimos poemas.[15]

Formou-se assim uma polaridade, ainda que ela não dê, por direito, senão uma parte das respostas cinematográficas possíveis — haverá sempre imprevisíveis "imagens por vir", quer isso agrade ou não a Gérard Wajcman — à questão da Shoah. Para um olhar afastado ou simplesmente sereno, esta polaridade funciona como um laço de complementaridade: cada forma evoca naturalmente o seu contramotivo. Godard e Lanzmann creem ambos que a Shoah nos leva a repensar toda a nossa relação com a imagem, e têm, de fato, razão. Lanzmann pensa que *nenhuma imagem* é capaz de "contar" esta história e é por isso que filma incansavelmente a palavra das testemunhas. Já Godard pensa que *todas as imagens*, doravante, não nos "falam" senão disso (mas dizer que elas "falam disso" não é dizer que elas são capazes de "dizê-lo"), e é por isso que, incansavelmente, ele revisita toda a nossa cultura visual à luz desta questão.

Vista de perto, esta polaridade ganhou a forma de uma polêmica. Um projeto de filme, que deveria envolver Godard e Lanzmann num "confronto" cinematográfico sobre a Shoah, falhou (e não foi por acaso que a questão da montagem foi invocada como um dos motivos desse fracasso).[16] Posteriormente, tudo isso deu origem a uma série de declarações tão mordazes quanto provocativas, que se prolongaram — por parte dos apoiadores de Lanz-

---

[15] C. Lanzmann, *Shoah*, op. cit. J.-L. Godard, *Histoire(s) du cinéma*, op. cit.

[16] Cf. S. Lindeperg, *Clio de 5 à 7*, op. cit., pp. 266-9.

mann — numa prosa de segunda mão que ainda confunde excessos com raciocínios. Assim, Libby Saxton opõe a uma improvável "teologia da montagem" perceptível na obra de Godard (muito embora não vejamos que tipo de deus seria efetivamente reverenciado nas *História(s) do Cinema*) uma improvável "ausência de imagem icônica" na obra de Lanzmann (muito embora não vejamos como é que os rostos captados pela película de *Shoah* escapariam ao estatuto de "imagens icônicas").[17] Já Gérard Wajcman faz disso uma questão política: imagina Lanzmann só, contra todos, e não hesita em pôr no mesmo saco Spielberg, Benigni, Claude Zidi, os negacionistas e Godard. Em seguida, transforma o debate num confronto religioso, no qual Godard veste sucessivamente a pele de São Paulo, São João e, claro está, São Lucas [*Saint Luc*].[18] Compreendo melhor agora por que razão também eu — que citei uma breve frase de Jean-Luc Godard em epígrafe ao meu ensaio — pude vestir a pele de São Paulo, de São João e, claro está, de São Jorge [*Saint Georges*].[19]

A polaridade estética exprime-se, doravante — *via* a "ética do olhar" —, em termos quase teológicos. Por um lado, as *imagens compósitas* de Jean-Luc Godard: barulhentas, múltiplas, barrocas. Logo, artificiais. Elas assemelham-se à famosa "estátua compósita" com que sonhava Nabucodonosor. São idolátricas e irreverenciosas. Não hesitam em misturar o arquivo histórico — onipresente — e o repertório artístico do cinema mundial. *Mostram* muito, *montam* tudo com tudo. Nasce então uma suspeita: *mentem* a toda a força. No polo oposto está a *imagem uma* de Claude Lanzmann: e "esta imagem seria mais da ordem do que não podemos ver [...], o Nada" da pura verdade.[20]

---

[17] L. Saxton, "Anamnesis Godard/Lanzmann", *Trafic*, n° 47, 2003, pp. 48-66.

[18] G. Wajcman, "'Saint Paul' Godard contre 'Moïse' Lanzmann, le match", *op. cit.*, pp. 121-7.

[19] G. Wajcman, "De la croyance photographique", *op. cit.*, pp. 60-1.

[20] G. Wajcman, "'Saint Paul' Godard contre 'Moïse' Lanzmann, le match", *op. cit.*, p. 127.

Raul Hilberg escreveu sobre *Shoah* e disse que era um filme "mosaico".[21] Como é que isso deve ser compreendido? O próprio Hilberg toma em consideração, a partir do prisma da montagem e da multiplicidade, o grande número de testemunhas e de lugares que aparecem no filme de Lanzmann.[22] Gérard Wajcman opõe a isso um ponto de vista vergado ao Um, à Lei e à analogia bíblica: assim sendo, "mosaico" já não se refere ao complexo *opus musaicum* dos artistas romanos — esse cenário feito de "colagens" que ornava as grutas suscetíveis de serem habitadas pelas Musas —, mas à severa lei de Moisés que abomina e pune qualquer forma de idolatria.[23] Teríamos então de ver as *História(s) do Cinema* de Godard como um *deboche de imagens* compósitas animado pelo sopro idolátrico das Musas, e a *Shoah* de Lanzmann como *uma só imagem*, uma Tábua da Lei cinematográfica que vota todas as outras, nomeadamente a de Godard, ao estatuto de veados de ouro. *Shoah* "distingue-se radicalmente de tudo o que foi feito antes", e passa-se a vê-lo como uma religião nova (monoteísmo da imagem-toda), que se afirma perante as outras (politeísmo das imagens nulas); "*Shoah* resiste a tudo", tal como uma crença; *Shoah* "diz a verdade sem acrescentar nada", tal como o melhor texto da lei.[24] O que o próprio Lanzmann nunca hesita em reivindicar:

---

[21] R. Hilberg, *La Politique de la mémoire* [1994], Paris, Gallimard, 1996, p. 182.

[22] Acerca deste ponto, a versão inglesa é mais clara do que a tradução: "Lanzmann even found most of his interviewees in small places, and these people and localities are shown in a nine-and-half hour mosaic". R. Hilberg, *The Politics of Memory: The Journey of a Holocaust Historian*, Chicago, Ivan R. Dee Publisher, 1996, p. 191.

[23] Cf. M. Halbertal e A. Margalit, *Idolatry*, Cambridge/Londres, Harvard University Press, 1992, pp. 37-66.

[24] J.-F. Forges, "*Shoah*: histoire et mémoire", *Les Temps Modernes*, LV, nº 608, 2000, pp. 30, 35 e 40. Vincent Lowy observa justamente que, como a Shoah se aparentava, aos próprios olhos de Lanzmann, a uma cerimônia fúnebre, o filme "só podia ser feito uma única vez". V. Lowy, *L'Histoire infilmable*, Paris, Harmattan, 2001, p. 80.

Shoah interdita muitas coisas. *Shoah* desapodera as pessoas de muitas coisas. *Shoah* é um filme árido e puro. [...] O meu filme é um "monumento" [...]. *Shoah* não foi feito para transmitir informações, mas ensina-nos tudo.[25]

Voltaremos ao ponto de partida quando o filme *Shoah* — montagem de imagens realizada a partir de entrevistas feitas com os sobreviventes da Shoah — for investido pelas próprias características do acontecimento de que ele não é senão uma interpretação posterior: "*Shoah* não é um filme sobre o Holocausto, um derivado, um produto, mas um acontecimento originário. Quer isso agrade ou não a um certo número de pessoas — em seguida explicar-me-ei sobre esta questão —, o meu filme não faz apenas parte do acontecimento denominado Shoah: contribui para o constituir como acontecimento".[26] Vemos aqui um realizador construir a identificação do seu filme com a realidade que ele documenta (*via* a palavra das testemunhas) e que ele interpreta (*via* a montagem que faz). O raciocínio de Wajcman percebe-se agora a uma nova luz: "não há imagem da Shoah", diz em substância, porque não há imagem do filme *Shoah*; este "ensina-nos tudo", tornando-se assim coextensivo ao fenômeno de que ele daria a *imagem toda*.

Perante a série americana *Holocausto*, perante a dramaturgia consensual de Spielberg ou os tráficos emocionais de Benigni, era evidentemente salutar opor um contrafogo de rigor histórico.[27] Mas isso não nos obriga a dizer que *Shoah*, como "obra única [...],

---

[25] C. Lanzmann, "Holocauste, la représentation impossible", *op. cit.*, p. vii. C. Lanzmann, "Le monument contre l'archive?", *op. cit.*, pp. 275-6.

[26] C. Lanzmann, "Parler pour les morts", *op. cit.*, p. 15.

[27] Sobre a polêmica entre Lanzmann e Spielberg, cf. sobretudo J. Walter, "*La Liste de Schindler* au miroir de la presse", *Mots. Les langages du politique*, n° 56, 1998, pp. 69-89. V. Lowy, *L'Histoire infilmable*, *op. cit.*, pp. 153-64. Para uma crítica de Benigni, cf. M. Henochsberg, "Loin d'Auschwitz, Roberto Benigni, bouffon malin", *op. cit.*, pp. 42-59.

desqualificou todos os trabalhos anteriores"[28] e, pior ainda, que desqualifica toda e qualquer "imagem por vir". Ao apresentar *Shoah* como a imagem-toda que falta a todas as outras imagens — às do arquivo como às do cinema, às do passado como às do futuro — não se faz mais do que confundir o filme com a história (política) de que ele trata, nem do que exonerar este filme da história (estética) de que ele advém. Com efeito, convém não esquecer que *Shoah* deve muito a uma certa história do documentário.

Começando logo por *Noite e Nevoeiro*: trinta anos antes de Lanzmann, Alain Resnais fez com que cada espectador do seu filme se questionasse perante a memória, tão difícil de assumir, de um acontecimento sem dúvida menos compreendido nessa época do que nos anos oitenta. *Noite e Nevoeiro* foi censurado na França (foi preciso maquiar um plano onde se via, no campo de concentração de Pithiviers, o quepe de um oficial de Vichy) e na Alemanha (cuja embaixada conseguiu que o filme fosse retirado do festival de Cannes de 1956).[29] Mas a sua recepção no mundo intelectual e artístico prefigura exatamente o papel desempenhado por *Shoah* nos anos oitenta e noventa. Ado Kyrou escreveu, em 1956, que esse era "o filme necessário", não imaginando "outro filme sobre o mesmo tema".[30] Viu-se nesse filme uma forma inédita de "recuar os limites daquilo que acreditávamos ser realizável", uma solução magistral para "encontrar as formas adaptadas à transmissão da experiência intransmissível".[31]

---

[28] P. Sorlin, "La Shoah: une représentation impossible?", in J.-P. Bertin-Maghit e B. Fleury-Vilatte (orgs.), *Les Institutions de l'image*, *op. cit.*, p. 183.

[29] Cf. em geral R. Raskin, *Nuit et Brouillard by Alain Resnais*, Aarhus, Aarhus University Press, 1987. C. Delage, "Les contraintes d'une expérience collective: *Nuit et Brouillard*", in C. Delage e V. Guigueno (orgs.), *Le Film et l'historien*, Paris, Gallimard, 2004.

[30] A. Kyrou, "*Nuit et Brouillard*: le film nécessaire" [1956], in S. Goudet (org.), *Alain Resnais*, Paris, Positif/Gallimard, 2002, p. 44.

[31] M. Oms, *Alain Resnais*, Paris, Rivages, 1988, p. 67. O autor evoca (pp. 23-57) a ampla reflexão de Resnais sobre a morte na história, através de *Guernica* (1950), *Les Statues meurent aussi* (1950-1953), *Hiroshima meu amor* (1959), ou até *Stavisky* (1974).

O filme de Resnais, tal como, mais tarde, *Shoah*, começa com a dor imóvel de paisagens vazias ou, pior ainda, banais: "Mesmo uma paisagem tranquila, mesmo uma pradaria com voos de corvos, colheitas e queimadas, mesmo uma aldeia de férias, com uma feira e um sino, podem conduzir simplesmente a um campo de concentração. [...] Hoje, na mesma estrada, nasce o dia e o sol. Percorremo-la lentamente, à procura de quê?".[32] *Shoah* perturbou-nos com a clareira vazia de Chelmno simplesmente reconhecida por Simon Srebnik, o sobrevivente.[33] *Noite e Nevoeiro* perturbou-nos com os seus campos vazios percorridos por extraordinários "*travellings* sem tema" (figs. 22-23):

[...] em *travellings* lentos, a câmera não se mexe senão nos cenários vazios, reais e vivos — ligeira agitação dos tufos de erva — mas vazios de qualquer ser, e de uma realidade quase irreal à força de pertencer a um mundo que é o de uma improvável, impossível sobrevivência. A câmera parece deslocar-se em vão, sem efeitos reais, desapossada do drama, do espetáculo que estes movimentos parecem acompanhar, mas que não são senão os de fantasmas invisíveis. Tudo está vazio, imóvel

---

[32] J. Cayrol, *Nuit et Brouillard* [1956], Paris, Fayard, 1997, pp. 17 e 21. O início da sinopse escrita por Resnais, na origem do texto de Cayrol, é o seguinte: "*Noite e Nevoeiro*. Cor. Uma paisagem neutra, calma, banal. A câmara recua. Estamos no interior de um campo de concentração que já não funciona e está deserto. Ao fazer uma panorâmica, a câmera descobre ao longe a entrada do campo, flanqueada por um mirante. (Talvez até se distinga um grupo de turistas vestidos com cores claras que entram no campo com um guia. O tempo pode estar ensolarado. Mas, em seguida, o céu deverá permanecer cinzento e nublado.) Uma série de panorâmicas muito lentas partem sempre de um elemento 'exterior' e terminam com um elemento 'interior' (idealmente, cada uma das panorâmicas deveria ser efetuada num campo diferente: Struthof, Mauthausen, Auschwitz-Birkenau, Majdanek)". A. Resnais, citado em C. Delage, "Les contraintes d'une expérience collective: *Nuit et Brouillard*", *op. cit.*

[33] C. Lanzmann, *Shoah*, *op. cit.*, p. 18.

22. Alain Resnais, *Noite e Nevoeiro*, 1955.
Fotograma do início do filme.

e silencioso; fotografias seriam suficientes. Mas, precisamente, a câmera se mexe, ela é a única a se mexer, ela é a única vida, não há nada a filmar, ninguém, só resta o cinema, não há nada de humano e de vivo a não ser o cinema, diante de alguns vestígios insignificantes, derrisórios, e é este deserto que a câmera percorre, é sobre ele que ela inscreve o rastro suplementar, rapidamente apagado, dos seus trajetos muito simples [...].[34]

Serge Daney compreendeu bem que esse *travelling* estava nos antípodas do *"travelling* de *Kapo"* tão violentamente fustigado em

---

[34] A. Fleischer, *L'Art d'Alain Resnais*, Paris, Centre Georges Pompidou, 1998, p. 33.

23. Claude Lanzmann, *Shoah*, 1985.
Fotograma do início do filme.

1961 por Jacques Rivette.[35] Viu em *Noite e Nevoeiro* a "obrigação de não fugir" diante da nossa história, o "antiespetáculo" por excelência, a injunção de compreender "que a condição humana e a carnificina industrial não eram incompatíveis e que o pior tinha acabado de acontecer"; viu uma "sismografia" mais do que uma iconografia histórica e, por fim, uma verdadeira "escrita do desastre" no sentido que lhe atribui Maurice Blanchot.[36] Daney

---

[35] J. Rivette, "De l'abjection", *Cahiers du Cinéma*, n° 120, 1961, pp. 54-5.

[36] S. Daney, "Resnais et l'"écriture du désastre"" [1983], in *Ciné-Journal*, II, Paris, Cahiers du Cinéma, 1986 (ed. 1998), pp. 27-30. S. Daney, "Le travelling de *Kapo*" [1992], in *Persévérance. Entretien avec Serge Toubiana*, Paris, POL, 1994, pp. 13-39. Cf., mais recentemente, F. Niney, *L'Épreuve du réel à l'écran*, Bruxelas, De Boeck Université, 2000, pp. 95-100. C. Neyrat,

Imagem-montagem ou imagem-mentira

tinha razão: *Noite e Nevoeiro* apostava em abalar a *memória* partindo de uma contradição entre documentos inevitáveis da *história* e marcas repetidas do *presente*. Os documentos da história são as famosas imagens de arquivo — em preto e branco — que deixaram mudos de pavor os espectadores da época e que Lanzmann, hoje, quer refutar pela sua falta de rigor histórico. As marcas do presente vêm do "olhar sem tema" que Resnais lança sobre as paisagens vazias dos campos de concentração filmados em cores. Mas vêm também da vontade de dar todo o espaço sonoro do filme a dois sobreviventes das perseguições nazistas: não *testemunhos* no sentido estrito da palavra, mas *escritas* voluntariamente distanciadas. O comentário de Jean Cayrol não descreve a sua experiência pessoal nos campos de concentração, e a música de Hanns Eisler impossibilita qualquer paráfrase patética das imagens.

Uma decisão formal — sobretudo quando é radical — comporta sempre um impasse correlato: o que se atinge num dado momento, perde-se noutro. Nas escolhas que faz relativamente à duração dos planos e à montagem, Resnais atinge esse poderoso sentimento de presente, que nos dá uma representação sintética daquilo que poderia ser "um campo" na Alemanha nazista. Consequentemente, "os campos" não se distinguem e a dimensão da análise histórica passa para segundo plano (lembramos que a distinção entre campos de exterminação e campos de concentração ainda não era prática corrente na historiografia dos anos cinquenta).[37] Consequentemente, a imagem dos corpos esqueléticos vem constituir um "ecrã que se interpõe ao massacre de mulheres e de crianças perfeitamente sãs, conduzidas às câmaras de gás mal aca-

---

"Horreur/bonheur: métamorphose", in M. Oms, *Alain Resnais, op. cit.*, pp. 47-54.

[37] Contra as posições severas de Georges Bensoussan (*Auschwitz en héritage? D'un bon usage de la mémoire*, Paris, Mille et Une Nuits, 1998, p. 44) e de Annette Wieviorka (*Déportation et génocide, op. cit.*, p. 223), Christian Delage estabeleceu, com base nos arquivos de Anatole Dauman, que o reconhecimento do genocídio dos judeus — e da sua especificidade — estava, de fato, contemplado no projeto de Resnais. Cf. C. Delage, "Les contraintes d'une expérience collective", *op. cit.*

bavam de descer dos vagões".[38] Mas não podemos criticar uma obra por não cumprir uma promessa que não fez: o filme de Resnais não pretendia de forma alguma "ensinar-nos tudo" acerca dos campos de concentração; ele apenas propunha, mais modestamente, um *acesso ao inacessível*:

> Esta realidade dos campos de concentração, menosprezada por aqueles que a fabricaram, inapreensível para aqueles que a viveram, é em vão que nós, por nosso turno, tentamos descobrir os seus restos [...]. Eis tudo o que nos resta imaginar.[39]

"Nós que fingimos acreditar que tudo isso pertence a um só tempo", dizia ainda, corajosamente, a voz de *Noite e Nevoeiro*.[40] Com o paralelismo entre as imagens de arquivo e as marcas do presente procurava-se convocar um *tempo crítico* — à maneira de Brecht — propício, não à identificação, mas à reflexão política. Uma solução mais incisiva foi encontrada quando Marcel Ophuls, em *Le Chagrin et la pitié*, substituiu o paralelismo por uma forma de *contratempo crítico* nascido do choque incessante entre as imagens de arquivo e os testemunhos no presente. Lanzmann deve a Resnais um certo modo de quebrar a narrativa histórica para melhor nos permitir — a nós, espectadores — enfrentarmos a história. Mas o seu verdadeiro mestre é Marcel Ophuls,[41] que encontrava sempre uma forma de levar o interlocutor ao *testemunho*, isto é, à impossibilidade de evitar a falha decisiva — a marca da História — na história que conta. *Shoah* radicaliza as soluções de Ophuls através de uma etapa suplementar, que consiste em deixar de utilizar o contratempo das imagens de arquivo, em proveito de

---

[38] S. Lindeperg, *Clio de 5 à 7, op. cit.*, p. 183.

[39] J. Cayrol, *Nuit et Brouillard, op. cit.*, pp. 23-4.

[40] *Ibid.*, p. 43.

[41] Cf. P. Mesnard, "La mémoire cinématographique de la Shoah", in C. Coquio (org.), *Parler des camps, penser les génocides*, Paris, Albin Michel, 1999, pp. 480-4. P. Mesnard, *Consciences de la Shoah, op. cit.*, pp. 289-90.

uma única dimensão — a palavra e os lugares filmados no presente — que cria ela própria, pela sua duração prolongada, pela sua montagem, as condições inexoráveis de uma "impossibilidade de evitar".

Ainda que Claude Lanzmann permaneça bastante silencioso em relação a Marcel Ophuls e seja exageradamente violento em relação a Alain Resnais,[42] esta filiação merecia ser analisada. Ela nos mostra, caso isso ainda fosse necessário, que o uso do arquivo está longe de ter "passado de moda"[43] e que, nos inúmeros filmes consagrados à Shoah entre 1985 e 1995, a montagem das imagens do passado com os testemunhos do presente percorre todo um espectro de soluções formais do qual nenhuma regra geral poderia ser extraída.[44] Basta não sermos ingênuos, nem no que diz respeito aos arquivos nem no que diz respeito à montagem que a partir deles se produz: os primeiros não nos dão de todo a verdade "nua

---

[42] "Noutro dia, de manhã, fui à sala para conferir com o projecionista as condições da projeção; se o som estava suficientemente alto; a qualidade da cópia etc. Em seguida, passo em frente da bilheteria, *Shoah* está previsto para as 14h e vejo às 12h: *Noite e Nevoeiro*. Digo para mim mesmo, 'é estranho'... Dirijo-me ao proprietário da sala [...] e lhe digo: 'O que é isso?'. Ele me responde: 'Sou obrigado a passar um filme ao meio-dia, há leis'. Eu lhe disse então: 'Estou sonhando! Estou sonhando ou o quê?'. Ao que ele respondeu: 'Não, o meu programador achou que apesar de tudo se tratava do mesmo tema'. [...] Então eu disse: 'Muito bem, se passar *Noite e Nevoeiro* não passará *Shoah*, eu retiro o filme'. [...] Parece-me que a confrontação ou a contiguidade dos dois filmes não tem sentido. Mesmo se o tema é idêntico, *Shoah* não tem nada a ver com *Noite e Nevoeiro*." C. Lanzmann, citado em V. Lowy, *L'Histoire infilmable*, *op. cit.*, pp. 85-6.

[43] Como acredita V. Sánchez-Biosca, "Représenter l'irréprésentable. Des abus de la réthorique", in Jean-Pierre Bertin-Maghit e Béatrice Fleury-Vilatte (orgs.), *Les Instituitions de l'image*, Paris, EHESS, 2007, p. 177.

[44] Cf. P. Mesnard, "La mémoire cinématographique de la Shoah", *op. cit.*, pp. 473-90 (que contabiliza 1.194 filmes realizados entre 1985 e 1995). P. Mesnard, *Consciences de la Shoah*, *op. cit.*, pp. 294-7 ("L'obstination des archives", onde são evocados, especialmente, os filmes de A. Jaubert, E. Sivan e R. Brauman). Cf. igualmente F. Monicelli e C. Saletti (orgs.), *Il racconto della catastrofe*, Verona, Società Letteraria/Cierre, 1998. W. W. Wende (org.), *Geschichte im Film*, Stuttgart/Weimar, Metzler, 2002.

e crua" do passado e só existem porque se constroem a partir do conjunto das questões ponderadas que lhes devemos colocar; a segunda, vem precisamente dar forma a esse conjunto de questões, daí a sua importância — estética e epistemológica — crucial.[45]

* * *

"Há seguramente coisas que não podemos ver. E é preciso mostrar aquilo que não podemos ver."[46] Eis pelo menos uma proposição de Gérard Wajcman que posso subscrever. Mas, infelizmente, a sua conclusão estraga tudo: "O que isso mostra é que não há imagem".[47] Para fundamentar uma tal afirmação foi preciso, num plano muito geral, restringir à linguagem a *força de mostrar*; e, num plano mais circunstancial, decretar que as nove horas e meia do filme *Shoah* não são imagens (ora, se Lanzmann tivesse querido confiar apenas na palavra, não teria feito um filme, mas um livro ou uma emissão de rádio, por exemplo).

O que Wajcman desconhece é que a própria noção de imagem — na sua história como na sua antropologia — se confunde precisamente com a tentativa incessante de *mostrar o que não se pode ver*. Não podemos "ver o desejo" enquanto tal, mas os pintores souberam utilizar o escarlate para o mostrar; não podemos "ver a morte", mas os escultores souberam modelar o espaço como se fosse a porta de um túmulo que "nos olha"; não podemos "ver a palavra", mas os artistas souberam construir as suas figuras como uma série de dispositivos enunciativos; não podemos "ver o tempo", mas as imagens criam o anacronismo que nos mostra o seu trabalho; não podemos "ver o lugar", mas as fábulas tópicas inventadas pelos artistas mostram bem — por meios simultaneamente sensíveis e inteligíveis — o poder de uma "evidência". Toda a história das imagens pode assim ser contada como um esforço pa-

---

[45] Cf. F. Niney, *L'Épreuve du réel à l'écran*, *op. cit.*, pp. 253-71 ("Les archives").

[46] G. Wajcman, "'Saint Paul' Godard contre 'Moïse' Lanzmann, le match", *op. cit.*, p. 126.

[47] *Ibid.*, p. 125.

ra dar a ver a *superação visual* das oposições triviais entre o *visível* e o *invisível*.

"É preciso mostrar aquilo que não podemos ver": Gérard Wajcman pensa que só uma eliminação, uma unificação ou uma absolutização da imagem — a imagem *nula*, a imagem *uma* ou a imagem *toda* — poderiam responder a este imperativo. Eu penso, pelo contrário, que a multiplicação e a conjunção das imagens, por mais lacunares e relativas que sejam, formam várias vias para mostrar *apesar de tudo* aquilo que não se pode ver. Ora, a primeira e a mais simples forma de *mostrar* aquilo que nos escapa, consiste, de fato, em *montar* o seu desvio figural, associando várias perspectivas ou vários tempos do mesmo fenômeno. A forma elementar — fria, assustadora — deste desvio pode ser observada num filme muito breve, realizado por um técnico nazista em setembro de 1941, em Mogilov (Bielorrússia): um plano mostra homens nus, esfaimados, transportados num carrinho, diante dos quais se fechará uma porta; o plano seguinte descreve simplesmente a trajetória de tubos conectados ao escape de um automóvel; trata-se, portanto, de um filme em que não se *vê*, mas onde se *mostra*, através da *montagem* elementar das duas sequências, uma experiência de gaseamento por óxido de carbono — as vítimas eram, sem dúvida, doentes com deficiências.[48]

Na outra ponta deste espectro, *Shoah* não dá a *ver* aquilo que as testemunhas viveram no processo de extermínio; mas *mostra* os próprios sobreviventes entregues à provação trágica da reminiscência. Graças a uma *montagem* inteiramente ordenada com base na economia da *narrativa*, Claude Lanzmann permite-nos arrancar a estas palavras — às quais ele exige, palavra após palavra, toda a precisão visual possível — um imaginável conferido a essa experiência. Jean-Luc Godard, em *História(s) do Cinema*, terá preferido *mostrar* o próprio cinema e a sua própria reminiscência através de uma *montagem* inteiramente organizada com base na economia do *sintoma*: os acidentes, os choques, as quedas de ima-

---

[48] Estas informações provêm do Imperial War Museum (Londres), onde o filme foi projetado. Segundo Dany Uziel, diretor do arquivo fotográfico de Yad Vashem, o filme desenrolar-se-ia em Minsk e não em Mogilov.

gens umas sobre as outras deixam então escapar algo que não se *vê* neste ou naquele fragmento de filme, mas que *aparece*, diferencialmente, como obsessão generalizada. Cada imagem "não é uma imagem justa [*image juste*], é apenas uma imagem [*juste une image*]", como disse Godard numa frase célebre.[49] Mas ela "permite falar menos e dizer mais", ou antes, *falar* melhor *disso* sem ter de *dizê-lo*.[50]

Godard, parece-me, sempre situou a sua reflexão sobre os poderes e os limites do cinema na sístole e na diástole da própria imagem: alternando a sua natureza essencialmente *defectiva* com a sua capacidade de, repentinamente, se tornar *excessiva*. Trata-se de uma pulsação — o nosso "duplo regime" da imagem — através da qual o limite se torna transgressão, isto é, capacidade de dar mais do que aquilo que se espera, de perturbar o olhar, de rasgar o véu. Como é que isso é possível a partir de uma imagem que é "apenas uma imagem", ou seja, o contrário de um todo, de uma captação unitária, de qualquer absoluto? Isso é possível porque não existe uma imagem "uma":

> "Não há a imagem, não há senão imagens." E há uma certa forma de juntar imagens: assim que há duas, há três. [...] É esse o fundamento do cinema.[51]

Se Gérard Wajcman fala quase sempre da imagem no singular — seja ela *nula*, *uma*, ou *toda* — se, em momento algum, ele toma em consideração a natureza sequencial das quatro fotografias de Auschwitz é porque a imagem, a seus olhos, é uma simples "suspensão" visível das coisas. Segundo ele, a imagem não encerra essa fecundidade que Lacan identificava no significante e nos

---

[49] J.-L. Godard, "Le groupe Dziga Vertov", in *Jean-Luc Godard par Jean-Luc Godard*, II, A. Bergala (org.), Paris, Cahiers du Cinéma, 1998, p. 348.

[50] J.-L. Godard (com Y. Ishaghpour), *Archéologie du cinéma et mémoire du siècle*, Tours, Farrago, 2000, p. 81.

[51] J.-L. Godard, "Jean-Luc Godard rencontre Régis Debray", in *Jean-Luc Godard par Jean-Luc Godard*, II, *op. cit.*, p. 430.

seus efeitos em "cadeia". Godard, pelo contrário, só vê e só constrói imagens *plurais*, isto é, imagens captadas nos seus efeitos de montagem. A grandeza do cinema — mas também a da pintura, que, tal como Eisenstein, ele reconhece ser capaz de fazer grandes "montagens" — consiste em ter feito florescer esta pluralidade essencial no tempo desencadeado pelo movimento. Lembremos, a título de exemplo, o modo como Godard reconheceu o gênio de Alfred Hitchcock:

> [Hitchcock] restituiu [...] à imagem e aos encadeamentos de imagens todo o seu poder. [...] Hitchcock fazia parte de uma geração que tinha conhecido o cinema mudo. Em Hitchcock, a história vem verdadeiramente do filme, ela se desenvolve ao mesmo tempo que o filme, como o motivo se desenvolve no trabalho de um pintor. [...] Ele descobriu a montagem. A história do cinema sobre a qual trabalho é a da descoberta de um continente desconhecido, e esse continente é a montagem. [...] Quando Eisenstein, nos seus escritos, se refere a El Greco, ele nunca diz "esse pintor", mas sim "esse montador"...[52]

Ora, em Hitchcock, o efeito principal desta arte da montagem consiste em associar *a imagem ao medo*: "Hitchcock era o único homem que podia fazer tremer milhões de pessoas, não como Hitler o fazia, dizendo: 'vou massacrá-los todos', mas, como em *Interlúdio* [*Notorious*], mostrando apenas uma série de garrafas de Bordeaux arrumadas umas ao lado das outras. Ninguém tinha conseguido fazer isso. Só os grandes pintores, como Tintoretto".[53] Nesta oposição, não basta apenas pôr, de um lado, o medo político (culpado) de Hitler e, do outro, o medo estético (inocente) de Hitchcock, o medo real de Hitler e o medo fictício de Hitchcock.

---

[52] J.-L. Godard, "Alfred Hitchcock est mort" [1980], in *Jean-Luc Godard par Jean-Luc Godard*, I, A. Bergala (org.), Paris, Cahiers du Cinéma, 1985 (ed. 1998), pp. 412-5.

[53] *Ibid.*, p. 412.

Godard quer dizer que, nas imagens de *Interlúdio*, o medo, ao depender da *ficção*, não tem de depender da *falsificação*. Ele é fictício — e até humorístico, uma vez que se trata de inquietar o espectador com uma promissora série de bons vinhos —, mas adquire uma verdade fenomenológica através da qual o medo poderia ser pensado enquanto tal. E isso é possível porque *a montagem intensifica a imagem* e confere à experiência *visual* um poder que as nossas certezas ou hábitos *visíveis* pacificam ou velam.

Note-se, de passagem, que Godard não é o único a defender este tipo de posições. Um cineasta bem diferente, como Robert Bresson, defende ideias semelhantes quando refuta o "valor absoluto de uma imagem"; quando insiste em afirmar que "não há um todo" neste domínio; quando impõe à representação um modo de "fragmentação [que torna as partes] independentes a fim de lhes conferir uma nova dependência"; quando invoca, juntamente com a "omnipotência dos ritmos", essa arte da montagem graças à qual "uma imagem se transforma ao contato direto com outras imagens, como uma cor se transforma com ao contato com outras cores"; quando procura, no fundo, tudo "o que se passa nas junções" e observa o fato estranho de "que seja a união interna das imagens que lhes confere a sua carga emotiva"; quando elege como princípio a "aproximação de coisas que nunca foram aproximadas e que não pareciam predispostas a sê-lo"; tudo isso de forma a "desmontar e a voltar à *intensidade*", já que as imagens "se fortalecem transplantando-se".[54]

Assim, a montagem confere às imagens esse estatuto de enunciação que as tornará, de acordo com o seu valor de uso, *justas* ou *injustas*: tal como um filme de ficção — como o concebem Hitchcock, Godard, Bresson e muitos outros — pode elevar as imagens a um grau de intensidade capaz de extrair daí uma *verdade*, uma simples notícia televisiva pode utilizar imagens documentais para produzir uma falsificação da realidade histórica que, contudo, essas imagens arquivam. Assim se compreende a razão pela qual a

---

[54] R. Bresson, *Notes sur le cinématographe*, Paris, Gallimard, 1975 (ed. 1995), pp. 22, 30, 33, 35-6, 52, 56, 69, 93-4 e 107.

montagem acaba por constituir o cerne da questão concreta — do uso singular e não da verdade geral — das imagens. É tão ingênuo assimilar a montagem e a mentira, como fez Georges Sadoul, por exemplo,[55] como não querer ver a dimensão construtiva da montagem em face do material visual que elabora e interpreta.

Não é por acaso que, em 1945, os serviços cinematográficos das forças armadas americanas pediram a John Ford que refletisse acerca do uso — ou seja, da montagem — das sequências filmadas por George Stevens quando da abertura dos campos de concentração; e também não é por acaso que, paralelamente, Sidney Bernstein incitou o seu amigo Alfred Hitchcock a refletir sobre a montagem das sequências filmadas nos campos de concentração pelo exército britânico, em particular em Bergen-Belsen.[56] As reações do "mestre do medo", relatadas por várias testemunhas — entre elas Peter Tanner, o responsável pela montagem do filme de Bernstein — são muito significativas: não se trataria de construir uma montagem de investigação, uma montagem sob a forma de um *inquérito* (como Hitchcock tão bem sabia fazer), mas antes de construir uma espécie de *processo* (o que ele confessou, perplexo, "ao caminhar de um lado para o outro", não saber bem como fazer, sobretudo a partir dessas imagens, de tipo absolutamente novo).[57]

Mas Hitchcock compreendeu imediatamente que esta espécie de processo exigia *uma montagem que nada separasse*; em primei-

---

[55] G. Sadoul, "Témoignages photographiques et cinématographiques", in C. Samaran (org.), *L'Histoire et ses méthodes*, Paris, Gallimard, 1961, pp. 1392-4.

[56] Cf. V. Sánchez-Biosca, "*Hier ist kein Warum*. À propos de la mémoire et de l'image des camps de la mort", *Protée. Théories et pratiques sémiotiques*, XXV, n° 1, 1997, pp. 57-9. S. Lindeperg, *Clio de 5 à 7*, *op. cit.*, pp. 231-5. M. Joly, "Le cinéma d'archives, preuve de l'histoire?", in *Les Institutions de l'image*, *op. cit.*, pp. 201-12. Cf. também C. Drame, "Représenter l'irreprésentable: les camps nazis dans les actualités françaises de 1945", *Cinémathèque*, n° 10, 1996, pp. 12-28.

[57] Sobre o papel das imagens cinematográficas no processo de Nuremberg, cf. as análises extraordinárias de C. Delage, "L'image comme preuve", *Vingtième Siècle. Revue d'Histoire*, n° 72, 2001, pp. 63-78.

ro lugar, era preciso não separar as vítimas dos carrascos, isto é, mostrar conjuntamente os cadáveres dos prisioneiros diante dos próprios responsáveis alemães, daí a decisão de cortar o mínimo possível as longas panorâmicas da filmagem, cuja lentidão era tão assustadora; em seguida, era preciso não separar o próprio campo de concentração do seu enquadramento social, ainda que este fosse — ou precisamente porque ele era — normal, cuidado, rural ou até bucólico. Desde o início, Hitchcock e Bernstein compreenderam que o caráter insustentável destes arquivos, que contrastavam com todo o resto — isto é, com o resto da humanidade para além do arame farpado —, podia suscitar a denegação, a rejeição destas evidências demasiado pesadas. Tanto mais que a negação do genocídio se inscreve na própria diferença que separa o campo de concentração dos seus arredores mais próximos. Ora, não é a montagem que, num filme, se encarrega da *mostração das diferenças*? Precisamos *montar* o que não podemos ver, para, se possível, dar a *pensar* as diferenças entre algumas mônadas visuais — separadas, lacunares — como uma forma de dar a *conhecer apesar de tudo* aquilo que é impossível ver inteiramente, aquilo que permanece inacessível como um *todo*.

* * *

Godard não diz outra coisa: "A montagem, [...] é o que faz *ver*".[58] É o que transforma o tempo do visível, parcialmente recordado numa construção reminiscente, em forma visual da obsessão, em musicalidade do saber, isto é, em destino: "Na montagem encontra-se o destino".[59] O que é uma forma de situá-la claramente à altura do *pensamento*. Ao que Godard acrescenta: "que o cinema [foi], antes de mais nada, feito para pensar", que, antes de mais, ele deveria apresentar-se como "uma forma que pensa".[60] A

---

[58] J.-L. Godard, "Alfred Hitchcock est mort", *op. cit.*, p. 415.

[59] J.-L. Godard, "Le montage, la solitude et la liberté", in *Jean-Luc Godard par Jean-Luc Godard*, II, *op. cit.*, p. 244.

[60] J.-L. Godard, *Histoire(s) du cinéma*, III, *op. cit.*, p. 55.

montagem é a arte de produzir esta forma que pensa. Ela procede, filosoficamente, de modo dialético (tal como Benjamin e Bataille, Jean-Luc Godard gosta de citar Hegel para melhor o perverter): ela é a arte de *tornar a imagem dialética*.

Isso deve ser entendido de várias formas. Primeiro, a montagem faz de toda imagem a terceira de duas imagens já montadas uma com a outra. Mas, como explicita Godard — invocando Eisenstein —, este processo não absorve as diferenças, pelo contrário, acusa-as: não tem, portanto, nada a ver com uma síntese ou com uma "fusão" das imagens, mesmo no caso das sobreimpressões utilizadas nas *História(s) do Cinema*:

> *Jean-Luc Godard* — As *História(s)* eram cinema; tecnicamente, eram algo de manual, coisas muito simples, entre as quarenta possibilidades da *régie* utilizei uma ou duas, sobretudo a sobreimpressão, o que permite conservar a imagem original do cinema [...].
> *Youssef Ishaghpour* — O fato das duas imagens se fundirem uma na outra...
> *Jean-Luc Godard* — A base é sempre dois; apresentar inicialmente sempre duas imagens em vez de uma é aquilo a que chamo imagem, esta imagem feita de dois [...].[61]

As coisas complicam-se ainda mais na medida em que Godard, no seu trabalho, convoca incessantemente palavras para serem lidas, vistas ou ouvidas. A dialética deve, assim, ser entendida como uma colisão multiplicada de palavras e de imagens: as imagens chocam entre si para que surjam palavras, as palavras chocam entre si para que surjam imagens, as imagens e as palavras entram em colisão para que o pensamento advenha visualmente. As inúmeras citações textuais que Jean-Luc Godard utiliza nos seus filmes são, a este título, inseparáveis da sua estratégia de montagem:

---

[61] J.-L. Godard (com Y. Ishaghpour), *Archéologie du cinéma et mémoire du siècle, op. cit.*, pp. 26-7.

[...] A imagem entra no texto, e o texto, num dado momento, acaba por surgir das imagens. Já não há uma simples relação de ilustração. Isso permite-lhe exercer a sua capacidade de pensar, de refletir, de imaginar e de criar. [...] É isso mesmo, trata-se de uma aproximação e de uma imagem, como há muitas nas *História(s)*. [...] A certa altura, isso me interpelou como uma imagem, o fato de serem duas palavras que [são] aproximadas.[62]

É então que a imagem adquire uma *legibilidade* que decorre diretamente das escolhas de montagem: ela se funda numa "aproximação dos incomensuráveis", mas não deixa de produzir um autêntico "fraseado da história", nos termos da formulação certeira de Jacques Rancière.[63] As *História(s)* godardianas são *história*? Claro que sim. Godard responde a Youssef Ishaghpour, que lhe objeta que "um historiador não pode criar 'imagens', como [Godard] pode fazer com a montagem", o seguinte: "Para mim, a História é a obra das obras, se quiser, ela engloba-as todas, a História é o nome da família, há os pais e os filhos, há a literatura, a pintura, a filosofia..., a História, digamos, é todo o conjunto. Assim sendo, se a obra de arte for bem-feita, ela pertence ao campo da História [...]. Parece-me que a História pode ser uma obra de arte, o que geralmente não é admitido senão por Michelet".[64]

Em *Cinéma cinéma*, Godard chamava *mesa crítica* à sua mesa de trabalho — cheia de livros abertos, de anotações, de fotografias — e, ao mesmo tempo, à sua mesa de montagem: não seria um modo de afirmar que *o cinema mostra a história*, mesmo a que não vê, na medida em que a sabe *montar*?[65] Não é o conhecimen-

---

[62] *Ibid.*, pp. 13 e 82.

[63] J. Rancière, "La phrase, l'image, l'histoire" [2002], in *Le Destin des images*, Paris, Fabrique, 2003, p. 72 [ed. bras.: *O destino das imagens*, Rio de Janeiro, Contraponto, 2012].

[64] J.-L. Godard (com Y. Ishaghpour), *Archéologie du cinéma et mémoire du siècle*, *op. cit.*, pp. 21 e 24-5.

[65] J.-L. Godard, "Le cinéma est fait pour penser l'impensable" [1995], in *Jean-Luc Godard par Jean-Luc Godard*, II, *op. cit.*, p. 296. J.-L. Godard,

to histórico do papel desempenhado pelo autor de *Um Corpo que Cai* [*Vertigo*] no filme de Bernstein que, por exemplo, permite que Godard aproxime um plano de Nuremberg de um plano de Hitchcock?

Hoje, em vídeo, vejo mais documentos históricos do que filmes. Mas é a mesma coisa, não os distingo. Deste ponto de vista, um excerto do processo de Nuremberg e um plano de Hitchcock contam ambos aquilo que fomos, ambos são cinema.
— São estas aproximações que fazem a história?
— É o que vemos, antes de o dizermos, quando aproximamos duas imagens: uma mulher jovem que sorri num filme soviético não é exatamente a mesma que sorri num filme nazista. E o Carlitos dos *Tempos Modernos* é exatamente o mesmo, de início, que o operário da Ford filmado por Taylor. Fazer história é passar horas olhando para estas imagens para depois, de repente, aproximá-las, provocando uma centelha. Isso constrói constelações, estrelas que se aproximam ou que se afastam, como dizia Walter Benjamin.[66]

Eis-nos novamente reconduzidos à "imagem dialética" benjaminiana e, por conseguinte, ao conhecimento através da montagem.[67] Não apenas "a idade do cinema é a idade da história na sua acepção moderna", como afirma Jacques Rancière, mas o ci-

---

"*Histoire(s) du cinéma*: à propos de cinéma et d'histoire" [1996], *ibid.*, p. 402: "[Quando] François Jacob, o biólogo, escreve: 'No mesmo ano, Copérnico e Vesálio...', ele já não está fazendo biologia, mas sim cinema. E a história não reside senão aí. Ela é aproximação. Ela é montagem".

[66] J.-L. Godard, "Le cinéma a été l'art des âmes qui ont vécu intimement dans l'Histoire", *Libération*, 6-7 de abril de 2002, p. 45.

[67] Sobre o teor benjaminiano das *História(s) do Cinema*, cf. especialmente A. Bergala, *Nul mieux que Godard*, *op. cit.*, pp. 221-49 ("L'Ange de l'histoire"). Y. Ishaghpour, "J.-L. G. cinéaste de la vie moderne", in *Archéologie du cinéma et mémoire du siècle*, *op. cit.*, pp. 89-118. Sobre o "conheci-

nema assim entendido trabalha no mesmo nível que o *inesquecível*: o que é um modo de dizer que ele não cessa de enfrentar a própria questão da *Vernichtung*, do aniquilamento.[68] Ao escrever que "o cinema é feito para pensar o impensável",[69] Jean-Luc Godard coloca-se a si mesmo numa situação trágica quando constata, ao mesmo tempo, que "o cinema não soube desempenhar o seu papel":

> Ingenuamente, acreditamos que a *Nouvelle Vague* seria um início, uma revolução. Mas já era demasiado tarde. Tudo já tinha acabado. Isso aconteceu quando não se filmaram os campos de concentração. Nesse instante, o cinema faltou completamente ao seu dever.
> Seis milhões de pessoas mortas ou gaseadas, principalmente judeus, e o cinema não esteve lá. No entanto, do *Ditador* à *Regra do Jogo*, ele tinha anunciado todos estes dramas. Ao não ter filmado os campos de concentração, o cinema demitiu-se completamente. É como a parábola do bom servo que morreu por não ter sido utilizado. O cinema é um meio de expressão cuja expressão desapareceu. Ficou o meio.[70]

---

mento pela montagem" em Walter Benjamin, cf. G. Didi-Huberman, *Devant le temps*, *op. cit.*, pp. 85-155.

[68] J. Rancière, "L'inoubliable", in *Arrêt sur l'histoire*, J. Comolli e J. Rancière (orgs.), Paris, Centre Georges Pompidou, 1997, pp. 47-70. J. Rancière, "L'historicité du cinéma", in *De l'histoire au cinéma*, Paris/Bruxelas, IHTP-CNRS/Complexe, 1998, pp. 45-60. Tudo isso foi enunciado — como no debate já evocado a propósito de Carlo Ginzburg — contra o pós-moderno "fim da história" que ilustra, por exemplo, o artigo de A. Kaes, "Holocaust and the End of History: Postmodern Historiography in Cinema", in *Probing the Limits of Representation*, *op. cit.*, pp. 206-22.

[69] J.-L. Godard, "Le cinéma est fait pour penser l'impensable", *op. cit.*, pp. 294-9.

[70] J.-L. Godard, "Le cinéma n'a pas su remplir son rôle", in *Jean-Luc Godard par Jean-Luc Godard*, II, *op. cit.*, p. 336.

Evidentemente, as *História(s) do Cinema* não formam uma crônica ou um documentário sobre os campos de concentração, longe disso. Mas um dos seus *leitmotiv* mais fortes consiste em aí expor a forma como um extraordinário "meio de expressão", o cinema, se privou da sua própria "expressão" — ou do seu objeto central — no momento em que, estando os campos de concentração abertos ao mundo, "se demitiu completamente". Que quer dizer Godard quando afirma que o cinema "não filmou os campos de concentração"? Ele não só conhece as imagens captadas por George Stevens ou por Sidney Bernstein, como as utiliza no seu próprio filme. Ele não só recorda que Chaplin ou Lubitsch não evitaram o assunto, como está certo de que os próprios nazistas filmaram as suas sinistras invenções, e de que os copiões ainda dormem em fundos de arquivos inexplorados.[71] Assim sendo, por que dizer que o cinema não filmou os campos?

Porque captar imagens não basta para fazer cinema. Porque, segundo Godard, ninguém soube *montar* — ou seja, *mostrar* para *compreender* — as imagens captadas existentes, os documentos da história. Aparentemente, Godard não se satisfaz com os conselhos dados por Hitchcock, na qualidade de *treatment advisor*, ao responsável pela montagem do filme de Sidney Bernstein. E também não parece ficar mais satisfeito com os *travellings* de *Noite e Nevoeiro* do que com os testemunhos de *Shoah*.[72]

---

[71] J.-L. Godard, "La légende du siècle", *Les Inrockuptibles*, 21 de outubro de 1998, p. 28: "descobrimos sempre os arquivos muito tempo mais tarde. [...] Não tenho nenhuma prova daquilo que defendo, mas acho que se me metesse ao trabalho com um bom jornalista de investigação encontraria as imagens das câmaras de gás ao fim de vinte anos. Veríamos entrar os deportados e veríamos em que estado é que eles saem".

[72] J.-L. Godard, "Entretien avec Marguerite Duras" [1987], in *Jean-Luc Godard par Jean-Luc Godard*, II, *op. cit.*, pp. 144-6: "*Jean-Luc Godard* — Não queremos ver. Preferimos dizer mal. Tomo sempre como exemplo os campos de concentração: preferimos dizer 'nunca mais' em vez de mostrar. [...] Preferimos escrever livros para dizer que isso nunca existiu, aos quais responderão outros livros que dirão que isso existiu. Mas basta mostrar, a visão ainda existe. [...]/ *Marguerite Duras* — *Shoah* mostrou: as estradas, as fossas profundas, os sobreviventes.../ *Jean-Luc Godard* — Não mostrou nada".

De acordo com a sua lógica, a sua posição é simultaneamente injusta e compreensível: injusta porque Alain Resnais e Claude Lanzmann não se "demitiram" de uma tarefa sobre a qual Godard falou frequentemente sem que ele próprio a tivesse levado a cabo.[73] Compreensível porque a exigência de Godard é coerente e concreta: seria necessário voltar a explorar os arquivos históricos — "Hoje, eles já não são mostrados, ninguém sabe o que se passou [...]. Quanto à imagem, por vezes não temos vontade de vê-la; uma imagem é difícil"[74] — e fazer um grande filme a partir dessa exploração, que ultrapassasse toda essa "pedagogia do horror" que veicularam, por ocasião da Libertação, os noticiários exibidos no cinema.

O cinema, portanto, ter-se-ia "demitido" de uma tarefa que contudo lhe era essencial. Ao sentimento de culpa por não ter filmado os campos de concentração acresce, aliás, a culpabilidade que Godard sente por ter deixado Hollywood ocupar esse mesmo terreno: "JLG não foi capaz de [...] impedir o Sr. Spielberg de reconstituir Auschwitz".[75] Mas as *História(s) do Cinema* obstinam-se magnificamente em montar *apesar de tudo* esta grande questão

---

[73] J.-L. Godard, "Feu sur *Les Carabiniers*", in *Jean-Luc Godard par Jean-Luc Godard*, I, op. cit., p. 239: "Tomemos como exemplo os campos de concentração. O único filme verdadeiro que deveria ser feito sobre eles — que nunca foi filmado e que nunca o será porque seria intolerável — consistiria em filmar um campo de concentração do ponto de vista dos torturadores [...]. O que seria insuportável não seria o horror que essas cenas suscitariam, mas, pelo contrário, o seu aspecto perfeitamente normal e humano". J.-L. Godard, *Introduction à une véritable histoire du cinéma*, Paris, Albatros, 1980, pp. 269-70: "Se os campos de concentração são um objeto de estudo... É por isso que nunca aparecem filmes cujo verdadeiro objeto são os campos de concentração, pois neles veríamos o nosso próprio mundo, exatamente, nitidamente".

[74] *Ibid.*, pp. 221-2.

[75] J.-L. Godard, "Lettre à un ami américain" [1995], in *Jean-Luc Godard par Jean-Luc Godard*, II, op. cit., p. 344. É uma das razões invocadas por Godard para recusar a "recompensa" que lhe foi atribuída pelo New York Film Critics Circle.

sempre em aberto: não ter medo dos arquivos — evitando o duplo obstáculo da sua sacralização e da sua denegação —, não ter medo de com eles fazer obra, ou seja, *obra de montagem*. "É sem dúvida o paradoxo mais profundo das *História(s) do Cinema*. Elas querem mostrar que o cinema traiu, com a sua vocação de presença, a sua tarefa histórica. Mas a demonstração da vocação e da traição permite verificar o contrário".[76]

A questão transforma-se assim nesta outra: com o que montar — para mostrá-las — as imagens dos campos de concentração? A resposta das *História(s)* será evidentemente complexa, sempre dialética: nem "totalitária" (o que suporia uma única história "toda"), nem dispersa (o que suporia múltiplas histórias sem ligação entre si). Jacques Aumont analisou bem o modo como Godard "re-monta o tempo" nas *História(s) do Cinema*.[77] Ao trilhar este caminho, ele notou que o ato de *dar ritmo às imagens de arquivos* nunca deixa de ser acompanhado pela descoberta da sua natureza de registro fotográfico: "É bastante significativo que, em todo o seu brilho e complexidade, as *História(s)* nunca recorram ao retoque da imagem, mas apenas a técnicas que não afetam a sua indicialidade".[78]

É por isso que a montagem nunca é "assimilação" indistinta, "fusão" ou "destruição" dos elementos que a constituem. Montar uma imagem dos campos de concentração — ou da barbárie nazista em geral — não é perdê-la num magma cultural feito de quadros, de excertos de filmes ou de citações literárias: é dar a entender outra coisa ao mostrar, acerca dessa imagem, *a diferença e a ligação* com o que ocasionalmente a cerca. Masha Bruskina, uma jovem judia de dezessete anos, foi enforcada pelos alemães em Minsk em outubro de 1941: a corda bem retilínea, na fotografia, é tão implacável como o rosto pendido é perturbador; Godard — em cujo filme o desaparecimento dos seres, dos corpos, constitui literalmente uma obsessão — encontra um eco desta imagem na

---

[76] J. Rancière, *La Fable cinématographique*, Paris, Seuil, 2001, p. 236.

[77] J. Aumont, *Amnésies*, Paris, POL, 1999, pp. 9-32.

[78] *Ibid.*, p. 241.

24. Jean-Luc Godard, *História(s) do Cinema*, 1988-1998. Fotograma da parte 1a, "Todas as histórias".

célebre fotografia de Hiroshima, na sombra de uma escada também ela reta e no corpo pulverizado contra uma parede.[79]

A mesma imagem de enforcamento tinha sido, na primeira parte do filme, associada a alguns *Desastres* de Goya. Posteriormente, estes prolongaram-se num pormenor dos *Caprichos*: uma espécie de anjo maléfico — versão monstruosa do Anjo benjaminiano da História — levando algumas pobres almas, isto é, algumas cabeças cortadas, entre as suas asas[80] (fig. 24). O manuscrito da Biblioteca Nacional de França tem um breve comentário desta prancha, evocando: "os vícios levant[ando] voo para o país da ignorância"; o do Prado é ainda mais explícito: "Para onde irá este

[79] J.-L. Godard, *Histoire(s) du cinéma*, IV, *op. cit.*, p. 103.
[80] *Ibid.*, I, p. 130.

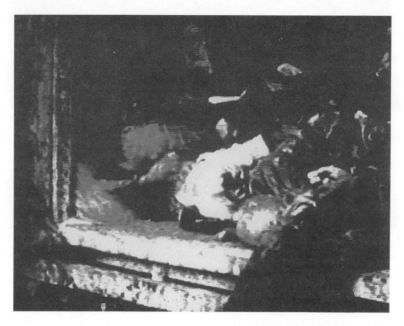

25. Jean-Luc Godard, *História(s) do Cinema*, 1988-1998.
Fotograma da parte 1a, "Todas as histórias".

cortejo infernal, gritando aos sete ventos nas trevas da noite? Se fosse de dia, era outra coisa: deitaríamos por terra toda esta turba com tiros de fuzil, mas como é de noite ninguém a vê".[81] Eis sem dúvida, para Godard, o mal político alegorizado por esta noite grotesca onde "ninguém o vê" (e, por conseguinte, onde ninguém o impede de agir).

Vemos muito mais nas imagens seguintes: vemos, em cores — pois o mal real é em cores —, os cadáveres da "remessa" de Buchenwald-Dachau filmados no fim do mês de abril de 1945, por George Stevens, com a sua câmara de 16 mm e com uma película *Kodachrome*[82] (figs. 25-26). Ora, o plano seguinte não é senão

---

[81] F. Goya, *Les Caprices* [1799], Paris, Insulaire, 1999, p. 166.

[82] J.-L. Godard, *Histoire(s) du cinéma*, I, *op. cit.*, p. 131. Sobre esta

26. Jean-Luc Godard, *História(s) do Cinema*, 1988-1998. Fotograma da parte 1a, "Todas as histórias".

uma típica amostra de erotismo hollywoodiano onde se reconhece Elizabeth Taylor em traje de banho, e o rosto do seu amado, Montgomery Clift, pousado no seu colo (fig. 27). A diferença é brutal. Mas qual é o nexo que esta montagem constrói?

Esse nexo reside, em primeiro lugar, na *forma*, isto é, na livre escolha de Godard, ou na sua *ficção*, se preferirmos. O artista outorga-se aqui — de acordo com a tradição ocidental — a soberana liberdade do reemprego: escolhe dois fotogramas de Dachau e associa-lhes o breve plano de Hollywood tomando como vetor dialético os rostos dos dois homens que respondem um ao outro

"remessa" também fotografada por Éric Schwab, Lee Miller e David Scherman, cf. C. Chéroux, "Le train", in *Mémoire des camps, op. cit.*, pp. 150-1. Sobre o arquivo a cores, cf. C. Delange, "La guerre, les camps: la couleur des archives", *Vertigo*, nº 23, 2003, pp. 39-42.

27. Jean-Luc Godard, *História(s) do Cinema*, 1988-1998. Fotograma da parte 1a, "Todas as histórias".

cruelmente. O que está morto, inclinado para a esquerda, parece gritar ainda, exprimir um sofrimento sem fim; o que está vivo, inclinado para a direita, parece apaziguado por uma felicidade definitiva. Mas podemos continuar a perguntar no que é que a vítima real e o amante fictício podem "responder" mutuamente um ao outro.

É aí que intervém o *pensamento* de Godard, inerente a todas as formas construídas no filme: este é apenas um entre os inúmeros exemplos que figuram nas *História(s) do Cinema* e exprimem as tensões extremas da sua grande "imagem dialética". De fato, não podemos deixar de compreender ou, pelo menos, de pressentir que, na sucessão destes fotogramas, as felicidades privadas acontecem sob um fundo de infelicidades históricas; que a beleza (dos corpos enamorados, dos instantes) brota com frequência sobre um fundo de horror (dos corpos massacrados, da história); que

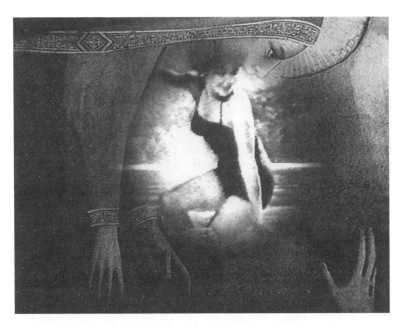

28. Jean-Luc Godard, *História(s) do Cinema*, 1988-1998. Fotograma da parte 1a, "Todas as histórias".

a ternura de um ser em particular por outro ser em particular se destaca com frequência sobre um fundo de ódio administrado por seres em geral contra outros seres em geral. Este contraste *filosófico* pode encontrar, como aqui, a sua expressão cinematográfica no paradoxo de uma morte real em cores — Godard paralisou o filme de Stevens em dois fotogramas — e de uma vida fictícia em preto e branco.

Mas isto não é tudo: Godard também faz uma obra de *história*. O seu comentário, em voz *off*, justifica convincentemente o nexo a estabelecer entre estas imagens: pura e simplesmente, elas se devem a um mesmo homem, George Stevens, que voltou a Hollywood depois da guerra e que filmou tudo isto, no máximo, com seis ou sete anos de intervalo: "Se George Stevens não tivesse utilizado o primeiro filme em cores de 16 milímetros, em Auschwitz e em Ravensbrück, sem dúvida a felicidade de Elizabeth Taylor nunca teria encontrado o seu lugar ao sol".[83] O que esta montagem dá a pensar é efetivamente que as diferenças em jogo *pertencem à mesma história*, da guerra e do cinema: foi preciso que os Aliados ganhassem a guerra real para que George Stevens pudesse voltar a Hollywood e às suas historietas de ficção. É uma "história no singular" que aqui nos é contada porque os cadáveres de Dachau são inseparáveis do *olhar da testemunha* que Stevens também dirige ao corpo de Elizabeth Taylor — ainda que de forma impensada, segundo a hipótese que Godard levanta aqui; são "histórias no plural" porque os dois momentos procuram constantemente ignorar-se embora se debatam conjuntamente na mesma "tragédia da cultura". Godard já o dizia, com bastante precisão, em 1988:

> Há uma coisa que sempre me tocou muito num cineasta de quem gosto mais ou menos, George Stevens. Em *Um Lugar ao Sol*, encontrei um sentimento profundo de felicidade que raramente encontrei noutros filmes, mesmo em filmes melhores. Um sentimento de felicidade laico, simples, perceptível, momentâneo, em Elizabeth Taylor. E quando soube que Stevens tinha filmado os campos de concentração e que, então, a Kodak lhe tinha confiado os primeiros rolos em cores de 16 milímetros, não encontrei outra explicação para que em seguida ele pudesse ter feito este grande plano de Elizabeth Taylor irradiando esta espécie de felicidade sombria.[84]

E eis que a "irradiação" desta felicidade é *composta* por Godard num enquadramento formado por uma mão que apela, dois braços estendidos e um rosto de mulher santa típico do *Trecento* italiano (fig. 28). Trata-se, de fato, de um detalhe do *Noli me tangere* pintado por Giotto na capela Scrovegni em Pádua, detalhe que Godard roda a noventa graus, de forma a que Madalena, por

---

[83] J.-L. Godard, *Histoire(s) du cinéma*, I, *op. cit.*, pp. 131-3. Godard engana-se acerca de "Auschwitz e Ravensbrück", pois trata-se de Dachau.

[84] J.-L. Godard, "*Histoire(s) du cinéma*: Godard fait des histoires. Entretien avec Serge Daney", *op. cit.*, p. 172.

sua vez, se torne um "anjo da História", que a mão de Cristo, embaixo — mais humana, então, do que divina — não consegue alcançar. Comentário *off*: "Trinta e nove, quarenta e quatro, martírio e ressurreição do documentário".[85] Num comentário filosófico destas imagens, Jacques Rancière evocou um "anjo da Ressurreição que manifesta, ao erguer-se em nossa direção, o poder imortal da Imagem ressuscitando de qualquer morte", de modo que a Madalena de Giotto impõe a Godard "um determinado uso da pintura que vem coroar a dialética da imagem cinematográfica. [...] Elizabeth Taylor saindo da água encarna o próprio cinema ressuscitado dentre os mortos. É o anjo da Ressurreição".[86]

Efetivamente, parece que Godard desorientou o pensamento dos seus comentadores ao voltar várias vezes ao *dictum* cristão, pauliniano: "A imagem voltará no tempo da Ressurreição".[87] Ora, em vez de transformar de imediato esta frase numa profissão de fé unilateral ou num dogma teórico-teológico, é conveniente situá-la na imensa rede de citações das *História(s)*. Aliás, no momento em que a palavra "ressurreição" aparece na tela, Godard lhe dá um determinado contexto com o seu comentário *off*, bem mais freudiano do que pauliniano: "As duas grandes histórias foram o sexo e a morte".[88] De forma que quando Liz Taylor surge como um "anjo da Ressurreição" isso me parece ser uma facilidade interpretativa captada pela própria potência — tanto visual quanto textual — dos "títulos" godardianos.

Não vejo qualquer "anjo da Ressurreição" nas *História(s) do Cinema*, em particular no momento da montagem de que falamos (figs. 24-28). Dizer que o documentário encerra um poder de "ressurreição" — "Que maravilha podermos ver o que não vemos", diz Godard[89] — não é falar como um teólogo do fim dos tempos mas, mais simplesmente, como alguém que perpetuamente fica ma-

---

[85] J.-L. Godard, *Histoire(s) du cinéma*, I, op. cit., pp. 134-5.

[86] J. Rancière, *La Fable cinématographique*, op. cit., pp. 231-2.

[87] J.-L. Godard, *Histoire(s) du cinéma*, I, op. cit., pp. 164-7 e 214.

[88] *Ibid.*, p. 166.

[89] *Ibid.*, p. 135.

29. Jean-Luc Godard, *História(s) do Cinema*, 1988-1998. Fotograma da parte 1a, "Todas as histórias".

ravilhado com a relação entre cinema e história: ainda hoje nos perturba vermos Adolf Hitler a *mexer-se* nos noticiários das décadas de 1930 e 40. Aliás, devemos notar que o plano em que Jacques Rancière vê surgir o "anjo da Ressurreição" (fig. 28) está ele próprio dialeticamente tensionado entre estados da imagem em tudo opostos: a santa cristã e a estrela de Hollywood, a auréola que define um perfil velado e a aura que irradia um corpo de ninfa pagã. Também aqui as diferenças não estão "fundidas", mas expostas como tais num mesmo "enquadramento".

Por outro lado, a rotação de noventa graus da cena evangélica tem como efeito visual aproximar esta *dramaturgia do contato impossível* com uma alegoria pintada por Giotto muito perto do seu *Noli me tangere*: trata-se de uma representação de *A Esperança*, cujo tratamento em grisalha nos lembra a sua ligação com a escultura da época, em particular com a célebre versão de Andrea

Pisano no Batistério de Florença. Ora, é esta mesma dramaturgia — da esperança e não da ressurreição — que Walter Benjamin quis comentar filosoficamente, desde *Rua de mão única*, de 1928, onde ele evoca o baixo-relevo de Andrea Pisano, até as teses de "Sobre o conceito de história", em 1940, quando evoca o *Angelus Novus* de Paul Klee. "Está sentada e, desvalida, ergue os braços em direção a um fruto que lhe permanece inalcançável. Contudo é alada. Nada é mais verdadeiro", escreveu Benjamin acerca da primeira.[90] E, do segundo: "[Ele] tem o ar de quem se afasta de alguma coisa à qual o seu olhar parece continuar preso".[91]

Em suma, a função que Godard atribui à história da pintura — cristã, como é o caso, quase fatalmente no Ocidente, pelo menos antes do século XVIII — não pode ser reduzida a um movimento conclusivo acerca da ressurreição e a um desejo, como sugere Rancière, de "coroar a dialética da imagem cinematográfica". Não há "anjo da Ressurreição" porque a Madalena de Giotto nunca tocará a mão de Cristo (fig. 28); porque esta imagem não é um fim da história, mas um quadro de inteligibilidade para os corpos assassinados e para os corpos enamorados filmados por George Stevens (figs. 25-27); porque, de outro lado, insiste ainda o "anjo da Destruição" gravado com ácido por Goya (fig. 24) e também porque, alguns minutos mais tarde no filme, as imagens de Godard serão assombradas pela fórmula goyesca de Luis Buñuel: "O anjo exterminador".[92] Tudo isso não faz senão esboçar um "anjo da História" decididamente bastante benjaminiano.[93] Ora, o anjo da História não tem nenhum ponto de vista a nos oferecer sobre o fim dos tempos, ainda menos sobre o Juízo Final dos justos e dos danados.

---

[90] W. Benjamin, *Sens unique* [1928], Paris, Les Lettres Nouvelles-Maurice Nadeau, 1978, p. 209 [citado da ed. bras.: *Rua de mão única*, São Paulo, Editora 34, no prelo].

[91] W. Benjamin, "Sur le concept d'histoire", *Écrits français*, *op. cit.*, p. 343.

[92] J.-L. Godard, *Histoire(s) du cinéma*, I, *op. cit.*, p. 191.

[93] A. Bergala, *Nul mieux que Godard*, *op. cit.*, pp. 221-49.

Não há ressurreição, no sentido teológico do termo, porque não há conclusão dialética. Neste momento, o filme apenas começa. E logo depois de Liz Taylor surgir, como Vênus, do meio das águas — sobre o fundo de uma tradição iconográfica facilmente reconhecível — surge, por sua vez, uma *imagem dilacerada*, resistente a qualquer leitura imediata (fig. 29). Algumas letras são aí sobreimpressas: lemos primeiro *End*, como no fim de todos os clássicos de Hollywood. Mas percebemos que a palavra — tal como as *História(s)*, como a própria história e como a dialética segundo Godard — não acabou por causa disso. Não será *endlos* ("sem fim", "interminável") e *Endlösung* ("Solução final") que devemos ler aqui? Não será o *sem fim da destruição* do homem pelo homem que Godard quer sublinhar com esta história e com esta prática da montagem?[94]

---

[94] Como sugeri mais acima, Godard não é evidentemente o único representante desta relação com a história, com os arquivos e com a montagem: seria também necessário interrogar, entre outras, as obras de Chris Marker ou de Harun Farocki. Sobre o primeiro, cf. R. Bellour, *L'Entre-images 2. Mots, images*, Paris, POL, 1999, pp. 335-62. Sobre o segundo, cf. R. Aurich e U. Kriest (orgs.), *Der Ärger mit den Bildern*, Constança, UVK Medien, 1998, e, em francês, C. Blümlinger, "Harun Farocki ou l'art de traiter les entre-deux", in H. Farocki, *Reconnaître et poursuivre*, Montbard, Théâtre Typographique, 2002, pp. 11-8.

IMAGEM PARECIDA
OU IMAGEM QUE QUER PARECER

Se ignorarmos esse trabalho dialético das imagens, corremos o risco de não compreender nada e de confundir tudo: confundir o fato com o fetiche, o arquivo com a aparência, o trabalho com a manipulação, a montagem com a mentira, a semelhança com a assimilação... A imagem não é nem *nada*, nem *toda*, ela também não é *uma* — nem sequer é *duas*. Ela desdobra-se segundo uma complexidade mínima que supõem *dois pontos de vista que se confrontam sob o olhar de um terceiro*. Quando Claude Lanzmann se diz "chocado", ao visitar a exposição *Mémoire des camps*, "com o paralelo entre os rostos inchados dos deportados moídos de pancada e os dos seus carrascos espancados quando da libertação dos campos de concentração",[1] ele se recusa simplesmente a ver que o arquivo fotográfico constituído por Éric Schwab ou Lee Miller em Dachau e Buchenwald não dava conta do funcionamento dos campos de concentração mas da sua libertação, com todas as situações paradoxais que um tal acontecimento acarretou, com as denúncias necessárias, com as vinganças compreensíveis, com as verdadeiras e as falsas alegrias dos prisioneiros ainda mortificados, ainda moribundos. Ao mostrar tudo isto, Éric Schwab e Lee Miller não tinham nem a intenção de explicar a organização do terror, nem a distância necessária para julgar tudo aquilo de que eram testemunhas. A problemática da exposição *Mémoire des camps*, essa, consistia em interrogar as condições e a difusão desses testemunhos

---

[1] C. Lanzmann, "La question n'est pas celle du document", *op. cit.*, p. 29. Cf. C. Chéroux, "L''épiphanie négative': production, diffusion et réception des photographies de la libération des camps", in *Mémoire des camps, op. cit.*, pp. 103-27.

fotográficos, mais do que em retraçar o funcionamento dos campos de concentração. O "plano" moral reivindicado por Lanzmann não está no "paralelo" mas no confronto das imagens; não está sequer no confronto enquanto tal, mas antes no ponto de vista que sobre ele se produz.[2]

Montar não é assimilar. Em 1968, Jean-Luc Godard já tinha mostrado conjuntamente as imagens do totalitarismo e as da pornografia: "Em *One plus One*, havia ao mesmo tempo imagens de cus e um texto de Hitler: havia *one* plus *one*" [*um* mais *um*].[3] Em *História(s) do Cinema*, uma vítima dos campos de concentração é mostrada, morta, na sequência de um excerto de um filme pornográfico, o que dá ensejo a Godard para distinguir, no seu comentário *off*, a *violência de imagem* que se exerce sobre o espírito em "todo ato criador" e a *brutalidade real* que um sistema totalitário generaliza para a vida inteira: "Todo ato criador contém uma ameaça real para o homem que ousa realizá-lo, sendo por meio dele que uma obra toca o espectador ou o leitor. Se o pensamento se recusa a pesar, a violentar, então expõe-se a sofrer, sem qualquer benefício, todas as brutalidades que a sua ausência liberou".[4] Se numa mesma montagem se misturam a morte e o sexo, não é para aviltar a morte, muito pelo contrário; nem para mortificar o sexo. Dá-se o caso de que nos campos de concentração o mesmo adjetivo *sonder* ("especial") designava quer a morte (na palavra *Sonderbehandlung*, que designava as "ações especiais" de gaseamento), quer o sexo (na palavra *Sonderbau*, que designava o bordel). Uma montagem pode querer dar conta disto.

Contudo, diz-se muitas vezes: não se deve pôr tudo no mesmo saco. Não se trata de pôr tudo no mesmo sa-

---

[2] O único "paralelo" estabelecido por C. Chéroux no seu catálogo (*ibid.*, pp. 108-9) coloca frente a frente duas fotografias de Buchenwald: o guarda espancado é confrontado com restos humanos calcinados.

[3] J.-L. Godard, *Introduction à une véritable histoire du cinéma, op. cit.*, p. 308.

[4] J.-L. Godard, *Histoire(s) du cinéma*, IV, *op. cit.*, pp. 54-5.

co; as coisas são apresentadas em conjunto; a conclusão não está imediatamente dada. [...] Elas existiram juntas; recorda-se pois que elas existiram juntas.[5]

Montar não é assimilar. Só um modo de pensar trivial supõe que o que está lado a lado tem de ser semelhante. Só um anúncio publicitário pode tentar levar-nos a acreditar que um automóvel e uma mulher jovem são da mesma natureza pelo simples fato de serem vistos em conjunto. Só uma imagem de propaganda pode tentar levar-nos a acreditar que uma população bastante minoritária pode ser para a Europa inteira o que um polvo gigantesco é para a sua presa.[6] Todos os mestres da montagem — Warburg, Eisenstein, Benjamin, Bataille — atribuíram uma posição central, nas suas reflexões críticas sobre a imagem, ao poder político e à imagética de propaganda. Mas, recusando a imagética na imagem, fizeram com que as *semelhanças* se dissolvessem, tornando impossíveis as *assimilações*; "dilaceraram" as semelhanças ao produzi--las; tornaram possível pensar as *diferenças* criando relações entre as coisas.[7]

Para atribuir o estatuto de "ideia abjeta" à minha análise das fotografias de Birkenau, Gérard Wajcman terá certamente precisado proceder ao rebatimento sistemático da semelhança sobre a assimilação e daquilo que é *parecido* com algo sobre aquilo que *quer parecer* algo (logo, sobre o postiço, sobre o fetiche, sobre a perversão, sobre a abjeção). Ele repete escrupulosamente as considerações de Claude Lanzmann sobre "as fotografias dos detidos espancados pelos guardas e [...] dos guardas espancados pelos detidos no dia da libertação dos campos de concentração"; ao que acrescenta num tom de suspeita política: "é a mesma [identificação] que hoje faz dos Palestinos os judeus da nossa época e dos

---

[5] J.-L. Godard (com Y. Ishaghpour), *Archéologie du cinéma et mémoire du siècle*, op. cit., p. 71.

[6] Cf. M.-A. Matard-Bonucci, "L'image, figure majeure du discours antisémite?", *Vingtième Siècle. Revue d'Histoire*, n° 172, 2001, pp. 27-39.

[7] Cf. G. Didi-Huberman, *La Ressemblance informe*, op. cit.

Israelitas os novos nazistas"; finalmente, com uma última réstia de energia moral, protesta: "não, os carrascos não eram semelhantes às vítimas e também não são meus semelhantes".[8] Wajcman tem tanto medo da imagem que confunde *semelhança* e *identidade*, ainda que acuse tudo o que é *parecido* de não ser senão um *querer parecer*.

> A ideia de que "Auschwitz é inseparável de nós" é uma ideia terrível. À partida, ocorrer-me-ia a ideia inversa segundo a qual Auschwitz é para nós a própria separação. Auschwitz como Outro absoluto [...]. Eis, pois, ao que equivale a ideia peregrina de pensar Auschwitz contra o impossível: eles somos nós, todos nós somos vítimas e todos nós somos carrascos. [...] Nesta valsa de possíveis em que cada um é o semelhante do outro, era fatal que se chegasse a essa ideia abjeta da permutabilidade infinita e recíproca dos lugares do carrasco e da vítima.[9]

Depois disto, faltava tão só a última dedução ou, pelo menos, a forte suspeita de que este ponto de vista antropológico sobre a imagem converge, pura e simplesmente, com o próprio ponto de vista nazi: "Fazer assim da imagem o fundamento humano, eis, pois, os estragos causados pelo pensamento das imagens. [...] No assassinato de seis milhões de seres humanos, não foram seis milhões de imagens que foram mortas nos campos de concentração, seis milhões de *Figuren*, como justamente os nazistas chamavam aos cadáveres".[10] O que Gérard Wajcman deseja exprimir, nesta última inferência — neste último exagero —, é que a *posição ética* diante da Shoah deve ser tão simples como radical: basta postular um "Outro absoluto", uma separação sem resto, um impossível

---

[8] G. Wajcman, "De la croyance photographique", *op. cit.*, p. 74.

[9] *Ibid.*, pp. 73-4.

[10] *Ibid.*, pp. 74-5.

sem apesar de tudo. E é então que o *inimaginável* surge apenas como um modo, entre outros, de afirmar esta posição ética. A posição contrária, a que se refere ao "inseparável" e ao "possível", no sentido de Bataille, a que invoca o *imaginável apesar de tudo*, será então vituperada como *posição perversa*, logo "abjeta".

Mas, a bem dizer, é Wajcman quem perverte cuidadosamente o sentido das palavras que lê na minha análise. Quando eu escrevo, por exemplo, que "não se trata, com certeza, de confundir as vítimas com os carrascos", Wajcman limita-se a expressar, sem argumentos, uma dúvida unilateral: "Não tenho a certeza de ficar realmente descansado com esse 'certamente'".[11] O que responder a isto senão que, antes de ostentar a sua posição moralista, urgia ter sabido formular e situar a própria *questão ética*? Ora, a questão se mantém: é *enquanto semelhante* que um ser humano se transforma no carrasco de um outro ser humano. O tigre nunca será um carrasco do homem, precisamente por ser radicalmente diferente dele e, sob esse aspecto, pelo fato de o homem lhe poder servir, de modo totalmente inocente, de presa e de refeição. A relação do carrasco com a sua vítima funda-se na sua "espécie humana" comum, e é aí, precisamente, que reside o problema ético do ódio racial, da humilhação, da crueldade em geral e do totalitarismo nazista em particular.

Ora, nessa relação entre semelhantes, não há nada — a não ser, justamente, a tal pretensa perversão — que permita dizer que, *semelhantes*, vítima e carrasco sejam *indiscerníveis*, substituíveis ou indiferentemente "permutáveis". A melhor ilustração disto foi dada, sem dúvida, por Charlie Chaplin em O *Ditador*: o judeu e o ditador são mais do que semelhantes, uma vez que são sósias; mas não são em nenhum momento indiscerníveis. Tudo os opõe permanentemente. E quando o judeu tem de vestir a roupa do ditador para salvar a própria vida, esta substituição em si mesma não fará mais do que dissociar os elementos desta estrutura, pois é o artista Chaplin que, subitamente, surge diante da câmera, tomando a dianteira em relação às suas duas personagens, enquanto

---

[11] *Ibid.*, p. 73.

cidadão do mundo que assume a responsabilidade do seu discurso ético.[12]

* * *

Simplifica-se a vida ética relegando o "mal radical" para o terreno do "Outro absoluto". A estética do *inimaginável* é uma mera "estética negativa" — proveniente do sublime reinterpretado por Lyotard — no sentido em que caracteriza o mal radical valendo-se de tudo o que ele não é: ao fazê-lo, afasta-o de nós e legitima-se a si mesma unicamente em virtude desse afastamento, dessa abstração. É certo que o *imaginável* não torna presente o mal radical e que não o domina de todo em termos práticos: mas, pelo menos, permite que nos aproximemos da sua *possibilidade* sempre em aberto na abertura de qualquer paisagem familiar:

> O crematório deixou de funcionar. Os estratagemas nazis tornaram-se obsoletos. Nove milhões de mortos assombram esta paisagem.
> Qual de nós vela, neste estranho observatório, para nos prevenir da vinda dos novos carrascos? Terão eles realmente um rosto diferente do nosso?
> Em algum lugar, entre nós, continuam a existir *kapos* afortunados, chefes reformados, delatores incógnitos.
> Existimos nós, que olhamos sinceramente para estas ruínas como se o velho monstro concentracionário estivesse morto sob os escombros, que fingimos voltar a ter esperança diante dessa imagem que se afasta, como se nos curássemos da peste concentracionária, nós que fingimos acreditar que tudo isso pertence a um único tempo e a um único país, e que não pensamos em olhar à nossa volta nem ouvimos os gritos sem fim.[13]

---

[12] Sobre o filme de Chaplin, cf. C. Delage, *Chaplin: la grande histoire*, Paris, Jean-Michel Place, 1998.

[13] J. Cayrol, *Nuit et Brouillard*, *op. cit.*, pp. 42-3.

Estudar uma imagem da Shoah não é "fingir voltar a ter esperança diante dessa imagem que se afasta". É persistir na aproximação *apesar de tudo*, apesar da inacessibilidade do fenômeno. É não encontrar consolo na abstração, é querer compreender *apesar de tudo*, apesar da complexidade do fenômeno. É formular incansavelmente a pergunta do *como*: "À força de considerar os crimes nazistas irrepresentáveis e o massacre de milhões de inocentes definitivamente ininteligível, deixou de se perguntar *como* funcionavam os campos de concentração", escreve Wolfgang Sofsky.[14] Não se apresenta unilateralmente o indizível e o inimaginável dessa história, trabalha-se *com*, ou seja *contra*: fazendo do dizível e do imaginável uma tarefa infinita, necessária ainda que forçosamente lacunar.[15] É por estar mal formulada que a questão da imagem contribui para enviesar os debates acesos sobre a "especificidade" ou a "universalidade" da Shoah.[16]

Jean-Luc Nancy e Jacques Rancière contribuíram recentemente para clarificar filosoficamente o tema, tantas vezes repisado, do *irrepresentável*. O primeiro discerne nele "uma proposição mal determinada mas insistente" do discurso da "opinião", uma palavra de ordem "confusa", incapaz a esse nível de dar uma resposta coerente à "última crise da representação" em que a Shoah nos mergulhou. O dogma do irrepresentável mistura a impossibilidade e a ilegitimidade, faz de toda imagem um objeto a interditar e a erradicar. Nancy propõe desconstruir este mesmo "interdito" e ex-

[14] W. Sofsky, *L'Organisation de la terreur*, op. cit., p. 4. Cf. igualmente G. Decrop, *Des camps au génocide: la politique de l'impensable*, Grenoble, Presses Universitaires, 1995.

[15] Cf. C. Coquio, "Du malentendu", in *Parler des camps, penser les génocides*, op. cit., pp. 17-86. Y. Thanassekos, "Shoah, 'objet' métaphysique?", *Bulletin Trimestriel de la Fondation Auschwitz*, n° 73, 2001, pp. 9-14.

[16] Cf. J. Rovan (org.), *Devant l'histoire. Les documents de la controverse sur la singularité de l'extermination des juifs par le régime nazi*, Paris, Cerf, 1988. C. Coquio e I. Wohlfarth, "Avant-propos", in *Parler des camps, penser les génocides*, op. cit., pp. 11-6. E. Traverso, "La singularité d'Auschwitz. Hypothèses, problèmes et dérives de la recherche historique", *ibid.*, pp. 128-40. S. Trigano, *L'Idéal démocratique à l'épreuve de la Shoa*, Paris, Odile Jacob, 1999, pp. 9-20 *passim*.

trair dele a ilação de que doravante a representação se encontra, diante da questão da Shoah, "interdita, no sentido de surpresa, embaraçada, medusada, confundida ou desconcertada por esse esvaziamento no seio da presença". Nesse momento, o *interdito* já não diz a *revogação*, a expatriação, mas o *gesto* intrínseco que anima — na suspensão da surpresa — a própria representação.[17]

Ora, o *gesto de imagem* constitui indubitavelmente o objeto por excelência da *montagem* segundo Godard: montar imagens animadas umas com as outras — as mãos de Hitler, o voo picado do bombardeiro e a fuga dos civis, por exemplo[18] — não é apenas criar uma síntese abstrata a respeito do processo totalitário; é também produzir um *gesto complexo*, tanto quanto concreto, um gesto que não pode ser resumido. Nesse sentido, Godard é certamente o herdeiro (consciente) de Nietzsche e de Eisenstein, o herdeiro (inconsciente) de Burckhardt e de Warburg: a sua reflexão sobre a história liberta uma *energética*, algo que Jacques Aumont teve decerto razão em designar como uma "nova *Pathosformel*" ["fórmula-de-*pathos*"].[19] Como em Warburg, efetivamente, o gesto é compreendido — e produzido — por Godard como um *sintoma*, ou seja, como uma montagem de tempos heterogêneos em que a representação se "surpreende", se "suspende" ou até se "interdita" — no sentido de Jean-Luc Nancy —, na medida em que a sua própria proliferação desenha algo semelhante, não a uma iconografia, mas a uma *sismografia da história*.[20]

O "desencantamento pós-moderno" ignora tudo acerca de uma tal energética. Jacques Rancière viu constituir-se o motivo do *irrepresentável* a partir dessa ignorância mesma e do niilismo que

[17] J.-L. Nancy, "La représentation interdite", *Le Genre Humain*, n° 36, 2001, pp. 13-39 (ed. 2003, pp. 57-99).

[18] J.-L. Godard, *Histoire(s) du cinéma*, I, *op. cit.*, pp. 79-83.

[19] J. Aumont, *Amnésies*, *op. cit.*, p. 98.

[20] Sobre a *Pathosformel* de Warburg como sintoma, montagem e sismografia da história, cf. G. Didi-Huberman, *L'Image survivante: histoire de l'art et temps des fantômes selon Aby Warburg*, 2002, pp. 115-270 [ed. bras.: *A imagem sobrevivente: história da arte e tempo dos fantasmas segundo Aby Warburg*, Rio de Janeiro, Contraponto, 2012].

ela acarreta: "O pós-modernismo tornou-se então a grande nênia do irrepresentável/intratável/irrecobrável, denunciando a loucura moderna da ideia de uma autoemancipação da humanidade do homem e sua inevitável e interminável conclusão nos campos de extermínio".[21] Mais recentemente, Rancière introduziu a questão a partir do prisma do "terror sagrado", numa passagem em que o *Objeto absoluto*, segundo Wajcman, se encontra praticamente referido:

> [Há um] uso inflacionista da noção de irrepresentável e da constelação de noções que lhe são próximas: o inapresentável, o impensável, o intratável, o irresgatável etc. Este uso inflacionista faz, com efeito, cair sob um mesmo conceito e envolve com uma mesma aura de terror sagrado toda a espécie de fenômenos, de processos e de noções que vão desde a proibição mosaica da representação até a Shoah, passando pelo sublime kantiano, pela cena primitiva freudiana, pelo *Grande Vidro* de Duchamp ou pelo *Quadrado Branco sobre Fundo Branco* de Maliévitch.[22]

Nesta paisagem teórica confusa, a noção de irrepresentável tem, segundo Rancière, "um efeito muito preciso: transforma problemas de regulação da distância representativa em problemas de impossibilidade de representação. O proibido vem então imiscuir-se neste impossível, enquanto se nega, dando-se como uma mera consequência das propriedades do objeto".[23] Dir-se-ia que se trata de uma análise dos textos de Wajcman, considerando, por exemplo, o que este último escreve a poucas linhas de distância: "Não representar nada da Shoah não é uma escolha livre, mas forçada.

---

[21] J. Rancière, *Le Partage du sensible*, op. cit., pp. 43-3 [citado da ed. bras.: *A partilha do sensível*, op. cit., pp. 42-3].

[22] J. Rancière, "S'il y a de l'irreprésentable", *Le Genre Humain*, n° 36, 2001, p. 81.

[23] *Ibid.*, p. 83.

Não se trata de uma questão de interdito [...], pura e simplesmente, há coisas que é impossível ver"... E depois: "Se há Shoah, então não há imagem por vir".[24]

A isto, Rancière responde: "Apesar de cômoda, esta fábula é inconsistente" — recordando que o filme *Shoah*, como qualquer obra inscrita na história do cinema, depende de um regime de representação determinado pelo problema específico do seu objeto: "*Shoah* levanta unicamente problemas de irrepresentabilidade relativa, de adaptação dos meios aos fins da representação. [...] Não há um irrepresentável enquanto propriedade do acontecimento. Há apenas escolhas".[25] Quando se sobrepõe um "impensável no âmago do acontecimento" e um "impensável no âmago da arte", não se faz outra coisa — segundo Jacques Rancière — senão prolongar a "hipérbole especulativa do irrepresentável", proposta por Jean-François Lyotard, com base numa certa concepção do sublime e do "impensável originário".[26] Tal como o irrepresentável e o impensável, o *inimaginável* resume-se amiúde a uma simples *recusa de pensar a imagem*, recusa que se autolegitima brandindo grandes hipérboles.

* * *

A tese do inimaginável constituiu um ramalhete de três hipérboles concomitantes. Primeira hipérbole: sempre que se quiser *saber* algo acerca da Shoah, será preciso desenvencilhar-se das imagens. "Mesmo que existissem imagens das câmaras de gás, manter-se-ia a questão de saber o que elas poderiam mostrar de verdadeiro", escreve, por exemplo, Gérard Wajcman; contra aquilo que designa por "promoção da imaginação a instrumento essencial de saber", Wajcman objeta que a imagem não é senão um "apelo à alucinação"; contra a exploração dos arquivos, defende que com o filme *Shoah* "se sabe, e que, portanto, se sabe tudo e se está no

---

[24] G. Wajcman, "'Saint Paul' Godard contre 'Moïse' Lanzmann, le match", *op. cit.*, pp. 126-7.

[25] J. Rancière, "S'il y a de l'irreprésentable", *op. cit.*, pp. 89 e 94-6.

[26] *Ibid.*, pp. 97-102.

mesmo nível de todo o saber".[27] Por um lado, portanto, Wajcman ignora que um saber a extrair da *experiência* de outrem deve, fenomenologicamente, passar pela *imaginação*.[28] Por outro lado, admite-o, mas apenas relativamente ao filme de Lanzmann que, com efeito, solicita fortemente a imaginação das suas testemunhas (para conseguir dizer algo a respeito da sua experiência) assim como dos seus espectadores (para conseguir compreender algo a respeito dessa experiência).

Segunda hipérbole: sempre que se quiser convocar uma *memória* decente da Shoah, será necessário revogar todas as imagens. E isto contra uma longa tradição filosófica da memória que remonta a Aristóteles e chega a Bergson, a Husserl, a Freud e adiante.[29] É verdade que Gérard Wajcman tenta — de um modo igualmente sincero e ingênuo — colocar a memória da Shoah à altura do próprio acontecimento: ele a quer, portanto, absoluta, não relativa aos pontos de vista, em suma, purificada de toda a imagem.

A terceira hipérbole quer extrair as consequências morais de uma tal exigência: a *ética* desaparece, segundo Wajcman, precisamente onde aparece a imagem. Daí uns quantos amálgamas embaraçosos sobre a "bulimia de imagens" e a perversão "fetichista", sobre o "amor generalizado da representação" e o "pensamento infiltrado com cristianismo", tudo isso fundido num "ideal televisivo" que se resume à "ideia de que tudo [seria] *apesar de tudo* representável" na "igreja universal das imagens", ou seja, nas sucessivas capelas de São Paulo, São João, São Lucas — São João Lucas [*Saint Jean-Luc*] — e São Jorge...[30]

---

[27] G. Wajcman, "De la croyance photographique", *op. cit.*, pp. 49-50 e 66. G. Wajcman, "Oh *Les Derniers jours*", *op. cit.*, pp. 20-1.

[28] Para uma abordagem filosófica desta questão, cf. especialmente o estudo recente de G. Deniau, *Cognitio imaginativa: la phénoménologie herméneutique de Gadamer*, Bruxelas, Ousia, 2002.

[29] Um resumo desta tradição é apresentado por P. Ricoeur, *La Mémoire, l'histoire, l'oubli*, *op. cit.*, pp. 5-66 ("Mémoire et imagination").

[30] G. Wajcman, "De la croyance photographique", *op. cit.*, pp. 55, 58 e 60-1.

Tudo isso focado na — e exasperado com a — proposição inicial da minha análise das quatro fotografias de agosto de 1944: "Para saber é preciso imaginar-se", proposição que foi interpretada como se eu tivesse escrito: "Para saber basta imaginar-se". Contentar-se com as imagens seria obviamente privar-se dos meios para compreendê-las; foi por isso que precisei convocar outras fontes, outros testemunhos e mesmo "toda a biblioteca do século XX", algo de que Wajcman me acusa de modo totalmente exagerado e incoerente.[31] As imagens tornam-se preciosas para o *saber* histórico a partir do momento em que são perspectivadas em *montagens* de inteligibilidade. A *memória* da Shoah não deveria deixar de se reconfigurar — e, preferencialmente, de se precisar — à medida que se estabeleçam novas relações, que se descubram novas semelhanças, que se sublinhem novas diferenças.

Aliás, não me limitei a dizer: "Para saber é preciso *imaginar*". Disse antes: "Para saber (para saber esta história a partir do lugar e do tempo em que nos encontramos hoje) é preciso *imaginar-se*". O envolvimento do *sujeito* no exercício do *ver* e do *saber* decorre inicialmente de uma preocupação epistemológica: não se separa a observação do observador. Wajcman confunde — como já sublinhei — *imaginar-se* com *fiar-se*. De modo que as suas conclusões *éticas* sobre a "perversão" e a "abjeção" dessa atitude se encontram desprovidas de fundamento. No entanto, parece-me útil precisar em que medida o olhar lançado sobre as imagens e o próprio exercício da imaginação não têm nada a ver com a "paixão" imoral ou o "exutório" funesto diagnosticados por Gérard Wajcman.[32]

A *imagem*, no sentido antropológico do termo, ocupa o centro da questão ética. Este fato não passou despercebido àquelas e àqueles que, tendo sobrevivido à Shoah, não quiseram ceder à pura confusão, ao "definhamento da política", e tentaram, por mais difícil que fosse essa tarefa, "pensar o que nos acontece". Proble-

---

[31] *Ibid.*, p. 72.
[32] *Ibid.*, pp. 58-9.

ma este que permanece atual.[33] Reconhece-se a "singularidade exemplar" dos campos de concentração pelo fato de que a própria *humanidade* foi neles sistematicamente negada, destruída, esmagada, abolida. O que fazer presentemente? "De que é que devemos lembrar-nos para que nos seja possível agir?" É esta a questão discutida por Myriam Revault d'Allonnes ao longo de um notável percurso filosófico pelos meandros da difícil questão — ética e antropológica — suscitada pela experiência da *desumanização* concentracionária e genocida.[34]

Não se pode pensar a condição inumana do homem submetido ao terror dos campos de concentração sem reconhecer "uma crise da identificação e uma falência do reconhecimento do semelhante".[35] Myriam Revault d'Allonnes evoca os testemunhos de Primo Levi, de Varlam Chalámov, assim como uma passagem célebre de *L'Espèce humaine*, em que Robert Antelme enuncia cruelmente essa falência no próprio seio das relações entre os prisioneiros:

> Quando, ao chegar a Buchenwald, vimos os primeiros prisioneiros carregando pedras ou puxando uma carreta à qual estavam presos por uma corda, suas cabeças rapadas sob o sol de agosto, não esperávamos que falassem. Esperávamos qualquer outra coisa, talvez um mugido ou um grasnado. Havia entre eles e nós uma distância que não nos era possível transpor, a mesma que há muito os SS preenchiam com o desprezo. Não passava pela nossa cabeça aproximarmo-nos deles. Eles riam ao nos observar, e para nós ainda não era possível nem reconhecer nem nomear esse riso.

---

[33] Cf. M. Revault d'Allonnes, *Le Dépérissement de la politique*, Paris, Aubier, 1999 (ed. 2002), pp. 249-55.

[34] M. Revault d'Allonnes, "Une mémoire doit-elle en chasser une autre?" [1998], in *Fragile humanité*, Paris, Aubier, 2002, p. 143.

[35] M. Revault d'Allonnes, "À l'épreuve des camps: l'imagination du semblable" [1998], *ibid.*, p. 148.

Mas era inevitável fazê-lo coincidir com o riso do homem, sob pena de em breve já não nos reconhecermos a nós próprios. Isto aconteceu gradualmente, à medida que nos tornávamos semelhantes a eles.[36]

O campo de concentração não se limita a destruir seres humanos e a inventar, na relação entre carrascos e vítimas, uma dissemelhança radical entre "humanos" e "sub-humanos" — a mesma que desculpabiliza os torturadores —, procurando ainda destruir, nos prisioneiros, a possibilidade de reconhecer, nos seus próprios companheiros, outros seres humanos, seus semelhantes. Quando isto acontece, a "condição de possibilidade do humano" desmorona-se realmente.[37] As quatro imagens de Birkenau são tão preciosas apenas porque contrapõem a *imagem do humano apesar de tudo*, a resistência pela imagem — um mero pedaço de película —, à destruição do humano que nelas, contudo, se encontra documentada. Como se o gesto do fotógrafo clandestino nos acenasse com algo semelhante a uma mensagem não formulada: vejam aquilo a que são obrigados os meus (nossos, vossos) semelhantes (fig. 9); vejam aquilo a que são reduzidos os meus (nossos, vossos) semelhantes (fig. 12); vejam como os já-mortos e os ainda-vivos que os arrastam para o braseiro são (meus, nossos, vossos) semelhantes; vejam como eles são conjuntamente aniquilados pela "Solução final"; espero que possam olhar para isto, tentar compreendê-lo, quando a "Solução final", para além da nossa morte, tiver sido derrotada; e que possam nunca mais deixar de protestar contra esta história. Eis a razão pela qual estas fotografias nos importam, nos dizem respeito, nos olham a partir da situação específica que testemunham.

Atualmente é necessário pensar isto a partir da nossa própria situação de sobrevivência a essa história. "Elaborar o terrível", como refere Myriam Revault d'Allonnes. Não se trata, obviamente, de nos projetarmos nele, mas de promover um "processo de

---

[36] R. Antelme, *L'Espèce humaine*, *op. cit.*, pp. 100-1.

[37] M. Revault d'Allonnes, "À l'épreuve des camps", *op. cit.*, p. 151.

reconhecimento do semelhante", no qual se funda a própria *ética* da relação com a experiência dos campos de concentração.[38] Ora, este processo é *imaginação*, fato para o qual Robert Antelme nos advertira desde o início do seu livro:

> Mal começávamos a contar, sufocávamos. A princípio, aquilo que tínhamos a dizer parecia-nos, a nós próprios, *inimaginável*.
> Esta desproporção entre a experiência que tínhamos vivenciado e o seu relato possível apenas se confirmava à medida que avançávamos. Tínhamos, pois, em mãos uma dessas realidades acerca das quais se é obrigado a admitir que ultrapassam a imaginação. Era claro, daí por diante, que só por escolha, *ou seja, ainda pela imaginação*, podíamos tentar dizer alguma coisa.[39]

A imaginação não restitui a "proporcionalidade" do acontecimento. Ela trabalha precisamente no seio da *desproporção* entre a experiência e o seu relato. É neste sentido que Gilles Deleuze — na contracorrente do célebre *dictum* de Adorno — invocava este pensamento que nos chega em linha reta de Kafka: "Haverá melhor razão para escrever do que a vergonha de ser um homem?".[40] Como se a imaginação se animasse precisamente quando surge o "inimaginável", palavra frequentemente empregada para expressar, simplesmente, a nossa desorientação, a nossa dificuldade em compreender: aquilo que não compreendemos, mas a cuja compreensão não queremos renunciar — aquilo que não queremos, em todo caso, rejeitar para uma esfera abstrata que disso nos desembaraçaria facilmente —, isso, somos de fato obrigados a imaginá-lo, o que é um modo de *sabê-lo apesar de tudo*. Mas também um

---

[38] M. Revault d'Allonnes, "Peut-on élaborer le terrible?" [2000], in *Fragile humanité*, *op. cit.*, pp. 180-2.

[39] R. Antelme, *L'Espèce humaine*, *op. cit.*, p. 9. Itálicos meus.

[40] G. Deleuze, *Critique et clinique*, Paris, Minuit, 1993, p. 11 [ed. bras.: *Crítica e clínica*, São Paulo, Editora 34, 2019, p. 11].

modo de saber que, sem dúvida, nunca o compreenderemos na sua justa proporcionalidade.

No que é que isto diz respeito à ética? Toda a força das análises de Myriam Revault d'Allonnes consiste em recordar-nos — a partir de Hannah Arendt e, antes dela, de uma longa tradição filosófica — de que a imaginação "também é uma faculdade *política*. [...] Nós não existimos nem na fusão comunal, nem na verdade consensual, nem na proximidade sociológica. Pelo contrário, nós tentamos *imaginar* a que é que se assemelharia o nosso pensamento se ele estivesse *noutro lugar*".[41] Para Hannah Arendt, a tentativa de pensar simultaneamente a *radicalidade* e a *banalidade do mal* procede deste desencadeamento da imaginação política.[42] O julgamento de Adolf Eichmann — o julgamento da história em geral de que ela era a sobrevivente — incitou Arendt a reinterpretar politicamente a "faculdade do juízo" kantiana, acerca da qual se esquece com demasiada frequência que ela procura construir uma ponte *entre a estética e a ética*, que correspondem às duas grandes partes da obra.[43]

---

[41] M. Revault d'Allonnes, "Le 'coeur intelligent' de Hannah Arendt" [1995], in *Fragile humanité*, op. cit., p. 56.

[42] M. Revault d'Allonnes, *Ce que l'homme fait à l'homme. Essai sur le mal politique*, Paris, Seuil, 1995 (ed. 2000), pp. 21-72. M. Revault d'Allonnes, "Hannah Arendt: le mal banal, la guerre totale", in *Fragile humanité*, op. cit., pp. 89-116.

[43] E. Kant, *Critique de la faculté de juger* [1790], Paris, Vrin, 1974, p. 45-77 ("Critique de la faculté de juger esthétique") e 179-286 ("Critique de la faculté de juger téléologique") [ed. bras.: *Crítica da faculdade do juízo*, Rio de Janeiro, Forense Universitária, 1995, respectivamente: "Crítica da faculdade de juízo estético" e "Crítica da faculdade de juízo teológico"]. H. Arendt, *Juger. Sur la philosophie politique de Kant* [1970], Paris, Seuil, 1991, pp. 118-26 (cap. "L'imagination") *passim* [ed. bras.: *Lições sobre a filosofia política de Kant*, Rio de Janeiro, Relume-Dumará, 1993]. R. Beiner, "Hannah Arendt et la faculté de juger", *ibid.*, pp. 129-216. M. Revault d'Allonnes, "Le courage de juger", *ibid.*, pp. 217-39. P. Ricoeur, "Jugement esthétique et jugement politique selon Hannah Arendt" [1994], in *Le Juste*, Paris, Esprit, 1995, pp. 143-61.

Eis o motivo pelo qual era necessário, *apesar de tudo*, lançar um olhar *estético* sobre as quatro fotografias de Auschwitz: para clarificar ligeiramente o teor ético e antropológico da confiança depositada nas imagens pelos membros do *Sonderkommando*. Imagens feitas, paradoxalmente, para mostrar, na organização do massacre, o desmoronamento do semelhante. Imagens para mostrar, com uma crueza desconcertante — umas quantas sombras e outras tantas luzes, uns quantos corpos nus e outros tantos vestidos, umas quantas vítimas e outros tantos "trabalhadores", umas quantas ramagens de árvores e outras tantas espirais de fumaça —, o que a organização de Auschwitz queria abolir definitivamente: o *reconhecimento do semelhante* no qual se funda o vínculo social, e do qual Arendt terá querido reencontrar as diversas expressões filosóficas na *koinônia* segundo Platão, na *philanthropia* segundo Aristóteles ou no *similis affectus* segundo Espinosa...[44]

Eis tudo o que ignora Gérard Wajcman, quando, a pretexto de uma "ética do visível", exige, apoiando-se exclusivamente no filme *Shoah*, que todas as "imagens de Auschwitz", como ele diz, sejam pura e simplesmente revogadas; quando proclama que a memória da Shoah deve ser, como a própria Shoah, "a produção de um Irrepresentável"; quando insiste em não ver em cada imagem senão uma "denegação da ausência", uma singularidade incapaz de dar conta do terrível "todo" do extermínio.[45] Ora, é precisamente enquanto singularidades — lacunares, incapazes do todo — que as imagens nos são *apesar de tudo* necessárias:

[44] Cf. M. Revault d'Allonnes, "À l'épreuve des camps", *op. cit.*, pp. 151-67. Sobre o papel desempenhado pela imaginação na *Ética* de Espinosa, cf. especialmente M. Bertrand, *Spinoza et l'imaginaire*, Paris, PUF, 1983, pp. 171-85. Sobre a imaginação enquanto vínculo social, cf. igualmente C. Castoriadis, *L'Institution imaginaire de la société*, Paris, Seuil, 1975 [ed. bras.: *A instituição imaginária da sociedade*, São Paulo, Paz & Terra, 1982], e A. M. S. Piper, "Impartiality, Compassion, and Modal Imagination", *Ethics*, CI, nº 4, 1991, pp. 726-57.

[45] G. Wajcman, *L'Objet du siècle*, *op. cit.*, pp. 221-54.

E as imagens o que seriam então?
Aquilo que foi percebido, que tem de ser percebido (*Wahrgenommene und Wahrzunehmende*), uma única vez, de todas as vezes, como coisa única e só agora e só aqui.[46]

Mas pode dar-se o caso de uma imagem não ser a "denegação da ausência", mas a sua própria atestação. Segurar nas mãos uma das quatro imagens de Birkenau é saber que aqueles que estão ali representados já lá não estão. Quando Zalmen Gradowski pede a quem vier a descobrir o seu manuscrito que junte ao seu texto as fotografias da sua família, não é para se iludir a respeito da presença de seres que ele próprio viu desaparecerem transformados em fumaça: "Eis a minha família, queimada aqui a 8/12/1942, terça-feira, às nove horas da manhã". É porque, diz ele — como membro do *Sonderkommando* —, "eu, filho deles, infelizmente não posso chorar aqui no meu inferno, porque me afogo todos os dias num oceano, num oceano de sangue, [e] tenho de continuar a viver aqui", nesta escravidão da morte. E assina: "Aquele que se mantém à beira do túmulo".[47]

* * *

O último argumento esgrimido contra a atenção — histórica e fenomenológica — dedicada às quatro imagens de Birkenau terá consistido, num plano muito geral, em desqualificar toda a confiança depositada nos poderes testemunhais da fotografia. Esta confiança não seria mais do que uma "crença" obscurantista. Um *paradigma religioso* acabará por dominar todo o debate. A imagem consola, "conforta-nos do horror que consiste em não vermos

---

[46] P. Celan, "Le méridien" [1960], *Le Méridien et autres proses*, Paris, Le Seuil, 2002, p. 79 [citado da ed. port.: "O meridiano", in *O meridiano e outros textos*, Lisboa, Cotovia, 1996, pp. 58-9].

[47] Z. Gradowski, *Au coeur de l'enfer, op. cit.*, pp. 40-1. Estas linhas, como de um "prefácio", serão reiteradas, com algumas variantes, nas pp. 53-5 e 119-20.

nada dando-nos a ver imagens do horror", escreve Gérard Wajcman. "A fotografia, mesmo a mais crua, a mais exata do que se passava, toda a imagem do horror é um véu do horror; toda a imagem, por ser imagem, protege-nos do horror."[48] Já dissemos acima o que havia a dizer e a pensar acerca desta noção unilateral da *imagem-véu*. Mas eis que uma nova metáfora se vê convocada em socorro do argumento: a de uma *imagem-espelho* — como não podia deixar de ser tratando-se de fotografia — que seria, ao mesmo tempo, uma *imagem-escudo*:

> Os gregos inventaram outrora um mito que punha em evidência o poder pacificador das imagens diante do real. Era o mito da Medusa Górgona, um monstro cujo rosto não era possível olhar de frente: todos aqueles que erguiam os olhos para ela transformavam-se imediatamente em pedra, ficavam verdadeiramente petrificados. Assim também Perseu, quando se encontrou diante da Górgona Medusa que viera matar, teve o cuidado de nunca cruzar o seu olhar com o dela. Para observar os seus movimentos, levantou o escudo de metal e, utilizando-o como um espelho retrovisor, foi assim capaz, fixando o olhar no seu reflexo, de lhe cortar a cabeça com um golpe de espada. O espelho, a imagem, é um escudo real contra o real para o qual não se pode olhar; eis o que um mito, entre outras coisas, ensinava.[49]

Como lhe era necessário abandonar muito rapidamente esta parábola pagã, imprópria para o confronto ideológico em torno da Shoah, Gérard Wajcman decidiu enfarpelar-me com um escudo e uma armadura diferentes dos de Perseu. Aproveitando-se do meu nome próprio, imaginou-me qual "São Jorge [*Saint Georges*] [...] enfrentando o dragão do Irrepresentável": ao mesmo tempo "san-

---

[48] G. Wajcman, "De la croyance photographique", *op. cit.*, pp. 67-8.
[49] *Ibid.*, p. 68.

to laico" e "aventureiro do pensamento" embarcado numa "cruzada pela reconquista da Shoah [e] não podendo deixar de hastear nela a sua bandeira".[50] E na bandeira? Uma cruz, evidentemente. E no punho? As imagens e, antes de tudo, essa "Fotografia vencendo o Irrepresentável". E com que segundas intenções? Uma religião próxima da professada por Jean-Luc Godard (para a epígrafe), o que permitirá imaginar-me também qual São João (para o apocalipse) e qual São Paulo (para a ressurreição).[51]

Não só "toda e qualquer imagem é um apelo à fé", como "a paixão cristã pela imagem impregna e suja tudo"... Gérard Wajcman, que reivindica um "ateísmo original e inveterado", crê diagnosticar "um antissemitismo subliminar [...] também nos judeus declarados" que, com a sua "paixão pela imagem", não fazem mais do que "cristianizar" a Shoah.[52] Neste debate, portanto, é suposto a imagem rimar com a "crença" em geral e, pior, com o "cristianismo" em particular. Na vertente *cultual*, isto conduz à "elevação de uma imagem a relíquia", às "litanias" do seu exegeta e ao fundo "fetichista", logo perverso — tanto em sentido clínico como em sentido moral — de tudo isto.[53] Na vertente *teológica*, segundo a acusação de Wajcman, "a imagem seria verdadeiramente a Salvação" precisamente enquanto "epifania da verdade", verdade "religiosa, no seu fundo, intimamente cristã, em suma".[54]

Na medida em que a minha análise das fotografias de Birkenau não apelava a nenhum paradigma de natureza teológica, pode-se aventar a hipótese de que todo o diagnóstico proposto por Wajcman se funda num simples — mas poderoso — efeito de associação que encontra na frase de Godard citada em epígrafe o seu terreno por excelência:

[50] *Ibid.*, pp. 51-2.
[51] *Ibid.*, pp. 60-1.
[52] *Ibid.*, pp. 62-5.
[53] *Ibid.*, pp. 81-3.
[54] *Ibid.*, pp. 54 e 56-7.

[...] mesmo deteriorado*
um simples retângulo
de trinta e cinco
milímetros
salva a honra
de todo o real."[55]

A ideia de "honra" não é, em si, religiosa; ela deve ser antes relacionada com o mundo da ética ou com o paradigma político da "resistência". Mas, na medida em que o próprio Godard, num momento ulterior das suas *História(s) do Cinema*, cita um tema pauliniano célebre — "A imagem virá no tempo da ressurreição"[56] — afigura-se possível reunir os temas da *redenção* pela imagem, da "honra salva" do real e, finalmente, da *ressurreição* dos mortos. Não tinha já Gérard Wajcman encontrado em Godard "uma suposta política das imagens [reivindicada] para impingir outro tipo de quinquilharia, uma verdadeira teologia [que] lhe permite preservar uma réstia de crença numa ressurreição da Imagem"?[57]

Reunir numa mesma "quinquilharia" teológica a *redenção* da história e a *ressurreição* cristã não parece complicado. Trata-se, porém, de um contrassenso filosófico. Para começar, Gérard Wajcman não é sensível à ironia de Godard. Será que dizer que "a imagem virá no tempo da ressurreição" equivale a dizer, num filme tão melancólico como as *História(s) do Cinema*, que o tempo da ressurreição virá? Não será antes dizer que "a imagem" — isto é, a Imagem maiúscula, a imagem *uma*, a imagem *toda* — *não* nos é dada, e que, justamente, *não* se deve esperá-la? Apenas nos é dado o "simples retângulo de trinta e cinco milímetros", enquanto

---

* "Deteriorado": no original, *rayé à mort*, a rigor, "extremamente danificado"; *scratched to death*, na tradução de Shane B. Lillis (*Images in Spite of All: Four Photographs from Auschwitz*, Chicago/Londres, The Chicago University Press, 2008). (Nota da ed. bras.)

[55] J.-L. Godard, *Histoire(s) du cinéma*, I, *op. cit.*, p. 86.

[56] *Ibid.*, I, p. 214.

[57] G. Wajcman, "'Saint Paul' Godard contre 'Moïse' Lanzmann, le match", *op. cit.*, pp. 121 e 127.

ele não forma a *imagem toda*, mas sim a *imagem-lacuna*, o fragmento — "deteriorado", ou seja, insuscetível de ser integralmente reconstituído — de um aspecto do real. Ao olharmos para este fragmento de imagem, não estamos de modo nenhum imbuídos da esperança (e ainda menos da ilusão) da ressurreição: enquanto a voz *off* ressoa — "mesmo deteriorado..." — vemos apenas, no ecrã das *História(s)*, os restos calcinados de um homem: obra de alguma *Endlösung* de que o homem, aqui, nesta visão parcial, com os outros milhões que se encontram fora de campo, nunca ressuscitará, ainda que a sua *semelhança em cinzas* provenha ainda, sob o nosso olhar, do fotograma (fig. 30).

A *imagem-lacuna* é *imagem-vestígio* e, ao mesmo tempo, *imagem-desaparecimento*. Fica qualquer coisa que não é a coisa, mas um resquício da sua semelhança. Fica qualquer coisa — muito pouco, uma película — de um processo de aniquilamento: este qualquer coisa testemunha assim um desaparecimento, ao mesmo tempo que lhe resiste, uma vez que dá ensejo à sua possível memória. Não é nem a presença plena nem a ausência absoluta. Não é nem a ressurreição nem a morte sem resto. É a morte enquanto produz restos. É um mundo onde proliferam lacunas, imagens singulares que, montadas umas com as outras, suscitarão uma *legibilidade*, um efeito de saber, do gênero daquele que Warburg denominava *Mnemosyne*, Benjamin *Passagens*, Bataille *Documentos*, e Godard, atualmente, denomina *História(s)*.

Rebater inteiramente as *História(s)* sobre uma ressurreição é desconhecer profundamente o trabalho do tempo: Wajcman raciocina sempre no quadro de uma alternativa trivial que é refutada pela própria existência das imagens, dos signos em geral e da sua memória. A morte produz *restos*, tal como disse (ainda que todo e qualquer criminoso sonhe com a morte sem restos das suas vítimas, os nazistas não puderam, como sabemos, apagar *tudo*). Portanto, não é preciso recorrer à *ressurreição* para observar a *sobrevivência* de que se tece o mundo da memória, para o qual contribuem as imagens.[58] Não satisfeito com confundir o que se opõe,

---

[58] A própria história da arte conhece estes dois modelos *concorrentes*

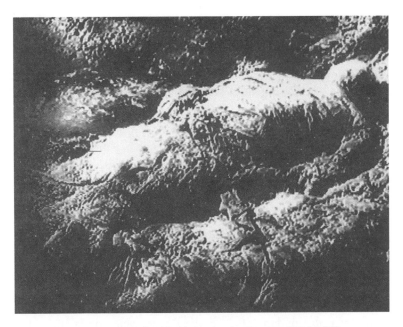

30. Jean-Luc Godard, *História(s) do Cinema*, 1988-1998.
Fotograma da parte 1a, "Todas as histórias".

Wajcman manifesta também uma nítida ignorância a respeito da *história* filosófica, na qual a palavra *redenção* acabou por adquirir sentido no contexto — Auschwitz — da nossa investigação.

O que é que fará com que um "simples retângulo de trinta e cinco milímetros" possa *redimir*, "salvar" o que quer que seja do real de Auschwitz? Será apenas o sentimento de culpa por não ter estado *lá* — no cartão que precede o fotograma do corpo em cinzas, nas *História(s) do Cinema*, vem escrito *Dasein*[59] —, será a culpabilidade do cinema em geral aquilo que Godard tenta redimir

---

da ressurreição (Vasari) e da sobrevivência (Warburg). Cf. G. Didi-Huberman, *L'Image survivante*, *op. cit.*, pp. 9-114.

[59] J.-L. Godard, *Histoire(s) du cinéma*, I, *op. cit.*, p. 87.

com o seu imenso labor de montagem mnemotécnica? Não é só isso. A verdade é que a *redenção do real* se revela uma das noções mais profundamente significativas para aqueles que Walter Benjamin, incluindo-se a si mesmo, denominava as "gerações dos derrotados".[60] Pensadores judeus e pensadores revolucionários, perseguidos entre os primeiros, obrigados a fugir ou a suicidar-se, tendo porém decidido *repensar a história apesar de tudo*, enquanto a história, justamente, se abatia sobre eles e demonstrava a inanidade do progresso, o desmoronamento das utopias, o poder dos totalitarismos.[61] A *Erlösung*, ou "redenção", foi para estes pensadores de língua alemã a parca mas necessária resposta às grandes máquinas de terror que o termo técnico *Endlösung*, "Solução final", entre outras palavras, denota.

Basta dar algumas referências, referir algumas datas. Franz Kafka começou a escrever *O processo* em 1914 — escrevera *O veredicto* ainda em 1912 — como uma grande questão dirigida à *Erlösung*, nos termos de uma "utopia negativa" que, nesta obra, se formulava obstinadamente.[62] Franz Rosenzweig, ainda em 1910, escrevera que "qualquer ato se torna culpado assim que penetra na história".[63] Ao publicar *L'Étoile de la rédemption* em 1921, ele tentou dar um sentido filosófico à *Erlösung*, enquanto "ruptura violenta do tecido histórico, irrupção no seio do tempo de uma alteridade absoluta, de uma forma de experiência radicalmente diferente"; a redenção entendida assim já não dizia respeito à relação do homem com Deus, mas sim a uma *relação "estética" do homem com a história*, no próprio momento em que esta se demonstrava

---

[60] W. Benjamin, "Sur le concept d'histoire" [1940], XII, *Oeuvres*, III, Paris, Gallimard, 2000, p. 437 [citado da ed. bras.: "Teses 'Sobre o conceito de história'", trad. Jeanne-Marie Gagnebin e Marcos Lutz Müller, in Michel Löwy, *Walter Benjamin: aviso de incêndio*, São Paulo, Boitempo, 2005].

[61] Cf. M. Löwy, *Rédemption et utopie*, Paris, PUF, 1988 [ed. bras.: *Redenção e utopia*, São Paulo, Companhia das Letras, 1989].

[62] *Ibid.*, pp. 92-120.

[63] F. Rosenzweig, citado in S. Mosès, *L'Ange de l'histoire. Rosenzweig, Benjamin, Scholem*, Paris, Seuil, 1992, p. 56.

incapaz de manter a ilusão do progresso.[64] Para Rosenzweig, a redenção já não denota a salvação definitiva, o "fim dos tempos", ainda menos, a ressurreição do que quer que seja. Ela é a "espera de uma mudança que pode sobrevir a qualquer momento", ou seja, um *momento de resistência* às garras da história quando estas se acercam de nós. Está em causa, escreve Rosenzweig, "o Sim no piscar de olhos do instante", ao passo que é precisamente o Não que reina sobre o devir como um soberano absoluto.[65]

Em 1931, Gershom Scholem comentava a tentativa de Rosenzweig como sendo um "ensaio de dialética histórica do conceito da redenção".[66] Cinco anos mais tarde, já o sistema nazista exercia a sua supremacia absoluta, Scholem empreendeu o estudo histórico do conceito de redenção na mística judaica. Primeiro, descreveu a "redenção pelo pecado" pregada pela heresia sabática e pelo niilismo de Jacob Frank.[67] Depois, em 1941, escreveu a primeira versão de um estudo, que viria a tornar-se clássico, sobre "A ideia de redenção na Cabala". Estudo que está ancorado — o seu amigo Walter Benjamin acabara de se suicidar, enquanto fugia da Gestapo — na história mais imediata.

> Diante do problema essencial da vida, a saber, a libertação das cadeias deste caos que é a história, podemos hesitar entre duas vias. Podemos concentrar-nos no "fim" dos tempos, na redenção messiânica, depositar a esperança nesse fim dos tempos, esforçar-nos por acelerá-lo e considerar a salvação como *uma caminhada em direção a esse fim* [...]. Mas podemos também escolher a via contrária e procurar a saída da imundície, da con-

---

[64] F. Rosenzweig, *L'Étoile de la rédemption* [1921], Paris, Seuil, 1982, pp. 286-95 ("La rédemption comme catégorie esthétique").

[65] *Ibid.*, p. 299.

[66] G. G. Scholem, "Sur l'édition de 1930 de *L'Étoile de la rédemption* de Rosenzweig" [1931], in *Le Messianisme juif. Essais sur la spiritualité du judaïsme*, Paris, Calmann-Lévy, 1974, pp. 449-54.

[67] G. G. Scholem, "La rédemption par le péché" [1937], *ibid.*, pp. 139-217.

fusão, do caos e dos cataclismos da história através de uma *fuga em direção ao começo*. [...] Daí a importância do problema da criação.[68]

Scholem mostrou que a noção judaica de redenção (*ge'ulah*) forma um contraponto rigoroso com a noção — cristã, posteriormente hegeliana, e até marxista — de salvação histórica. Trata-se de uma resposta à situação do *exílio*, de uma resposta guiada, porém, por um "pessimismo absoluto" quanto à história e ao seu progresso. "A tradição judaica clássica", escreve Scholem, ao comentar um capítulo do tratado *Sanhédrin*, "compraz-se em realçar o aspecto *catastrófico* da redenção [...]: a redenção é uma destruição, um desmoronamento titânico, uma subversão, uma calamidade; não há de forma alguma lugar para uma evolução favorável ou para qualquer progresso. Isto resulta do caráter dialético da redenção nesta tradição".[69]

Sabe-se que, entretanto — em 1940, imediatamente antes de se suicidar —, Walter Benjamin soube reformular, *re-montar* todas as suas fontes, da Cabala a Kafka, de Karl Marx a Rosenzweig, numa noção da *Erlösung* compreendida do ponto de vista da catástrofe e na ausência de qualquer "salvação" histórica (vitória definitiva sobre as forças do totalitarismo) ou religiosa (ressurreição, ou seja, vitória definitiva sobre as forças da morte). As teses "Sobre o conceito de história" representam simultaneamente o *testemunho* de uma experiência histórica e uma *elaboração* filosófica perturbadora, absolutamente nova, da historicidade como tal. Elas são, sem dúvida, uma fonte direta para as *História(s)* de Jean-Luc Godard, especialmente quando este vê num "simples retângulo de trinta e cinco milímetros" — isto é, num simples fotograma que aparece para logo a seguir desaparecer, no tempo de um lampejo — uma possibilidade de "redenção" do real histórico.

---

[68] G. G. Scholem, "L'idée de rédemption dans la Kabbale" [1941-55], *ibid.*, pp. 74-5.

[69] *Ibid.*, pp. 78-9. A "dialética" à qual se refere Scholem (*ibid.*, p. 92) exprime-se na Cabala em termos de "contração" (*tsimtsum*), de "fratura" (*shevirah*) e de "reparação" (*tikkun*).

"Articular o passado historicamente", escrevia Benjamin, "não significa conhecê-lo 'tal como ele propriamente foi'. Significa apoderar-se de uma lembrança tal como ela lampeja num instante de perigo. Importa ao materialismo histórico capturar uma imagem do passado [*ein Bild der Vergangenheit festzuhalten*] como ela inesperadamente se coloca para o sujeito histórico no instante do perigo [*im Augenblick der Gefahr*]."[70] O que isto quer dizer? Primeiro, que não há "redenção" possível sem que nos situemos numa certa relação com a *história*: só podemos inventar o futuro acolhendo uma rememoração (*Eingedenken*), segundo essa estranha lei anacrônica a que poderíamos chamar um "inconsciente do tempo": "O passado leva consigo um índice secreto pelo qual ele é remetido à redenção. Não nos afaga, pois, levemente um sopro de ar que envolveu os que nos precederam? Não ressoa nas vozes a que damos ouvido um eco das que estão, agora, caladas?".[71]

Ora, Benjamin designa este "sopro de ar" e este "eco" por imagens. O trabalho do historiador consistiria em "reter", em "capturar", este sopro e este eco, em suspender esta "imagem do passado como ela inesperadamente se coloca [...] no instante de perigo". Inicialmente, a imagem é apenas pensada de acordo com a fenomenologia da sua *aparição*, do seu perigo, da sua passagem. E é precisamente isso que caberia "capturar" (*festhalten*). Existe, pois, neste modelo, um *impossível* que se assemelha fortemente à nossa incapacidade, quando vemos um filme, de retermos as imagens que aparecem e que passam, que nos tomam e que escapam, ou seja, que nos tocam por muito tempo, ainda que desapareçam num instante. "A verdadeira imagem do passado *passa célere e furtiva*. É somente como imagem que lampeja justamente no instante de sua recognoscibilidade, para nunca mais ser vista, que o passado tem de ser capturado."[72]

---

[70] W. Benjamin, "Sur le concept d'histoire", VI, *Oeuvres, op. cit.*, p. 431 [citado da ed. bras.: "Teses 'Sobre o conceito de história'", in Michel Löwy, *Walter Benjamin: aviso de incêndio, op. cit.*].

[71] *Ibid.*, II, p. 428 [citado da ed. bras., *op. cit.*].

[72] *Ibid.*, V, p. 430 [citado da ed. bras., *op. cit.*].

Nesta perspectiva, torna-se claro que a imagem não ressuscita nada, não nos consola de nada. Ela só é "redenção" no segundo — extremamente precioso — em que passa: forma de exprimir a dilaceração do véu *apesar de tudo*, apesar de todas as coisas serem de novo imediatamente veladas, naquilo a que Benjamin chamará a "desolação do passado".[73] Na prática de Godard, os fotogramas de George Stevens (figs. 25-26) "salvam a honra de todo o real" no instante preciso em que aparecem para se "salvarem" a si próprios, ou seja, para fugirem quase imediatamente do nosso campo visual. Pelo menos, a montagem terá criado as condições mnemotécnicas que garantem uma *pregnância* a estas imagens, porém, tão *fugazes*. A ficção de felicidade que envolve Elizabeth Taylor e Montgomery Clift (figs. 27-28) só se mostra no contraponto de uma tal "desolação do passado": a "redenção" seria assim, mais profundamente, aquilo que nos esclarece acerca do modo *dialético* como cada um destes dois estados existe sobre o fundo de possibilidade do outro.

Assim, não se compreenderá nada a respeito desta ideia anacrônica de "redenção", reduzindo-a a uma salvação definitiva do passado num porvir radioso qualquer. Benjamin não teve palavras fortes o suficiente contra o modo pelo qual a "velha moral protestante" e o "conceito marxista vulgar" concebem o trabalho como "o salvador dos tempos recentes".[74] Se ele evoca, *in fine*, as práticas judaicas da comemoração é porque estas, nas festas principais do calendário religioso, relembram os seus "acontecimentos redentores" a par de outras recordações do exílio.[75] A "estética benjaminiana da redenção", como lhe quis chamar Richard Wolin, não é proposta *apesar de tudo* senão como uma derradeira resistência — embora constitua para nós uma lição duradoura — à não-consolação diante da história: "Pedimos aos que vierem de-

---

[73] Cf. M. Löwy, *Walter Benjamin: avertissement d'incendie*, Paris, PUF, 2001, pp. 35-40 [ed. bras.: *Walter Benjamin: aviso de incêndio*, São Paulo, Boitempo, 2005].

[74] W. Benjamin, "Sur le concept d'histoire", XI, *Oeuvres*, *op. cit.*, p. 436 [citado da ed. bras.: "Teses 'Sobre o conceito de história'", *op. cit.*].

[75] *Ibid.*, B, p. 443.

pois de nós, não que nos sejam gratos pelas nossas vitórias, mas que rememorem as nossas derrotas. É isto a consolação: a única consolação que é dada aos que já não têm a esperança de serem consolados".[76]

* * *

O fotograma "deteriorado" de George Stevens, no qual surge filmada a abertura dos campos de concentração, não "salva", portanto, a "honra" do real histórico senão no tempo da sua própria fuga — mas da sua fuga na medida em que importa constantemente rememorá-la. Este fotograma, testemunho de um tempo que é impossível reconstituir como *imagem toda*, representa, apesar de tudo, a *imagem-lacuna* de uma história de que somos os herdeiros. Trata-se somente de uma singularidade, mas cuja montagem deveria permitir a articulação e a elaboração. A tarefa que Benjamin atribuiu ao historiador — Aby Warburg já a assumira para si próprio, e até à loucura — é, por direito, impossível: para que "todo o real" fosse redimido, seria necessário que "todo o passado" se tornasse citável:

> O cronista que narra profusamente os acontecimentos, sem distinguir grandes e pequenos, leva com isso à verdade de que nada do que alguma vez aconteceu pode ser dado por perdido para a história. Certamente, só à humanidade redimida cabe o passado em sua inteireza. Isso quer dizer: só à humanidade redimida o seu passado tornou-se citável em cada um dos seus instantes.[77]

---

[76] W. Benjamin, citado em M. Löwy, *Walter Benjamin*, op. cit., p. 99. Cf. R. Wolin, *Walter Benjamin: An Aesthetic of Redemption*, Nova York, Columbia University Press, 1982. Para uma contribuição recente acerca dessa filosofia judaica da redenção, cf. P. Bouretz, *Témoins du futur. Philosophie et messianisme*, Paris, Gallimard, 2003.

[77] W. Benjamin, "Sur le concept d'histoire", III, *Oeuvres*, op. cit., p. 429 [citado da ed. bras.: "Teses 'Sobre o conceito de história'", *op. cit.*].

Mas aquilo que o filósofo sabe ser impossível *por direito* é aquilo cuja possibilidade *apesar de tudo* é experimentada pelo historiador e pelo artista. Possibilidade evidentemente parcial, errática, que permanentemente cabe retomar, recomeçar, reconfigurar. Eis a razão pela qual, indubitavelmente, as *História(s) do Cinema*, na multiplicidade das suas variantes, se apresentam como uma obra jamais terminada. Eis a razão pela qual, igualmente, a "redenção" não diz de todo respeito a um "fim dos tempos", mas a cada instante do nosso presente aberto. Se o pensamento filosófico da *Erlösung* encontrou um certo eco em alguns dos contemporâneos de Benjamin que, graças ao exílio, sobreviveram à *Endlösung* — penso, especialmente, em Ernst Bloch ou em Karl Löwith[78] — é, contudo, na obra de Siegfried Kracauer que as teses concomitantes de Benjamin sobre a história e sobre a imagem conheceram o seu destino, se assim se pode dizer, mais "amigável". Ora, esta proximidade na abordagem das questões desaguou precisamente numa teoria do cinema, expressa por Kracauer em termos que foram praticamente os de Benjamin, e que serão praticamente os de Godard: a "redenção da realidade física" (*the redemption of physical reality*).[79]

Siegfried Kracauer é conhecido sobretudo por ter sido o primeiro a propor uma análise do nazismo como fenômeno de massa à luz do cinema: essa arte que, "de Caligari a Hitler", terá, segundo ele, antecipado, descrito, denunciado e, por vezes, servido o estado de terror nazi.[80] Ainda nos anos vinte, Kracauer desenvolveu uma análise das imagens que se assemelha tanto a uma "estética

---

[78] Cf. E. Bloch, *Le Principe espérance* [1938-1959], Paris, Gallimard, 1976-1991 [ed. bras.: *O princípio esperança*, Rio de Janeiro, Contraponto, 2005-6]. K. Löwith, *Histoire et salut* [1949], Paris, Gallimard, 2002.

[79] S. Kracauer, *Theory of Film*, Londres/Oxford/Nova York, Oxford University Press, 1960 (ed. 1974).

[80] S. Kracauer, *De Caligari à Hitler. Une histoire psychologique du cinéma allemand* [1947], Paris, Flammarion, 1987 [ed. bras.: *De Caligari a Hitler: uma história psicológica do cinema alemão*, Rio de Janeiro, Jorge Zahar, 1988].

material" quanto a uma antropologia do visual.[81] Benjamin descreve-o como um eterno "descontente", como um "resmungão", sempre a protestar contra as inumeráveis fraquezas da história — pense-se em Carl Einstein —, mas também como um historiador de pleno direito, ou seja, como um *historiador de objetos parciais*, de fragmentos, de imagens. Em suma, como um "catador".

Um descontente, não um líder. Nem um fundador: um desmancha-prazeres. E se o quiséssemos imaginar metido consigo próprio, na solidão do seu ofício e dos seus propósitos, veríamos isto: um catador de madrugada, irascível e ligeiramente embriagado, a levantar com a ponta da bengala os restos de discurso e os farrapos de linguagem para os carregar na sua carrocinha, rogando pragas, não sem de vez em quando lançar sarcastica-

---

[81] S. Kracauer, *Kino. Essays, Studien, Glossen zum Film* [1926-1950], K. Witte (org.), Frankfurt a.M., Suhrkamp, 1974. Cf. também a excelente edição em inglês, S. Kracauer, *The Mass Ornament* [1920-1931], Cambridge/Londres, Harvard University Press, 1995 [ed. bras.: *O ornamento da massa*, São Paulo, Cosac Naify, 2009]. Sobre Kracauer, cf. especialmente M. Jay, "The Extraterritorial Life of Siegfried Kracauer" [1975-1976], in *Permanent Exiles*, Nova York, Columbia University Press, 1985, pp. 152-97. H. Schlüpmann, "Phenomenology of Film: On Siegfried Kracauer's Writings of the 1920s", *New German Critique*, n° 40, 1987, pp. 97-114. I. Mülder-Bach, "Négativité et retournement. Réflexions sur la phénoménologie du superficiel chez Siegfried Kracauer", in *Weimar: le tournant esthétique*, G. Raulet e J. Fürnkäs (orgs.), Paris, Anthropos, 1988, pp. 273-85. M. Kessler e T. Y. Levin (orgs.), *Siegfried Kracauer. Neue Interpretationen*, Tübingen, Stauffenburg, 1990. M. Hansen, "Decentric Perspectives: Kracauer's Early Writings on Film and Mass Culture", *New German Critique*, n° 54, 1991, pp. 47-76. D. Barnouw, *Critical Realism. History, Photography, and the Work of Siegfried Kracauer*, Baltimore/Londres, Johns Hopkins University Press, 1994. E. Traverso, *Siegfried Kracauer. Itinéraire d'un intellectuel nomade*, Paris, Découverte, 1994. P. Despoix, *Éthiques du désanchantement*, Paris, Harmattan, 1995, pp. 169-212. G. Koch, *Siegfried Kracauer: An Introduction* [1996], Princeton, Princeton University Press, 2001. M. Brodersen, *Siegfried Kracauer*, Reinbek, Rowohlt, 2001. P. Despoix e N. Perivolaropoulou (orgs.), *Culture de masse et modernité. Siegfried Kracauer, sociologue, critique, écrivain*, Paris, Maison des Sciences de l'Homme, 2001.

mente ao vento matinal um ou outro dos seus andrajos batizados de "humanidade", "interioridade", "aprofundamento". Um catador de madrugada — na alvorada do dia da revolução.[82]

Kracauer nunca deixou de explorar esta questão que constitui o pano de fundo do nosso debate: a questão das relações entre *imagem* e *real*, quando o contato entre ambos põe em jogo a *história* no que ela tem de mais crucial. A sua reflexão, portanto, gira constantemente em torno dos problemas do *realismo*: trata-se de interrogar o seu "valor crítico", sendo que, desde o início, toda a "teoria do reflexo" — toda a ilusão referencial — será filosoficamente revogada enquanto falso problema, círculo vicioso, preconceito idealista.[83] O ponto de partida é uma veemente *crítica do contínuo*, que se apoia, por exemplo, numa observação mordaz dos jornais de ilustração e das novidades cinematográficas dos anos 1920 e 30. É neste sentido que Kracauer, em 1927, critica a fotografia quando esta pretende restituir um *continuum* do espaço e do tempo por ela documentado: assim sendo, ela acaba como que filiada ao historicismo vigente; assim sendo, "sob a fotografia de um ser humano, a sua história dissimula-se como sob um manto de neve"; assim sendo, a imagem expulsa a ideia e, "nas mãos da sociedade vigente, [torna-se] num dos mais poderosos meios de greve contra o conhecimento"; assim sendo, a realidade que ela representa encontra-se, segundo Kracauer, "não liberta", incapaz de toda e qualquer memória autêntica; quando o mundo se torna, desse modo, "fotogênico", a história encontra-se pura e simplesmente *mortificada*, reduzida à impotência e à "indiferença perante o que as coisas querem dizer".[84]

---

[82] W. Benjamin, "Un marginal sort de l'ombre. À propos des *Employés* de S. Kracauer" [1930], in *Oeuvres*, II, Paris, Gallimard, 2000, p. 188.

[83] Cf. P. Despoix, "Avant-propos", in S. Kracauer, *Le Voyage et la danse*, Saint-Denis, Presses Universitaires de Vincennes, 1996, p. 20.

[84] S. Kracauer, "La photographie" [1927], *ibid.*, pp. 42-57. Cf. B. Lindner, "Photo profane. Kracauer et la photographie", in *Culture de masse et modernité*, *op. cit.*, pp. 75-95.

O mesmo se passa com as novidades cinematográficas da Universum Film AG (UFA), da Fox ou da Paramount: elas pretendem "abarcar toda a gente", sufocar-nos com catástrofes naturais e com eventos esportivos, enquanto "todos os acontecimentos importantes foram postos de parte", sendo estes, tal como os designa Kracauer, os *sintomas históricos* que continuamente fendem a sociedade, rompem o consenso, dão a ver as sobrevivências e tornam visível o mal-estar na cultura. Ora, só uma análise, isto é, um *fracionamento* seguido de uma *reconstrução*, pode nos mostrar um sintoma. Kracauer evoca assim a experiência significativa — mas rapidamente censurada — de uma "associação cinematográfica", que, baseando-se no "material disponível nos arquivos de imagens", atingira "uma maior acuidade visual", mostrando apenas as imagens "compostas diferentemente", ou seja, montadas de novo à luz de uma problemática concorrente.[85]

Não se obtém o *realismo crítico* visado por Kracauer senão *quebrando a continuidade* artificialmente apresentada pelo "historicismo" fotográfico ou cinematográfico. Nas montagens de Eisenstein ou de Dziga Vertov, Kracauer admira o modo como o real histórico se encontra desconstruído e, em seguida, reconduzido à sua verdadeira "causa". A propósito de O *Encouraçado Potemkin*, escreve que "este filme não cativa a atenção, como os filmes ocidentais, por meio de sensações atrás das quais o tédio se insinua. A causa é o que nele cativa, porque é verdadeiro".[86] O que o fascina em *Em Busca do Ouro* é o fato de Carlitos ser uma personagem kafkiana, totalmente fragmentada, ou seja, revelada nas suas componentes mais secretas: "Outros homens têm uma consciência do seu eu e vivem relações humanas; ele perdeu o seu eu, não podendo por isso viver aquilo a que se costuma chamar a vida. Ele é um buraco em que tudo cai; aquilo que normalmente está unido num todo rebenta ao bater no fundo e desfaz-se nos

---

[85] S. Kracauer, "Les actualités cinématographiques" [1931], *Le Voyage et la danse*, *op. cit.*, pp. 124-7.

[86] S. Kracauer, "Les lampes Jupiter restent allumées. À propos du *Cuirassé Potemkine*" [1926], *ibid.*, p. 64. Cf. S. Kracauer, "L'homme à la caméra" [1929], *ibid.*, pp. 89-92.

seus próprios pedaços".[87] O que capta a sua atenção em René Clair ou em Jean Vigo é, antes de tudo, a "lógica do sonho" enxertada na lógica do real (em *Entr'acte* e *Sous les toits de Paris*); e é, também, o modo como (em *L'Atalante*, por exemplo) a fábula se torna "porosa", sem objetivo declarado mas aberta, ao mesmo tempo, à irrupção de uma "causa" despercebida, profunda de um outro modo.[88]

Perante *Westfront 1918*, realizado em 1930 por G. W. Pabst, Kracauer encontrou-se em face de uma dificuldade crucial no que toca a julgar o valor ético e memorial de um "realismo de guerra" levado ao extremo. Por um lado, critica a facilidade da "pintura de gênero", quando esta procura embelezar a "monotonia desse inferno" das trincheiras e deplora a incapacidade do filme de representar os "signos precursores" da história. Por outro lado, admira essa "paisagem de arame farpado [que] domina o espaço [à qual] toda a existência humana está subordinada".[89] Mas, sobretudo, reconhece a Pabst o mérito de ter corrido um risco *estético* cujo propósito se revela no plano *ético* da memória histórica ou até da atitude política perante a guerra:

> Sem qualquer dúvida, o filme corre um risco importante no plano estético. Ele destrói, nos lugares citados, os limites atribuídos à imitação e, como qualquer figura de panóptico, cria a aparência contranatura de uma natureza extra-artística. A questão é saber se faz sentido saltar para a tridimensionalidade. Neste caso preciso, em que se trata de manter a recordação da guerra a todo custo, tendo a responder afirmativamente. [...]
>
> Ao longo da apresentação — o filme foi projetado no Capitole — muitos espectadores saíram dos lugares e foram-se embora. "É completamente insuportável",

---

[87] S. Kracauer, "*The Gold Rush*" [1926], *ibid.*, p. 41.

[88] S. Kracauer, "*Sous les toits de Paris*" [1930], *ibid.*, pp. 101-3; e "Jean Vigo" [1940], *ibid.*, pp. 142-5.

[89] S. Kracauer, "*Westfront 1918*" [1930], *ibid.*, pp. 108-9.

ouvi dizer atrás de mim; e: "Como é que têm o desplante de nos apresentar uma coisa assim?". Esperemos que essas pessoas, no caso de haver uma guerra, também possam declarar que tal é insuportável e que não permitam que uma coisa assim lhes seja apresentada durante mais tempo. Mas, tal como receiam o espetáculo da guerra, também evitam geralmente o conhecimento que, realizado, poderia impedi-la.[90]

Três anos mais tarde, Kracauer assistiria ao surgimento do nazismo e, mais tarde, a uma guerra que os espectadores escandalizados de 1930 não terão podido evitar. Ora, para além do seu livro de 1947 sobre o valor sintomático do cinema nesta história,[91] Kracauer não renunciará a formular as prerrogativas éticas da imagem pelo prisma de uma *redenção apesar de tudo*, ainda que essa esperança — como no caso de Walter Benjamin — devesse confrontar-se com a incompreensão de Adorno.[92] Uma das grandes forças de *Theory of Film*, que se afigura o seu testamento estético, reside no fato de ela não renunciar nem ao *construtivismo* nem ao *realismo*: em vez de lançar um contra o outro (posição trivial, decalque da história dos estilos), Kracauer procura articular ambos precisamente com o objetivo de elaborar uma certa experiência da história na imagem.

[90] *Ibid.*, p. 110.

[91] S. Kracauer, *De Caligari à Hitler, op. cit.*, p. 12: "Assim, para além da história manifesta das mudanças econômicas, das exigências sociais e dos estratagemas políticos, há uma história secreta na qual as disposições interiores do povo alemão se acham implicadas. A revelação destas disposições por intermédio do cinema alemão pode ajudar à compreensão da ascensão e da ascendência de Hitler". Cf. E. Traverso, *Siegfried Kracauer, op. cit.*, pp. 156-66.

[92] Cf. T. W. Adorno, "Das wunderliche Realist. Über Siegfried Kracauer" [1964], in *Gesammelte Schriften, XI. Noten zur Literatur*, Frankfurt a.M., Suhrkamp, 1974, pp. 388-408 [ed. bras.: "O curioso realista", *Novos Estudos CEBRAP*, nº 85, São Paulo, novembro 2009, pp. 522]. M. Jay, "Adorno and Kracauer: Notes on a Troubled Friendship" [1978], in *Permanent Exiles, op. cit.*, pp. 217-36.

Por um lado, portanto, *a imagem desconstrói a realidade*, e isso graças aos seus próprios efeitos de construção: objetos inobservados invadem subitamente o ecrã, mudanças de escala alteram o nosso olhar sobre o mundo, agenciamentos inéditos produzidos pela montagem fazem-nos compreender as coisas de outro modo. As situações familiares veem-se esvaziadas do seu significado, mas, "subitamente, esse vazio explode", e é então que o caos empírico se transforma em "realidade fundamental". É por meio da sua construção de estranhezas — que Kracauer denomina *exterritorialidade* — dos seus "cortes transversais" no *continuum* espacial e temporal que a imagem toca num real que a própria realidade nos ocultava até então.[93]

E é precisamente nisso que *a imagem toca o tempo*: desconstruindo as narrativas, as crônicas "historicistas", ela torna-se capaz de um "realismo crítico", ou seja, de um poder de "julgar" a história, de dar a ver o tempo oculto das sobrevivências, de tornar visível o "retorno do ausente" na exterritorialidade, na própria estranheza do cinema.[94] Eis o motivo pelo qual Kracauer já não hesita em falar das "funções reveladoras" (*revealing functions*) do cinema: acedemos, por meio dos seus próprios artifícios, às "coisas normalmente invisíveis" (*things normally unseen*), aos "pontos

---

[93] S. Kracauer, *Theory of Film*, *op. cit.*, pp. 285-311. Cf. I. Mülder-Bach, "Négativité et retournement", *op. cit.*, pp. 273-85. K. Koziol, "Die Wirklichkeit ist eine Konstruktion. Zur Methodologie Siegfried Kracauers", in *Siegfried Kracauer. Neue Interpretationen, op. cit.*, pp. 147-58. P. Despoix, "Siegfried Kracauer, essayiste et critique de cinéma", *Critique*, XLVIII, n° 539, 1992, pp. 298-320. N. Perivolaropoulou, "Les mots de l'histoire et les images de cinéma", in *Culture de masse et modernité, op. cit.*, pp. 248-61. Acerca da noção de "exterritorialidade", cf. E. Traverso, *Siegfried Kracauer, op. cit.*, pp. 178-89, e "Sous le signe de l'exterritorialité. Kracauer et la modernité juive", in *Culture de masse et modernité, op. cit.*, pp. 212-32.

[94] Cf. G. Koch, "'Not Yet Accepted Anywhere'. Exile, Memory, and Image in Kracauer's Conception of History", *New German Critique*, n° 54, 1991, pp. 95-109. H. Schlüpmann, "The Subject of Survival: On Kracauer's Theory of Film", *New German Critique*, n° 54, 1991, pp. 111-26. D. Banouw, *Critical Realism, op. cit.*, pp. 200-64.

cegos do espírito" (blind spots of the mind). Que coisas são estas? Elas vão das pequenas "catástrofes elementares" (elemental catastrophes) da vida física ou psíquica às grandes catástrofes da história e da sociedade, em cuja linha de frente Kracauer situa as "atrocidades da guerra" e os "atos de violência e de terror" (atrocities of war, acts of violence and terror).[95]

Não é certamente por acaso que o livro de Kracauer atribui um lugar central ao "filme do fato" (film of fact), ou seja, ao documentário.[96] E que o livro termina com uma reflexão que procura retirar — em termos de "redenção" — as consequências teóricas do incômodo sentido ao ver Le Sang des bêtes, de Georges Franju, mas, sobretudo, os "filmes realizados sobre os campos de concentração nazistas", o que, nas palavras de Kracauer, designa os documentos filmados por ocasião da Libertação, mas também, muito provavelmente, Noite e Nevoeiro de Alain Resnais.[97] Na sua última obra sobre a história, com o subtítulo eloquente The Last Things before the Last [As últimas coisas antes da última], Kracauer compara o "investigador do tempo" — simultaneamente catador e montador, ou mesmo cineasta da história — a Orfeu descendo aos infernos para ressuscitar, embora tal seja impossível, Eurídice.[98]

De fato, é impossível. A imagem, tal como a história, *não ressuscita absolutamente nada*. Mas ela "redime": ela salva um saber, ela *recita apesar de tudo*, apesar do pouco que pode, a memória dos tempos. Kracauer sabe perfeitamente que o realismo de Pabst, em 1930, não impediu nada em 1933. Sabe perfeitamente que *Noite e Nevoeiro* não impedirá que outras noites caiam sobre nós e que outros nevoeiros nos envolvam. Mas a imagem "redime": ne-

---

[95] S. Kracauer, *Theory of Film*, op. cit., pp. 46-59.
[96] Ibid., pp. 193-214.
[97] Ibid., pp. 305-6.
[98] S. Kracauer, *History: Last Things before the Last*, Oxford, Oxford University Press, 1969, pp. 78-9. Cf. D. N. Rodowick, "The Last Things before the Last: Kracauer on History", *New German Critique*, n° 41, 1987, pp. 109-39.

la, diz ele, desdobra-se ainda a bela energia de Perseu. E eis que o seu livro termina, ou quase, com a parábola da cabeça de Medusa:

> Na escola, ensinaram-nos a história da Medusa Górgona, cujo rosto, com os seus enormes dentes e a sua língua protuberante, era tão horrível que um mero olhar lançado sobre ela transformava homens e bestas em pedra. Ao incitar Perseu a matar este monstro, Atena aconselhou-o a nunca olhar para o seu rosto diretamente, mas a fazê-lo apenas por intermédio do reflexo no escudo polido que ela lhe havia dado. Seguindo esse conselho, Perseu cortou a cabeça da Medusa com a foice que Hermes lhe providenciara. A moral desse mito consiste obviamente na ideia de que não vemos, de que não podemos ver os horrores reais (*actual horrors*), uma vez que eles nos paralisam com um terror ofuscante (*blinding fear*); e de que apenas conheceremos (*we shall know*) aquilo a que tais horrores se assemelham olhando para as suas imagens (*only by watching images of them*), enquanto estas reproduzem a sua verdadeira aparência. [...] O ecrã de cinema é o escudo refletor de Atena.
>
> Mas não é tudo. O mito sugere também que as imagens no escudo ou no ecrã constituem meios em vista de um fim (*means to an end*); elas existem para permitir que o espectador decapite — ou mesmo para o instigar a considerar essa possibilidade — o horror que elas refletem (*to behead the horror they mirror*). [...] Elas instam o espectador a acolher e, portanto, a incorporar na sua memória (*incorporate into his memory*) o rosto real das coisas (*the real face of things*), essas coisas demasiado terríveis para serem vistas na realidade. Ao passarmos pela experiência, nos filmes realizados sobre os campos de concentração nazistas, das fileiras de cabeças decapitadas ou das macas sobre as quais jazem corpos humanos torturados, salvamos o horror da sua invisibilidade (*we redeem horror from its invisibility*) por detrás dos véus do pânico e do fantasma. Esta experiência é liber-

tadora pelo fato de suspender um dos mais poderosos tabus (*it removes a most powerful taboo*). O maior feito de Perseu não foi o de ter cortado a cabeça da Medusa, mas o de vencer o medo e o de olhar o reflexo no escudo. Não foi precisamente esta proeza o que lhe permitiu decapitar o monstro?[99]

Esta parábola é a tal ponto importante no pensamento de Kracauer que reenvia — com todo o peso, porém, da história entretanto vivida — para as condições infantis e maravilhadas de uma experiência cinematográfica contada, de um modo muito proustiano, no início da obra: já então estava em causa uma realidade que se reflete numa poça d'água, embora uma rajada de vento viesse turvar a sua superfície e, com ela, a imagem.[100] O que nos ensina, então, esta parábola? Ensina-nos que a imagem não é apenas essa "dialética em suspenso" de que falava Benjamin: Kracauer acrescenta que nos cabe repô-la permanentemente em movimento. Nisso residiria, se entendermos devidamente este movimento, tudo aquilo que podemos chamar de uma ética das imagens.

O mito da Medusa recorda antes de mais nada que o horror real é para nós uma *fonte de impotência*. O que se passou diante dos olhos do "fotógrafo clandestino" de Auschwitz não era senão o poder do terror suscitado pelos carrascos. Esse poder aniquila a vítima e petrifica, torna cega ou muda, a testemunha de olhos nus. Mas o horror refletido, reconduzido, reconstruído como imagem — não sem razão, Kracauer, como mais tarde Godard, pensa antes de tudo nas imagens de arquivos —, pode ser *fonte de conhecimento*, com a condição, porém, de que o dispositivo formal da imagem produzida implique a sua responsabilidade. A *métis* do reflexo, que, na fábula, Atena sugere a Perseu, surge, na história de agosto de 1944, enquanto *astúcia* da "encenação" — que é também risco de morte — organizada pela equipe do *Sonderkomman-*

---

[99] S. Kracauer, *Theory of Film*, *op. cit.*, pp. 305-6.

[100] *Ibid.*, p. xi. Cf. J.-L. Leutrat, "Comme dans un miroir confusément", in *Culture de masse et modernité*, *op. cit.*, pp. 233-47.

do para que Alex pudesse tirar as suas quatro fotografias. Há realmente, diz Kracauer a propósito de Perseu, uma *coragem de conhecer*: é a coragem de "incorporar na nossa memória" um saber que, uma vez reconhecido, suprime um tabu que o horror, sempre paralisante, continua a fazer pesar sobre a nossa inteligência da história.

Nesta simples coragem reside já a capacidade, própria da imagem, de "salvar o real", como escreve Kracauer, do seu manto de invisibilidade. A "redenção" só sobrevém em sentido pleno quando a coragem de conhecer se torna *fonte de ação*. A "honra" é salva quando a impotência, a paralisia diante do pior, se tornam "resistência", mesmo que desesperada (sendo isto o que a expressão *apesar de tudo* sugere). O feito do *Sonderkommando*, em agosto de 1944, pode reconhecer-se numa tal inversão da impotência, que também Maurice Blanchot exprime quando, a propósito de *L'Espèce humaine*, ousa falar-nos *apesar de tudo* da "indestrutível" humanidade do homem.[101] Devemos espantar-nos com o fato de o próprio livro de Kracauer terminar com um parágrafo intitulado *The Family of Man*?[102]

A "estética da redenção" opõe Benjamin e Kracauer à escolha de Adorno, hostil às imagens.[103] Esta estética não diz que o filme "salva aqueles que mostra", como crê Jean-Michel Frodon:[104] não se trata de desculpabilizar os atores da história ou os atores do cinema, mas antes de abrir o próprio ver a uma movimentação do saber e a uma orientação da escolha ética. Também não se trata de "aprender a olhar para a Górgona" com os olhos da sua vítima, como sugere Giorgio Agamben a propósito do "muçulmano" dos campos de concentração: com efeito, não podemos

---

[101] M. Blanchot, *L'Entretien infini*, op. cit., pp. 180-200.

[102] S. Kracauer, *Theory of Film*, op. cit., pp. 309-11.

[103] Cf. P. Despoix, "Siegfried Kracauer, essayiste et critique de cinéma", *op. cit.*, pp. 318-9.

[104] J.-M. Frodon, "L'image et la 'rédemption mécanique', le récit et son conteur", in J. Aumont (org.), *La Mise en scène*, Bruxelas, De Boeck Université, 2000, p. 318.

aprender nada com um olhar paralisado e petrificado, com uma "imagem absoluta" — como lhe chama Agamben — que seca e mata, não nos deixando senão uma "impossibilidade de ver".[105] Em contrapartida, devemos aprender a controlar o dispositivo das imagens para saber o que fazer com o nosso ver e com a nossa memória. Saber, em suma, manejar o escudo: a *imagem-escudo*.

Aquilo que Gérard Wajcman não compreendeu, mesmo quando evoca a Medusa, é que o escudo, neste mito, não é o instrumento de uma fuga do real. Para Wajcman, toda imagem só é "escudo" na medida em que é véu, "cobertura", algo como a "recordação-ecrã" para trás da qual, à falta de melhor, recuamos. A fábula e o comentário de Kracauer dizem exatamente o contrário: Perseu não foge da Medusa, *enfrenta-a apesar de tudo*, apesar de um face a face que não teria significado nem o olhar, nem o saber, nem a vitória, mas simplesmente a morte. Perseu enfrenta apesar de tudo a Górgona, e este *apesar de tudo* — esta possibilidade de fato a despeito de uma impossibilidade de direito — chama-se *imagem*: o escudo, o reflexo não são apenas a sua proteção, mas a sua arma, a sua astúcia, o seu meio técnico para decapitar o monstro. A impotente fatalidade de partida ("não há o olhar para a Medusa") é substituída pela *resposta ética* ("ora bem, enfrentarei mesmo assim a Medusa, olhando-a *de outro modo*").

Apresentar esta fábula como uma ilustração do "poder pacificador das imagens diante do real"[106] constitui, portanto, um erro. A história de Perseu nos ensina, pelo contrário, o poder de enfrentar esse mesmo real por meio de um dispositivo formal utilizado contra toda e qualquer fatalidade do "inimaginável", esse tabu em que Wajcman, por seu turno, nos queria deixar petrificados. Não é de espantar que Aby Warburg tenha feito de Perseu, na sua luta contra a Medusa, uma personificação exemplar da "súmula da história intelectual europeia", enquanto luta incessante do *ethos* contra os poderes do que ele denominava *monstra*, os

---

[105] G. Agamben, *Ce qui reste d'Auschwitz*, op. cit., pp. 64-7. Cf., a respeito deste ponto, a crítica de P. Mesnard e C. Kahan, *Giorgio Agamben à l'épreuve d'Auschwitz*, op. cit., pp. 79-83.

[106] G. Wajcman, "De la croyance photographique", op. cit., p. 67.

Imagem parecida ou imagem que quer parecer

monstros da barbárie.[107] Não é também de espantar que Paul Celan tenha visto no ato poético uma "viragem do sopro" (*Atemwende*) lançado contra o "abismo da cabeça de Medusa" que cada palavra, cada momento da *Endlösung* trazem consigo.[108]

Eis o motivo pelo qual um "retângulo de trinta e cinco milímetros", mesmo "deteriorado" devido ao seu contato com o real (como testemunho ou imagem de arquivos), e por pouco que se tenha tornado possível conhecê-lo ao relacioná-lo com outras fontes (como montagem ou imagem construída), "salva a honra", isto é, salva pelo menos do esquecimento, um real histórico ameaçado pela indiferença. A dimensão ética não desaparece nas imagens: pelo contrário, exacerba-se nelas, o que quer dizer que ela se fende de novo, dado o *duplo regime* que as imagens autorizam. Trata-se, então, de uma *questão de escolha*: diante de toda e qualquer imagem, temos de decidir como queremos fazê-la participar, ou não, nos nossos propósitos de conhecimento e de ação. Poderemos aceitar ou recusar esta ou aquela imagem; tomá-la por um objeto que nos consola ou, pelo contrário, que nos inquieta; fazê-la servir ao questionamento ou, pelo contrário, à resposta preconcebida. Sobre este último ponto, por exemplo, a reflexão de Adorno sobre o mundo em guerra que se transforma numa espécie de grande documentário de propaganda, asfixiando qualquer experiência e qualquer questão, permanece de uma atualidade impressionante:

> O total encobrimento da guerra mediante a informação, a propaganda, os cineastas instalados nos primeiros tanques e a morte heroica dos correspondentes de guerra, a mescla da opinião pública sabiamente manipulada com a ação inconsciente, tudo isto é mais uma expressão da estiolada experiência, do vazio entre os

---

[107] A. Warburg, carta a Mary Warburg de 15 de dezembro de 1923, citada por E. H. Gombrich, *Aby Warburg: An Intellectual Biography*, Londres, Warburg Institute, 1970, pp. 281-2.

[108] P. Celan, "Le méridien", *op. cit.*, p. 73 [citado da ed. port.: "O meridiano", *op. cit.*, p. 54].

homens e o seu destino, em que propriamente consiste o destino. Os acontecimentos são, por assim dizer, substituídos pela sua moldagem reificada, coalhada. Os homens tornam-se atores de um documentário monstruoso que já não tem espectadores, porque até o último deve ter um papel na tela. [...] A guerra é, sem dúvida, *phony*, mas a sua *phoniness* é mais terrível do que todos os horrores, e os que de tal troçam contribuem para a desgraça.[109]

Mas a imagem não é apenas isto e não funciona sempre assim. Há outros tipos de documentários. São possíveis outras escolhas, tal como é possível, quando se fala, esboçar um pensamento questionador em vez de se limitar às barras de prisão das palavras de ordem já conhecidas. Uma *ética das imagens*, hoje como em 1944 — quando Adorno escreveu este texto —, deve levar em conta uma situação permanentemente *clivada*. Quando Robert Antelme voltou dos campos de concentração, teve de admitir que aquilo que tinha a dizer "começaria, então, por nos parecer *inimaginável*"; foi precisamente desse modo que ele enunciou *apesar de tudo* a necessidade da "escolha, *ou seja, ainda [d]a imaginação*".[110] Depois dele, Beckett dirá: "Imaginação morta". Mas para que *apesar de tudo* recordemos a injunção: "Imaginai".[111]

Portanto, *imaginar apesar de tudo*. Por que *apesar de tudo*? Esta expressão denota a dilaceração: o *tudo* reenvia para o poder de condições históricas para as quais ainda não conseguimos encontrar resposta; o *apesar* resiste a esse poder unicamente pela potência heurística do singular. É um "relâmpago", um "lampejo" que rasga o céu quando tudo parece perdido. E é precisamente esta a situação, parece-me, que o gesto do fotógrafo clandestino de

---

[109] T. W. Adorno, *Minima moralia* [1944-51], Paris, Payot, 1980 (ed. 1991), p. 52 [citado da ed. port., ligeiramente modificada: *Minima moralia*, Lisboa, Edições 70, 2001, p. 26; ed. bras.: *Minima moralia*, Rio de Janeiro, Beco do Azougue, 2008].

[110] R. Antelme, *L'Espèce humaine, op. cit.*, p. 9.

[111] S. Beckett, *Têtes-mortes, op. cit.*, p. 51.

Auschwitz exemplifica. Não merecia ele, portanto, esta homenagem mínima: que nos debrucemos por um momento sobre o objeto do seu risco, essas quatro imagens arrancadas ao inferno? Sabemos hoje melhor o que por lá se passava. Este saber nos priva de toda e qualquer consolação; deverá ele privar-nos também de toda e qualquer consideração pelo gesto dessa resistência? Vivemos *a imagem na época da imaginação dilacerada*. Aquilo que Gérard Wajcman, nos seus agravos, denomina amiúde "fetichismo", logo *perversão*, assemelha-se exatamente àquilo que Hegel, na *Fenomenologia do espírito*, descreve como característico da amargura manifestada pela "consciência honesta" em relação à "consciência dilacerada" (sendo claro que Godard representa, por excelência, uma consciência dilacerada, no que toca à história da sua própria arte): "A consciência honesta", diz Hegel, "toma cada momento por uma essencialidade estável; é a inconsistência de um pensamento sem cultura que não sabe que faz igualmente o contrário [do que crê fazer]. A consciência dilacerada, ao invés, é a consciência da perversão e, especificamente, da perversão absoluta. O conceito é o que domina nela, o conceito que reúne pensamentos que estão muito distantes uns dos outros para a consciência honesta; por conseguinte, a sua linguagem é fecunda de espírito [*geistreich*]".[112]

Entendamos esta "perversão" na acepção da *perversio* latina, ou seja, do ato de desordenar, de pôr as coisas de pernas para o ar, como fazem as *História(s) do Cinema* com a história em geral. Entendamos o "conceito que reúne os pensamentos que estão muito distantes uns dos outros" como uma atividade de *montagem*, como quando, por exemplo, Godard nos pede para pensarmos conjuntamente uma alegoria de Goya, uma vítima de Dachau, uma estrela de Hollywood e um gesto pintado por Giotto (figs. 24-28).

Esta consciência dilacerada foi frequentemente reivindicada ou comentada pelos pensadores judeus que sobreviveram à Shoah, de Cassirer ou Ernst Bloch a Stefan Zweig ou Kracauer. No fim da

---

[112] G. W. F. Hegel, *La Phénoménologie de l'esprit*, II [1807], Paris, Aubier-Montaigne, 1941, p. 80 [ed. bras.: *Fenomenologia do espírito*, Petrópolis, Vozes, 1992].

sua obra *Histoire et salut*, Karl Löwith verificava a "indecisão" fundamental do que ele denominava o "espírito moderno" na sua relação com a história.[113] Hannah Arendt foi mais longe na análise dessa dilaceração histórica: por um lado, situa em conjunto o artista, o poeta e o historiador como "construtores de monumentos" sem os quais "a história que [os homens, os "mortais", como ela prefere dizer] representam, e que contam, não sobreviveria um instante".[114] Por outro lado, citando René Char — "a nossa herança não foi precedida por nenhum testamento" —, Arendt refere a dificuldade do nosso tempo em nomear o seu próprio "tesouro perdido". O "hiato entre o passado e o futuro", como ela lhe chama, reside inteiramente na impossibilidade de reconhecer e de *fazer uso* da herança de que somos herdeiros:

> É como se não existisse continuidade no tempo e como se, por conseguinte, não houvesse nem passado nem futuro, em termos humanos.[115]

A questão das imagens está no âmago desta grande perturbação do tempo, deste nosso "mal-estar na cultura". Seria preciso saber ver nas imagens aquilo de que elas são as sobreviventes. Para que a história, liberta do puro passado (desse absoluto, dessa abstração), nos ajude a *abrir* o presente do tempo.

(2002-2003)

---

[113] K. Löwith, *Histoire et salut*, op. cit., p. 255.

[114] H. Arendt, *Condition de l'homme moderne* [1958], Paris, Calmann-Lévy, 1961 (ed. 1994), p. 230 [ed. bras.: *A condição humana*, Rio de Janeiro, Forense Universitária, 2007].

[115] H. Arendt, *La crise de la culture. Huit exercices de pensée politique*, Paris, Calmann-Lévy, 1995 [1972], p. 14 [ed. bras.: *Entre o passado e o futuro*, São Paulo, Perspectiva, 1997].

NOTA BIBLIOGRÁFICA

A primeira parte desta obra, "Imagens apesar de tudo", foi escrita entre janeiro e junho de 2000, para ser publicada, em janeiro de 2001, no catálogo *Mémoire des camps. Photographies des camps de concentration et d'extermination nazis (1933-1999)*, sob a direção de C. Chéroux. A segunda parte, inédita, constituiu o objeto de seminários, que tiveram lugar em maio--junho de 2003, na Freie Universität de Berlim, no quadro do Centro Interdisciplinar de Ciência da Arte e de Estética do Departamento de Filosofia. Agradeço especialmente a Erika Fischer-Lichte e a Ludger Schwarte pelo seu acolhimento caloroso, assim como a toda a audiência que tanto se mostrou interessada pela questão e se empenhou na discussão.

Cumpre agradecer a Claude Lanzmann, Jean-Luc Godard e Alain Resnais por terem autorizado a reprodução de fotogramas dos seus respectivos filmes (assim como a Florence Dauman, Claudine Kaufmann e Stéphane Dabrowski pela extração do fotograma de *Noite e Nevoeiro*). Clément Chéroux, Pascal Convert, Christian Delage, Henri Herré e Manuela Morgaine contribuíram com comentários preciosos após a leitura do manuscrito, e sou-lhes profundamente grato. Por fim, expresso toda a minha gratidão ao professor David Bankier por me ter acolhido e orientado no International Institute for Holocaust Studies, do qual é diretor em Yad Vashem (Jerusalém).

Na passagem de um texto a outro, e de uma edição citada a outra, a ortografia de algumas palavras (a começar por "Shoah", que se escreve por vezes "shoah" ou ainda "Shoa") e de alguns nomes próprios (por exemplo, o de Zalmen Lewental) foi uniformizada.

ÍNDICE DAS FIGURAS

1. Anônimo (alemão), *Sebe de camuflagem do crematório V de Auschwitz*, 1943-1944. Oswiecim, Museu Estatal de Auschwitz-Birkenau (negativo n° 860) 18

2. Anônimo (alemão), *Crematório V de Auschwitz*, 1943-1944. Oswiecim, Museu Estatal de Auschwitz-Birkenau (negativo n° 20995/508) 19

3. Anônimo (membro do *Sonderkommando* de Auschwitz), *Cremação de corpos gaseados nas fossas de incineração ao ar livre, diante da câmara de gás do crematório V de Auschwitz*, agosto de 1944. Oswiecim, Museu Estatal de Auschwitz-Birkenau (negativo n° 277) 26

4. Anônimo (membro do *Sonderkommando* de Auschwitz), *Cremação de corpos gaseados nas fossas de incineração ao ar livre, diante da câmara de gás do crematório V de Auschwitz*, agosto de 1944. Oswiecim, Museu Estatal de Auschwitz-Birkenau (negativo n° 278) 27

5. Anônimo (membro do *Sonderkommando* de Auschwitz), *Mulheres conduzidas para a câmara de gás do crematório V de Auschwitz*, agosto de 1944. Oswiecim, Museu Estatal de Auschwitz-Birkenau (negativo n° 282) 28

6. Anônimo (membro do *Sonderkommando* de Auschwitz), *Mulheres conduzidas para a câmara de gás do crematório V de Auschwitz*, agosto de 1944. Oswiecim, Museu Estatal de Auschwitz-Birkenau (negativo n° 283) 29

7. Józef Cyrankiewicz e Stanislaw Klodzinski, *Mensagem dirigida à Resistência polonesa*, 4 de setembro de 1944. Oswiecim, Museu Estatal de Auschwitz-Birkenau 30

8. Anônimo (russo), *Ruínas do crematório V de Auschwitz*, 1945-1946. Oswiecim, Museu Estatal de Auschwitz-Birkenau (negativo n° 908) 39

9. Detalhe reenquadrado da fig. 5. In T. Swiebocka (org.), *Auschwitz: A History in Photographs*, p. 173 57

10-11. Detalhe e retoque da fig. 5. In C. Chéroux (org.), *Mémoire des camps*, p. 91 58

12. Detalhe reenquadrado da fig. 4. In T. Swiebocka (org.), *Auschwitz: A History in Photographs*, p. 174 59

13. Esquema de reconstituição das posições ocupadas pelo membro do *Sonderkommando* para tirar as duas fotografias das fossas de incineração em agosto de 1944. Segundo J.-C. Pressac, *Auschwitz: Technique and Operation of the Gas Chambers*, p. 422 167

14-15. Anônimo (membro do *Sonderkommando* de Auschwitz), *Mulheres conduzidas à câmara de gás do crematório V de Auschwitz*, agosto de 1944. Oswiecim, Museu Estatal de Auschwitz-Birkenau (negativos n° 282-283). In C. Chéroux (org.), *Mémoire des camps*, p. 88............................ 168

16-17. Anônimo (membro do *Sonderkommando* de Auschwitz), *Cremação de corpos gaseados nas fossas de incineração a céu aberto, em frente à câmara de gás do crematório V de Auschwitz*, agosto de 1944. Oswiecim, Museu Estatal de Auschwitz-Birkenau (negativos n° 277-278). In C. Chéroux (org.), *Mémoire des camps*, p. 89............................ 169

18-19. Anônimo (membro do *Sonderkommando* de Auschwitz), *Cremação de corpos gaseados nas fossas de incineração a céu aberto, em frente à câmara de gás do crematório V de Auschwitz*, agosto de 1944. Oswiecim, Museu Estatal de Auschwitz-Birkenau (negativos n° 277-278, invertidos) 170

20-21. Anônimo (membro do *Sonderkommando* de Auschwitz), *Mulheres conduzidas à câmara de gás do crematório V de Auschwitz*, agosto de 1944. Oswiecim, Museu Estatal de Auschwitz-Birkenau (negativos n° 282-283, invertidos) 171

22. Alain Resnais, *Noite e Nevoeiro*, 1955. Fotograma do início do filme 186

23. Claude Lanzmann, *Shoah*, 1985. Fotograma do início do filme 187

24. Jean-Luc Godard, *História(s) do Cinema*, 1988-1998. Fotograma da parte 1a, "Todas as histórias" 205

25. Jean-Luc Godard, *História(s) do Cinema*, 1988-1998. Fotograma da parte 1a, "Todas as histórias" 206

26. Jean-Luc Godard, *História(s) do Cinema*, 1988-1998.
    Fotograma da parte 1a, "Todas as histórias" 207
27. Jean-Luc Godard, *História(s) do Cinema*, 1988-1998.
    Fotograma da parte 1a, "Todas as histórias" 208
28. Jean-Luc Godard, *História(s) do Cinema*, 1988-1998.
    Fotograma da parte 1a, "Todas as histórias" 209
29. Jean-Luc Godard, *História(s) do Cinema*, 1988-1998.
    Fotograma da parte 1a, "Todas as histórias" 212
30. Jean-Luc Godard, *História(s) do Cinema*, 1988-1998.
    Fotograma da parte 1a, "Todas as histórias" 237

ÍNDICE DAS MATÉRIAS

I. Imagens apesar de tudo

Quatro pedaços de película arrancados ao inferno 11
    Para saber é preciso imaginar-se. Auschwitz, agosto de 1944: quatro imagens *apesar de tudo*, apesar dos riscos, apesar de sermos incapazes de saber como olhar para elas hoje. O *Sonderkommando* no seu trabalho. Sobrevivência e solicitação a resistir: emitir sinais para o que está do lado de fora. A imagem fotográfica surge na dobra do desaparecimento próximo da testemunha e da irrepresentabilidade do testemunho: arrancar uma imagem a esse real. Organização da captação de imagens clandestinas. Primeira sequência: da câmara de gás do crematório V, imagens das fossas de incineração. Segunda sequência: ao ar livre, no bosque de Birkenau, imagem de uma "remessa" de mulheres despidas. O rolo de filme, escondido num tubo de pasta de dentes, chega às mãos da Resistência polonesa para ser enviado para "mais longe".

Contra todo e qualquer inimaginável 33
    As fotografias de agosto de 1944 dirigem-se ao inimaginável e refutam-no. Primeira época do inimaginável: a "Solução final" como máquina de "desimaginação" generalizada. Fazer desaparecer a psique das vítimas, a sua língua, o seu ser, os seus restos, os instrumentos do seu desaparecimento e mesmo os arquivos, a memória desse desaparecimento. A "razão na história" sempre refutada por exceções singulares: os arquivos da Shoah são feitos destas exceções. A aptidão particular da fotografia para se reproduzir e se transmitir *apesar de tudo*: o interdito absoluto de fotografar os campos de concentração coexiste com a atividade de dois laboratórios fotográficos em Auschwitz. Segunda época do inimaginável: Auschwitz impensável? É preciso repensar os fundamentos da nossa antropologia (Hannah Arendt). Auschwitz indizível? É preciso repensar os fundamentos do testemunho (Primo Levi). Auschwitz inimaginável? Prestar à ima-

gem a mesma atenção que se presta à palavra das testemunhas. O espaço *estético* do inimaginável desconhece a história nas suas singularidades concretas. Como Robert Antelme, Maurice Blanchot e Georges Bataille nada sacrificaram ao inimaginável: o semelhante e a espécie humana.

No próprio olho da história 51

Para recordar é preciso imaginar. Imagem e testemunho em Filip Müller: imediatismo da mônada e complexidade da montagem. A urgência do presente "fotográfico" e a construção das imagens nos *Rolos de Auschwitz*. A imagem como "instante de verdade" (Arendt) e "mônada" que surge onde falha o pensamento (Benjamin). Duplo regime da imagem: verdade (as quatro fotografias no olho do furacão) e obscuridade (a fumaça, o enevoado, o valor lacunar do documento). O espaço *histórico* do inimaginável desconhece este duplo regime da imagem, pede-lhe muito ou muito pouco, entre pura exatidão e o puro simulacro. As fotografias de agosto de 1944 tornadas "apresentáveis" como ícones do horror (retocadas) ou "informativas" como simples documentos (reenquadradas), sem dar atenção à sua fenomenologia. Elementos desta fenomenologia: a "massa negra" e a superexposição, onde nada é *visível*, constituem as marcas *visuais* da sua condição de existência e do seu próprio gesto. As imagens não dizem a verdade, mas são o fragmento, o vestígio lacunar. O limiar do *apesar de tudo* entre o impossível por direito e a necessidade de fato. "Era impossível. Sim. É preciso imaginar."

Semelhante, dissemelhante, sobrevivente 65

Para uma crítica visual das imagens da história: restringir o ponto de vista (formalmente) e abri-lo (antropologicamente). As fotografias de agosto de 1944 como drama da imagem humana enquanto tal: o "inseparável" (Bataille) e o semelhante em questão. Quando o carrasco vota o humano ao dissemelhante ("manequins", "colunas de basalto"), a vítima resiste conservando a imagem *apesar de tudo* do mundo, de si, do sonho e do humano em geral (Levi: "mantermo-nos eretos"). Conservar mesmo as imagens da arte: inexatidão, e ao mesmo tempo verdade, da figura dantesca do inferno (*Lasciate ogni speranza...*). O recurso à imagem como necessidade lacunar: déficit de informação e de visibilidade, necessidade do gesto e do aparecimento. As fotografias de agosto de 1944 como *coisas sobreviventes*: a testemunha não sobreviveu às imagens que extraiu de Auschwitz. Tempo do lampejo e tempo da terra, instante e sedimentação: necessidade de uma arqueologia visual. Walter Benjamin perante a "imagem autêntica do passado".

II. Apesar da imagem toda

Imagem-fato ou imagem-fetiche 79
    A crítica do inimaginável e o seu retorno polêmico. O pensamento da imagem como terreno político. As fotografias de agosto de 1944, sintoma histórico e teórico. "Não há imagens da Shoah." Absolutizar *todo o real* para lhe opor a *imagem toda*, ou historicizar o real para observar as imagens lacunares? Uma controvérsia sobre as relações entre fatos singulares e teses universais, imagens a pensar e imagem já pensada. O inimaginável como experiência não é o inimaginável como dogma. Que a imagem *não é toda*. Imagens dos campos de concentração: mal vistas, mal ditas. "Há demasiadas imagens da Shoah." Que repudiar as imagens não é criticá-las. Tese da imagem-fetiche, experiência da imagem-fato. O "contato" fotográfico entre imagem e real. O fetiche: o todo, a suspensão, o ecrã. Um debate filosófico sobre os poderes da imagem: véu ou dilaceramento? O duplo regime da imagem. Que o imaginário não é redutível ao especular. Entre o primado das imagens-véu e a necessidade das imagens-dilaceramento. Susan Sontag e a "epifania negativa", Ka-Tzetnik e o "arrebatamento" fotográfico, Jorge Semprún e o momento ético do olhar. "Assistir bruscamente à nossa própria ausência."

Imagem-arquivo ou imagem-aparência 131
    A "legibilidade" histórica das imagens não escapa a um momento crítico. Da imagem-fetiche à imagem-prova e à imagem-arquivo. Claude Lanzmann e a rejeição do arquivo: "imagens sem imaginação". O cineasta e o "peremptório". O arquivo falsificado confundido com o arquivo verificado. A hipótese do "filme secreto" e a polêmica entre Lanzmann e Semprún. A certeza hiperbólica e o impensável da imagem. Repensar o arquivo: a brecha na história que se concebe, o grão do acontecimento. Contra o ceticismo radical em história. Repensar a prova com a prova. Repensar o testemunho: nem diferendo, nem silêncio puro, nem palavra absoluta. Contar *apesar de tudo* o que é impossível contar *totalmente*. O testemunho dos membros do *Sonderkommando* para além da sobrevivência das testemunhas. Os *Rolos de Auschwitz*, a multiplicação do testemunho e o "rolo" fotográfico de agosto de 1944. Repensar a imaginação para além da oposição entre aparência e verdade. O que é uma "imagem sem imaginação"? Jean-Paul Sartre, ou a imagem como ato. A quase-observação. Porta ou janela? A "margem de imagem" e a ordem das duas sequências: inverter as perspectivas.

Imagem-montagem ou imagem-mentira 173
    Quatro imagens, duas sequências, uma montagem. Imaginação e conhecimento pela montagem: um acesso às singularidades do tempo. A imagem não é nem *nada*, nem *uma*, nem *toda*. Claude Lanzmann e Jean-Luc Godard: montagem centrípeta e montagem centrífuga. "Nenhuma imagem" nos *diz* o que foi a Shoah, mas "todas as imagens" não *falam* senão disso. Da polaridade à polêmica: os dois sentidos do adjetivo "mosaico". Uma única imagem toda ou um deboche de imagens parciais? Momentos fundadores: memória e presente em Alain Resnais, arquivo e testemunho em Marcel Ophuls. "É preciso mostrar o que não podemos ver." A montagem-narrativa de Lanzmann e a montagem-sintoma de Godard. Quando mostrar não é falsificar, mas fazer surgir uma "forma que pensa" e tornar a imagem dialética. "Mesa crítica": o cinema *mostra* a história *re-montando-a*. Dachau montado com Goya, Elizabeth Taylor e Giotto. Anjo da ressurreição segundo São Paulo ou anjo da história segundo Walter Benjamin? Uma dialética sem acabamento.

Imagem parecida ou imagem que quer parecer.............................. 215
    Dois pontos de vista confrontados sob o olhar de um terceiro. Montar não é assimilar, mas dissolver as *semelhanças* tornando impossíveis as *assimilações*. O parecido não é nem o que quer parecer, nem o idêntico. Sósias e diferentes: o judeu e o ditador segundo Charlie Chaplin. As hipérboles especulativas do irrepresentável e do inimaginável. "Para saber é preciso imaginar-se." A imagem no cerne da questão ética. Hannah Arendt e a imaginação como faculdade política. Em que é que uma imagem pode "salvar a honra" de uma história? Redenção não é ressurreição. A *Endlösung* e a *Erlösung*: de Kafka e Rosenzweig a Scholem e Benjamin. "A verdadeira imagem do passado passa por nós num lampejo." O modelo do cinema: imagens fugidias e, no entanto, pregnantes. A redenção fílmica segundo Siegfried Kracauer. Realismo crítico: a imagem desmonta e torna a montar os contínuos espaciais e temporais. Perseu diante de Medusa: a astúcia do escudo, a coragem de conhecer e de enfrentar *apesar de tudo*. A imagem na época da imaginação dilacerada: a crise da cultura. Abrir pela imagem do passado o presente do tempo.

Nota bibliográfica 261
Índice das figuras 262
Índice das matérias 265

SOBRE O AUTOR

Georges Didi-Huberman nasceu em Saint-Étienne, na França, em 1953. É filósofo e historiador da arte. Desde 1990 é professor e pesquisador da École des Hautes Études en Sciences Sociales, em Paris. Publicou:

Invention de l'hystérie. Paris: Macula, 1982 (ed. bras.: *Invenção da histeria*. Rio de Janeiro: Contraponto/MAR, 2015).
Mémorandum de la peste. Le fléau d'imaginer. Paris: Christian Bourgois, 1983.
La peinture incarnée. Paris: Minuit, 1985 (ed. bras.: *A pintura encarnada*. São Paulo: Escuta/Editora Unifesp, 2013).
Fra Angelico. Dissemblance et figuration. Paris: Flammarion, 1990.
Devant l'image. Paris: Minuit, 1990 (ed. bras.: *Diante da imagem*. São Paulo: Editora 34, 2013).
À visage découvert. Paris: Flammarion, 1992.
Ce que nous voyons, ce qui nous regarde. Paris: Minuit, 1992 (ed. bras.: *O que vemos, o que nos olha*. São Paulo: Editora 34, 1998).
Le cube et le visage. Paris: Macula, 1992.
L'empreinte du ciel. Paris: Antigone, 1994.
La ressemblance informe. Paris: Macula, 1995 (ed. bras.: *A semelhança informe*. Rio de Janeiro: Contraponto/MAR, 2015).
L'étoilement. Conversation avec Hantaï. Paris: Minuit, 1998.
Phasmes. Essais sur l'apparition, 1. Paris: Minuit, 1998.
La demeure, la souche. Paris: Minuit, 1999.
Ouvrir Vénus. Paris: Gallimard, 1999.
Devant le temps. Paris: Minuit, 2000 (ed. bras.: *Diante do tempo*. Belo Horizonte: Editora UFMG, 2015).
Être crâne. Paris: Minuit, 2000 (ed. bras.: *Ser crânio*. Belo Horizonte: C/ Arte, 2009).
Génie du non-lieu. Paris: Minuit, 2001.
L'homme qui marchait dans la couleur. Paris: Minuit, 2001.
L'image survivante. Paris: Minuit, 2002 (ed. bras.: *A imagem sobrevivente*. Rio de Janeiro: Contraponto, 2013).
Ninfa moderna. Essai sur le drapé tombé. Paris: Gallimard, 2002.
Images malgré tout. Paris: Minuit, 2004 (ed. bras.: *Imagens apesar de tudo*. São Paulo: Editora 34, 2020).
Mouvements de l'air (com Laurent Mannoni). Paris: Gallimard, 2004.
Gestes d'air et de pierre. Paris: Minuit, 2005.

Le danseur des solitudes. Paris: Minuit, 2006.
Ex-voto. Image, organe, temps. Paris: Bayard, 2006.
L'image ouverte. Paris: Gallimard, 2007.
La ressemblance par contact. Paris: Minuit, 2008.
Quand les images prennent position. L'oeil de l'histoire, 1. Paris: Minuit, 2009 (ed. bras.: *Quando as imagens tomam posição. O olho da história, 1*. Belo Horizonte: Editora UFMG, 2016).
Survivance des lucioles. Paris: Minuit, 2009 (ed. bras.: *Sobrevivência dos vaga-lumes*. Belo Horizonte: Editora UFMG, 2011).
Remontages du temps subi. L'oeil de l'histoire, 2. Paris: Minuit, 2010 (ed. bras.: *Remontagens do tempo sofrido. O olho da história, 2*. Belo Horizonte: Editora UFMG, 2018).
Atlas ou le gai savoir inquiet. L'oeil de l'histoire, 3. Paris: Minuit, 2011 (ed. bras.: *Atlas ou o gaio saber inquieto. O olho da história, 3*. Belo Horizonte: Editora UFMG, 2018).
Écorces. Paris: Minuit, 2011 (ed. bras.: *Cascas*. São Paulo: Editora 34, 2017).
Peuples exposés, peuples figurants. L'oeil de l'histoire, 4. Paris: Minuit, 2012.
L'album de l'art à l'époque du "Musée imaginaire". Paris: Hazan, 2013.
Blancs soucis. Paris: Minuit, 2013.
Phalènes. Essais sur l'apparition, 2. Paris: Minuit, 2013.
Sur le fil. Paris: Minuit, 2013.
Quelle émotion! Quelle émotion? Paris: Bayard, 2013 (ed. bras.: *Que emoção! Que emoção?* São Paulo: Editora 34, 2016).
Essayer voir. Paris: Minuit, 2014.
Sentir le grisou. Paris: Minuit, 2014.
Passés cités par JLG. L'oeil de l'histoire, 5. Paris: Minuit, 2015.
Sortir du noir. Paris: Minuit, 2015.
Ninfa fluida. Essai sur le drapé-désir. Paris: Gallimard, 2015.
Peuples en larmes, peuples en armes. L'oeil de l'histoire, 6. Paris: Minuit, 2016.
Soulèvements. Paris: Gallimard, 2016 (ed. bras.: *Levantes*. São Paulo: Edições Sesc, 2017).
Passer, quoi qu'il en coûte (com Niki Giannari). Paris: Minuit, 2017.
Ninfa profunda. Essai sur le drapé-tourmente. Paris: Gallimard, 2017.
À livres ouverts. Paris: Éditions de l'INHA, 2017.
Aperçues. Paris: Minuit, 2018.
Ninfa dolorosa. Essai sur la mémoire d'un geste. Paris: Gallimard, 2019.
Désirer, désobéir. Ce qui nous soulève, 1. Paris: Minuit, 2019.
Pour commencer encore. Dialogue avec Philippe Roux. Paris: Argol, 2019.
Éparses. Voyage dans les papiers du Ghetto de Varsovie. Paris: Minuit, 2020.

Este livro foi composto em Sabon pela Bracher & Malta, com CTP e impressão da Edições Loyola em papel Pólen Soft 80 g/m² da Cia. Suzano de Papel e Celulose para a Editora 34, em agosto de 2020.